D1512789

nrf essais

Jean Starobinski

Le remède dans le mal

Critique et légitimation
de l'artifice
à l'âge des Lumières

Gallimard

© Éditions Gallimard, 1989.

à J.-B. Pontalis

AVERTISSEMENT

Sur une série d'exemples — que l'on eût pu multiplier — je me propose ici d'examiner le langage et les arguments qui furent employés, au XVIIe et au XVIIIe siècle, dans la critique des conduites masquées et des « conventions de société ». Qu'on ne s'attende pas à une enquête systématique ni à une histoire complète. J'ai voulu écouter les mots, analyser des styles. Il fallait procéder par coups de sonde. Diderot aurait dû figurer parmi les auteurs examinés dans ces essais. J'ai été entraîné à lui consacrer un volume, destiné à une prochaine publication.

J'espère que l'on voudra bien reconnaître que les études ici rassemblées tracent un parcours, et comportent entre elles des liens assez évidents pour rendre inutiles toute préface ou tout chapitre conclusif.

Juillet 1988

CHAPITRE PREMIER

LE MOT CIVILISATION

I

Les principaux repères de l'histoire du mot *civilisation* sont aujourd'hui connus avec une approximation satisfaisante[1].

En français *civil* (XIIIe siècle), *civilité* (XIVe siècle) se justifient aisément par leurs antécédents latins. *Civiliser* est attesté plus tardivement. On le trouve au XVIe siècle dans deux acceptions :

1. Mener à la civilité, rendre civiles et douces les mœurs et les manières des individus.

Montaigne : « Ceux du Royaume de Mexico estoient aucunement plus *civilisez* et plus artistes que les autres nations de là. »

---

1. Les travaux essentiels sur le sujet sont : *Civilisation. Le mot et l'idée*, exposés par Lucien Febvre, Marcel Mauss, Émile Tonnelat, Alfredo Niceforo, Louis Weber, Centre international de synthèse, Paris, 1930 ; Joachim Moras, *Ursprung und Entwicklung des Begriffs der Zivilisation in Frankreich* (1756-1830), Hambourg, 1930 ; R.A. Lochore, *History of the Idea of Civilization in France* (1830-1870), Bonn, 1935 ; Émile Benveniste, « Civilisation — Contribution à l'histoire du mot » dans *Hommage à Lucien Febvre*, Paris 1954, repris dans *Problèmes de linguistique générale*, Paris, 1966 ; E. de Dampierre, « Note sur "culture" et "civilisation" », *Comparative Studies in Society and History*, t.3, 1961, p. 328-340. Dans la série *Europäische Schlüsselwörter*, le t.III est consacré à *Kultur und Zivilisation* ; ce volume, rédigé par une équipe, apporte une information linguistique très riche sur les domaines français, allemand, anglais, italien. Nous lui devons beaucoup. Il a paru à Munich (Max Hueber) en 1967. Signalons également : André Banuls, « Les mots *culture* et *civilisation* en français et en allemand », *Études germaniques*, avril-juin 1969, p. 171-180 ; Georges Gusdorf, *Les Principes de la pensée au siècle des Lumières*, Paris, 1971, p. 310-348 ; Philippe Béneton, *Histoire de mots : culture et civilisation*, Paris, Presses de la Fondation nationale des sciences politiques, 1975.

2. En jurisprudence : rendre civile une cause criminelle[2].

Cette deuxième acception survivra, pour le moins, jusqu'à la fin du XVIIIe siècle (Littré la signale comme utilisée « autrefois »). C'est elle qui fournit la base du substantif *civilisation*, que le *Dictionnaire universel* (Trévoux) de 1743 définit de la façon suivante : « Terme de jurisprudence. C'est un acte de justice, un jugement qui rend civil un procès criminel. La *civilisation* se fait en convertissant les informations en enquêtes, ou autrement. » Un coup pour rien ? Moins qu'on ne le supposerait. La formation néologique du signifiant est un moment important. L'apparition un peu plus tardive du même mot, au sens *moderne* du terme, constituera moins un néologisme lexical que l'entrée en scène d'un signifié concurrent, bientôt triomphant. L'acception juridique de *civilisation* aura disparu du *Dictionnaire de l'Académie* de 1798[3].

Le premier dictionnaire qui signale le mot *civilisation* dans son sens « moderne » est le *Dictionnaire universel* (Trévoux) de 1771.

Je transcris l'article :

[1] Terme de jurisprudence [Suit la définition de 1743].
[2] L'ami des hommes[4] a employé ce mot pour sociabilité. Voyez ce mot. La religion est sans contredit le premier et le plus utile frein de l'humanité ; c'est le premier ressort de la civilisation. Elle nous prêche et nous rappelle sans cesse la confraternité, adoucit' notre cœur.

En 1798, le *Dictionnaire de l'Académie*, 5e édition, sera plus précis : « Action de civiliser ou état de ce qui est civilisé. » Mais

---

2. D'après E. Huguet, *Dictionnaire de la langue française du XVIe siècle,* Paris, 1925.
3. On se demande, sans pouvoir répondre avec certitude, si l'acception juridique de *civilisation* n'a pas contribué à retarder le second sens, moderne, qui devait survenir ultérieurement. Une acception première venue, surtout si elle est précise, tend à défendre son privilège exclusif.
4. Il s'agit du marquis de Mirabeau (Victor de Riquetti, 1715-1789), père de l'orateur révolutionnaire (Honoré-Gabriel de Riquetti), et auteur de l'ouvrage intitulé *L'Ami des hommes ou Traité de la population* (1756).

déjà en 1795, on trouvait chez L. Snetlage (*Nouveau Dictionnaire français contenant de nouvelles créations du peuple français*, Göttingue, 1795) :

> Ce mot, qui ne fut en usage qu'en pratique, pour dire qu'une cause criminelle est faite civile, est employé pour exprimer l'action de civiliser ou la tendance d'un peuple de polir ou plutôt de corriger ses mœurs et ses usages en portant dans la société civile une moralité lumineuse, active, aimante et abondante en bonnes œuvres. (Chaque Citoyen de l'Europe est aujourd'hui parti dans ce dernier combat de civilisation. Civilisation des mœurs.)

Comme le remarque J. Moras, le mot civilisation connut un tel essor durant la période révolutionnaire qu'il était aisé d'attribuer à l'esprit de la révolution un néologisme qui lui était antérieur[5]. Toujours est-il que le mot *civilisation* pouvait être d'autant plus facilement adopté et diffusé que la période révolutionnaire, selon M. Frey, a vu se former de nombreux substantifs en *-ation* à partir de verbes en *-iser* : centralisation, démocratisation, fédéralisation, francisation, fraternisation, municipalisation, nationalisation, panthéonisation, utilisation[6]... Et *civilisation* s'impose si bien que Sébastien Mercier, en 1801, ne le compte plus comme un néologisme[7]. Le mot a donc très vite cessé d'apparaître comme nouveau.

II

Rien, à ce jour, ne semble infirmer ce qu'avançaient J. Moras, puis É. Benveniste : en 1756, Mirabeau, dans *L'Ami des*

---

5. J. Moras, *op. cit.*, p. 8-9. Cf. Lucien Febvre, *op. cit.*, p. 47, n. 17.

6. M. Frey, *Les Transformations du vocabulaire français à l'époque de la Révolution*, Paris, 1925.

7. Sébastien Mercier, *Néologie* [...], 2 vol., Paris, an IX (1801). Le mot *civilisation* est absent du recueil.

hommes (p. 136, 176, 237), est le premier en France à utiliser *civilisation* dans le sens non juridique qui devait rapidement faire fortune[8]. Littré, qui attribue cette paternité à Turgot, lequel aurait créé le mot dans un fragment de son *Discours sur l'histoire universelle* de 1751, s'est laissé prendre au piège par Dupont de Nemours, annotateur et éditeur très libre des *Œuvres* de Turgot (1811)[9].

Les auteurs de Trévoux n'ont pas choisi leur exemple au hasard. Ils y trouvaient un argument bienvenu pour leur lutte contre la philosophie des Lumières et contre les Encyclopédistes. La religion, loin d'être évincée par les « vertus sociales » ou par la « morale naturelle », est considérée par Mirabeau comme « le principal ressort » de la civilisation, elle-même assimilée à la sociabilité. Le mot *civilisation* apparaît donc à l'occasion d'un éloge de la religion, à la fois puissance de répression (« frein »), de rassemblement fraternel (« confraternité »), et d'adoucissement.

Diderot, autour de 1775, rédige pour l'*Histoire des deux Indes* de l'abbé Raynal, des considérations sur la Russie où le mot *civilisation* reparaît à plusieurs reprises : « L'affranchissement, ou ce qui est le même sous un autre nom, est un ouvrage long et difficile[10]. »

L'on commence à deviner qu'à une date ultérieure la civilisation pourra devenir un substitut laïcisé de la religion, une parousie de la raison.

8. É. Benveniste a émis l'hypothèse d'un emploi antérieur du terme, en anglais, par Adam Ferguson, dans ses cours ou ses manuscrits personnels. La preuve reste toujours à faire. J. Moras n'a pas trouvé le mot *civilisation* chez les économistes (Melon, Cantillon) ni chez Mandeville et Montesquieu, dont Mirabeau connaissait bien les écrits.

9. Les manuscrits de Turgot, édités par G. Schelle (1913-1923) ne contiennent pas le mot *civilisation*, ajouté sans doute après coup par Dupont de Nemours dans son édition. Cf. Lucien Febvre, *op. cit.*, p. 4-5. Catherine Larrère me signale la présence du mot dans d'Argenson, *Considérations sur le gouvernement ancien et moderne de la France* (1765, rééd. 1784). L'ouvrage a été rédigé entre 1740 et 1750. Le manuscrit a beaucoup circulé. D'Argenson avait fréquenté et admiré l'abbé de Saint-Pierre.

10. « Sur la civilisation de Russie », in Denis Diderot, *Mélanges et morceaux divers. Contributions à l'Histoire des deux Indes*, a cura di Gianluigi Goggi, 2 vol. Siena, 1977, t.II, p. 375-389. Dans l'édition de 1781 de l'œuvre de Raynal, cet apport de Diderot figure au t.X, livre 19, p. 27.

III

Le mot *civilisation* a pu être adopté d'autant plus rapidement qu'il constitue un vocable synthétique pour un concept préexistant, formulé précédemment de façon multiple et variée : adoucissement des mœurs, éducation des esprits, développement de la politesse, culture des arts et des sciences, essor du commerce et de l'industrie, acquisition des commodités matérielles et du luxe. Pour les individus, les peuples, l'humanité entière, il désigne d'abord le processus qui en fait des *civilisés* (terme préexistant), puis le résultat cumulatif de ce processus. C'est un concept unificateur.

On ne s'étonnera pas qu'après s'être imposé par sa vertu de synthèse, ce terme ait aussitôt fait l'objet de réflexions analytiques : dès la fin du XVIIIᵉ siècle, d'innombrables écrits s'efforceront de discriminer les conditions et les constituants — matériels, moraux — de la civilisation. Parmi ces analyses, l'une des plus importantes reste celle de Guizot (1828) : « Deux faits sont compris dans ce grand fait ; il subsiste à deux conditions et se révèle à deux symptômes : le développement de l'activité sociale et celui de l'activité individuelle, le progrès de la société et le progrès de l'humanité. Partout où la condition extérieure de l'homme s'étend, se vivifie, s'améliore, partout où la nature intime de l'homme se montre avec éclat, avec grandeur ; à ces deux signes, et souvent malgré la profonde imperfection de l'état social, le genre humain applaudit et proclame la civilisation[11]. »

Le mot *civilisation,* qui désigne un processus, survient dans l'histoire des idées, en même temps que l'acception moderne de *progrès.* Civilisation et progrès sont des termes voués à entretenir les rapports les plus étroits. Mais ces termes, bien qu'ils puissent être employés de manière globale et vague, ne

---

11. **F.** Guizot, *Histoire de la civilisation en Europe,* Paris, 1828, édit. 1846, p. 16.

tardent pas à appeler une réflexion génétique, soucieuse de distinguer les moments successifs : il importe de déterminer avec précision les étapes du processus civilisateur, les stades du progrès des sociétés. L'histoire, la réflexion historienne, conjecturales ou empiriques, se mettent à la tâche pour aboutir à un « tableau des progrès de l'esprit humain », à une représentation de la marche de la civilisation à travers divers états de perfectionnement successifs.

Benveniste disait excellemment : « De la barbarie originelle à la condition présente de l'homme en société, on découvrait une gradation universelle, un lent procès d'éducation et d'affinement, pour tout dire un progrès constant dans l'ordre de ce que la *civilité,* terme statique, ne suffisait plus à exprimer et qu'il fallait bien appeler la *civilisation* pour en définir ensemble le sens et la continuité. Ce n'était pas seulement une vue historique de la société ; c'était aussi une interprétation optimiste et résolument non théologique de son évolution qui s'affirmait, parfois même à l'insu de ceux qui la proclamaient[12]. »

Ferguson, influencé par les leçons données en 1752 par Adam Smith, semble avoir été le premier en Angleterre à employer le mot *civilisation* ; il est aussi celui qui a exposé le plus clairement la théorie des quatre stades d'organisation des sociétés humaines, en fonction de leur activité économique et de leurs modes de subsistance : sauvages (vivant de cueillette et de chasse), pasteurs nomades, agriculteurs sédentarisés, nations industrielles et commerçantes. Millar suivra son exemple[13]. Rousseau, Goguet, sans recourir au mot civilisation, proposent un même modèle évolutif, qui leur permet d'établir des corrélations entre mode de subsistance et structure du pouvoir. Diderot, on l'a vu, envisage l'histoire de la civilisation comme l'histoire de la liberté en marche. Plus tard, on le sait, Condor-

12. Émile Benveniste, *op. cit.,* p. 340.
13. Voir Ronald L. Meek, *Social Science and the ignoble Savage,* Cambridge University Press, 1976 ; Pasquale Salvucci, *Adam Ferguson : Sociologia e filosofia politica,* Argalia, Urbino, 1972.

cet distinguera neuf époques à partir de l'origine des premières peuplades jusqu'à la République française, réservant la dixième époque aux « progrès futurs de l'esprit humain ». Comte, plus tard encore, formulera sa « loi des trois états[14] ».

L'important n'est pas de rappeler les différentes théories ou philosophies de l'histoire, mais de souligner le fait qu'en nommant *civilisation* le processus fondamental de l'histoire, et en désignant du même mot l'état final résultant de ce processus, on pose un terme qui contraste de façon antinomique avec un état supposé premier (nature, sauvagerie, barbarie). Cela incite l'esprit à imaginer les voies, les causes, les mécanismes du parcours effectué au travers des âges. Le suffixe d'action en *-ation* oblige à penser un agent : celui-ci peut se confondre avec l'action elle-même, qui en devient, de la sorte, autonome ; il peut renvoyer à un facteur déterminant (Mirabeau dit : la religion ; Rousseau dit : la perfectibilité ; d'autres diront : les Lumières) ; il peut aussi se pluraliser, se répartir en facteurs multiples, échelonnés dans la durée ; pour Ferguson, comme pour Rousseau d'ailleurs, le processus de la civilisation n'est pas soutenu par un dessein conscient et constant, il se construit à travers les conséquences imprévues des conflits, des travaux, des innovations ponctuelles, avec le concours de « circonstances » que les hommes ne maîtrisent qu'imparfaitement. Ce qui est advenu dans l'histoire, dit Ferguson, est « le résultat, assurément, de l'action humaine, mais non l'exécution d'un quelconque dessein humain[15] ».

14. Sur Rousseau et Comte, voir l'article de Henri Gouhier, *Le Temps de la Réflexion*, IX, Paris, Gallimard, 1983, p. 127.
15. Adam Ferguson, *An Essay on the History of Civil Society*, 3ᵉ édit. Londres, 1768, p. 203. C'est ce que les auteurs anglais nomment « law of unintended consequences » ; à propos de Rousseau, j'ai parlé de « conséquence non maîtrisée » pour définir le schème narratif et explicatif si fréquent qu'il applique conjointement à sa vie propre et à l'histoire (« Le dîner de Turin », in *La Relation critique*, Paris, 1970, p. 144). Alors qu'en France le mot *civilisation* se répand très largement, les Anglais utilisent encore fréquemment le mot *refinement*. Sous la plume de Pierre Prevost, en 1797, le « On refinement » de Ferguson est traduit par *Traité de la civilisation*.

IV

La civilisation est-elle un processus collectif ininterrompu, dans lequel l'humanité tout entière se serait engagée depuis ses origines ? Sa seule variation ne consisterait-elle qu'à suivre un rythme tantôt lent, tantôt rapide, selon les lieux et les époques ? À lire la production foisonnante du marquis de Mirabeau, on n'arrive pas à fixer un emploi univoque du terme. Dans *L'Ami des hommes* (1756-1757, p. 176), il laisse entendre que la civilisation, n'étant pas un processus universel et linéaire, ne constitue qu'une courte phase d'apogée dans la vie des peuples : il évoque « le *cercle naturel* de la barbarie à la décadence par la civilisation et la richesse ». L'histoire comporterait des cycles, dont certaines nations auraient parcouru toutes les étapes, en laissant de grands exemples. Dans le même sens, s'adressant au roi au début de sa *Théorie de l'impôt* (1760, p. 99), le marquis de Mirabeau invoque « l'exemple de tous les empires qui ont précédé le vôtre et qui ont parcouru le *cercle de la civilisation* »…

D'autre part, Mirabeau ne se prive pas d'employer le mot *civilisation* pour désigner, non plus un processus, mais un état de culture et d'équipement matériel : « Les richesses mobiliaires d'une nation dépendent […] non seulement de sa civilisation, mais encore de celle de ses voisins » (*Éphémérides du citoyen*, 1767, V, p. 112).

On le voit, dès les écrits de son premier utilisateur, le mot *civilisation* est susceptible de recevoir une acception pluralisée. S'il désigne un processus, celui-ci s'est produit à plusieurs reprises au cours des âges, pour faire place, chaque fois, à une décadence inéluctable. S'il désigne un état plus ou moins stable, il peut différer d'une nation à l'autre. Il y a *des* civilisations.

Sans doute l'histoire antique est-elle ici, tacitement, pourvoyeuse de modèles. Rome est le grand exemple d'un empire qui a parcouru « le cercle de la civilisation ». À travers Hérodote ou à travers Polybe, Plutarque, Tacite, Ammien Marcellin, on a appris à comparer Grecs et Perses, Grecs et Romains, Romains et Barbares.

On aperçoit, d'entrée de jeu, que le sens du mot pourra bifurquer dans une acception pluraliste, ethnologique, relativiste, tout en retenant, au titre le plus général, quelques implications qui en font un impératif unitaire, et qui assignent un sens unique à la « marche » du genre humain tout entier.

V

Avant que ne se forme et ne se diffuse le mot *civilisation,* toute une critique du luxe, du raffinement des manières, de la politesse hypocrite, de la corruption provoquée par la culture des arts et des sciences, est déjà en place. Et de Montaigne à Rousseau, en passant par La Hontan et maint autre voyageur du Nouveau Monde, la comparaison du civilisé et du sauvage (fût-il cannibale) ne tourne pas à l'avantage du civilisé. D'où, chez le marquis de Mirabeau, le souci de distinguer vraie et fausse civilisation tantôt dans l'ordre des *faits* considérés, tantôt dans l'ordre des *valeurs* attribuées au terme. Dans le manuscrit intitulé *L'Ami des femmes, ou Traité de la civilisation* (date vraisemblable : 1768) Mirabeau insiste sur le critère moral qui authentifie la civilisation, et en l'absence duquel tout le code des bonnes manières, toute la somme du savoir ne sont que masque :

> J'admire à cet égard combien nos vues de recherches fausses dans tous les points le sont sur ce que nous tenons pour être la civilisation. Si je demandais à la plupart en quoi faites-vous consister la civilisation, on me répondrait, la civilisation d'un

peuple est l'adoucissement de ses mœurs, l'urbanité, la politesse et les connaissances répandues de manière que les bienséances y soient observées et y tiennent lieu de lois de détail : tout cela ne me représente que le masque de la vertu et non son visage, et la civilisation ne fait rien pour la société si elle ne lui donne le fond et la forme de la vertu : c'est du sein des sociétés adoucies par tous les ingrédients qu'on vient de citer qu'est née la corruption de l'humanité[16].

Le mot civilisation, sitôt écrit, est donc considéré comme pouvant faire l'objet d'un malentendu. Un autre texte de Mirabeau parle de « fausse civilisation[17] » ; ailleurs encore, il va jusqu'à annuler l'opposition entre barbare et civilisé, en dénonçant « la barbarie de nos *civilisations*[18] ». — Examinons un instant ce dernier exemple : la valeur dynamique du suffixe d'action (*-ation*) a disparu ; le mot désigne non plus un devenir, mais un état, et un état qui ne mérite pas son nom. Le pluriel laisse entendre que les différentes nations de l'Europe contemporaine ont chacune leur civilisation propre, mais qu'au lieu d'abolir la violence des sociétés « primitives » elles en perpétuent la brutalité sous des dehors trompeurs. Au lieu d'une barbarie à visage découvert, les civilisations contemporaines exercent une violence dissimulée.

On le voit, le mot *civilisation,* chez son « inventeur » français, n'est nullement un terme univoque. Le concept, dans sa forme même, est novateur, mais il n'est pas considéré de prime abord comme incompatible avec l'autorité spirituelle traditionnelle (la religion) ; au contraire, il en procède ; il désigne un processus de perfectionnement des rapports sociaux, des ressources matérielles, et à ce titre il énonce une « valeur », il détermine ce qu'on nommera un « idéal », il se conjugue avec l'impératif de

16. Cité par J. Moras, *op. cit.,* p. 38.
17. J. Moras, *op. cit.,* p. 43.
18. J. Moras, *op. cit.,* p. 41. Cf. Chateaubriand, *Mémoires d'outre-tombe* (éd. du Centenaire, Paris, Flammarion, t.I, p. 226) : « Le cynisme des mœurs ramène dans la société, en annihilant le sens moral, une sorte de barbarie ; ces barbares de la civilisation, propres à détruire comme les Goths, n'ont pas la puissance de fonder comme eux. »

vertu et de raison. Mais, sous la même plume, il revêt une fonction purement descriptive et neutre : il désigne l'ensemble des institutions et des techniques que les grands empires ont possédées au moment de leur apogée, et qu'ils ont perdues lors de leur décadence. On admet que diverses sociétés aient pu différer dans leur structure, sans pour autant démériter à l'égard du concept général de civilisation. Enfin le terme s'applique à la réalité contemporaine avec tout ce qu'elle comporte d'irrégularités et d'injustices. Dans cette dernière acception, la civilisation est la cible visée par la réflexion critique, tandis que dans la première acception évoquée, son caractère idéal faisait d'elle un concept normatif qui permet de discriminer et de juger les non-civilisés, les barbares, les moins civilisés. La critique s'exerce donc en deux directions : critique dirigée contre la civilisation ; critique formulée au nom de la civilisation.

VI

Civilisation fait partie de la famille de concepts à partir desquels un opposé peut être nommé, ou qui prennent naissance eux-mêmes afin de se constituer en opposés.

« Grec » et « barbare » sont des notions couplées. « Sans Grec, pas de barbare », écrit François Hartog[19]. Il faut qu'existent des communautés douées du *vrai* langage, pour que d'autres peuples soient considérés comme des « muets », des gens qui ne savent pas parler (*barbares*).

Il faut qu'existent des villes, et des citadins, pour qualifier le *rusticus* et la *rusticitas,* en opposition à l'*urbanus* et à l'*urbanitas.* Et il faut être habitant des villes soit pour se targuer d'une *civilité* supérieure, soit pour regretter, en des vers mélodieux et su-

---

19. François Hartog, *Le Miroir d'Hérodote,* Paris, 1980, p. 329. Voir Émile Benveniste, *Vocabulaire des institutions indo-européennes,* t.I, Paris, 1969, p. 363-367.

prêmement étudiés, le bonheur pastoral, la tranquillité arcadienne.

Les manières du fermier (*villanus*) sont *vilenie* en regard des usages de la cour (*courtoisie*).

Le discrédit du monde rural est encore ouvertement lisible dans les définitions que les dictionnaires de l'âge classique donnent de la civilité :

> Furetière, *Dictionnaire* (1694) :
> Civilité : manière honnête, douce et polie d'agir, de converser ensemble. On doit traiter tout le monde avec civilité. On apprend aux enfants la civilité puérile. Il n'y a que les paysans, les gens grossiers, qui manquent à la civilité.
> Civiliser : rendre civil et poli, traitable et courtois. La prédication de l'Évangile a civilisé les peuples barbares les plus sauvages. Les paysans ne sont pas civilisés comme les bourgeois.

L'âge classique a pu même produire des églogues sans renoncer à réprouver la grossièreté rustique. Écoutons Fontenelle :

> ... La poésie pastorale n'a pas de grands charmes, si elle est aussi grossière que le naturel, ou si elle ne roule précisément que sur les choses de la campagne. Entendre parler de brebis et de chèvres, des soins qu'il faut prendre de ces animaux, cela n'a rien par soi-même qui puisse plaire ; ce qui plaît, c'est l'idée de la tranquillité attachée à la vie de ceux qui prennent soin des brebis et des chèvres...
> Parce que la vie pastorale est la plus paresseuse de toutes, elle est aussi la plus propre à servir de fondement à ces représentations agréables. Il s'en faut bien que des laboureurs, des moissonneurs, des vignerons, des chasseurs soient des personnages aussi convenables à des églogues que des bergers ; nouvelle preuve que l'agrément de l'églogue n'est pas attaché aux choses rustiques, mais à ce qu'il y a de tranquille dans la vie de la campagne[20].

Le terme qui a fait l'objet d'une valorisation positive — « le

---

20. Fontenelle, « Discours sur la nature de l'églogue », in *Œuvres*, t.IV, 1742, p. 135-136 et 140. Sur la conversation polie et les conventions qui la régissent, voir dans l'annuaire *Le Temps de la Réflexion*, IV (Paris, Gallimard, 1983) l'article de Carlo Ossola, « L'homme accompli. La civilisation des cours et l'art de la conversation ».

plaisir tranquille » — est lié à l'art, à l'artifice, à l'effort. Les « agréments » sont le produit de ce que Fontenelle nomme un « esprit cultivé ». Ils « demandent des esprits qui soient en état de s'élever au-dessus des besoins pressants de la vie, et qui se soient polis par un long usage de la société[21] ». Ils comportent donc une part de fiction, qui à ce titre pourra être opposée défavorablement (par d'autres) à la vérité ou à la nature. Ceci pourra conduire à la réhabilitation du terme antonymique, qui se verra attribuer le contraire de la duplicité, c'est-à-dire : la *plénitude*. À la fin du siècle, on réhabilitera la « grossièreté rustique », et l'on se moquera des grêles agréments chers à Fontenelle. Diderot osera déclarer : « La poésie veut quelque chose d'énorme, de barbare et de sauvage[22]. »

Une autre stratégie consiste à introduire, à côté d'un terme d'abord hautement valorisé, puis tenu pour complice du dédoublement masqué (*civilité*) un second terme lavé de tout soupçon, qui pourra avantageusement se substituer au premier désormais dévalué. Le second se verra attribuer un plus haut titre d'authenticité. Ainsi en va-t-il avec la *politesse*, d'abord quasi synonyme de *civilité*, puis préférée par les lexicographes et les moralistes, jusqu'à ce qu'elle soit à son tour touchée par le soupçon.

L'article *civilité* du Trévoux de 1752 accumule les exemples : ils sont contradictoires, et nombre d'entre eux établissent des attributs péjoratifs :

> La civilité est un certain jargon que les hommes ont établi pour cacher les mauvais sentiments qu'ils ont les uns pour les autres (Saint-Evremond).
> La civilité n'est pas autre chose qu'un commerce continuel de mensonges ingénieux pour se tromper mutuellement (Fléchier). La civilité est un désir d'en recevoir, et d'être estimé poli en certaines occasions (La Rochefoucauld).

---

21. *Op. cit.*, p. 128.
22. *De la poésie dramatique*, chap. XVIII, in Diderot, *Œuvres esthétiques*, éd. P. Vernière, Paris, Garnier, 1959, p. 261.

La civilité n'est bien souvent qu'une envie de passer pour poli, et une crainte d'être regardé comme un homme sauvage et grossier (M. Esprit).

Le discrédit relatif de la civilité rend désirable un autre concept, de meilleur aloi. La synonymie apparente, sous le regard du spécialiste, doit faire place à un partage des valeurs, à l'attribution d'un rang moral différencié. Beauzée précise :

> Être *poli* dit plus qu'être *civil*. L'homme *poli* est nécessairement *civil* ; mais l'homme simplement *civil* n'est pas encore *poli* : la *politesse* suppose la civilité, mais elle y ajoute[23].

Le rapport de la civilité à la politesse devient analogue à celui de dehors et du dedans, de l'apparence et de la réalité.

> La civilité est par rapport aux hommes ce qu'est le culte public par rapport à Dieu, un témoignage extérieur et sensible des sentiments intérieurs et cachés ; en cela même elle est précieuse ; car affecter des dehors de bienveillance, c'est confesser que la bienveillance devrait être au-dedans.
> La politesse ajoute à la civilité ce que la dévotion ajoute à l'exercice du culte public, les marques d'une humanité plus affectueuse, plus occupée des autres, plus recherchée[24].

Cela n'empêche pas de maintenir l'opposition avec les individus rustiques et grossiers. Un simple décalage terminologique leur accorde la civilité, mais nie qu'ils soient capables de politesse :

> Un homme du peuple, un simple paysan même, peuvent être *civils* : il n'y a qu'un homme du monde qui puisse être *poli*.
> La *civilité* n'est point incompatible avec une mauvaise éducation ; la *politesse* au contraire suppose une éducation excellente, au moins à bien des égards.

---

23. Cité par [Guizot], *Dictionnaire universel des synonymes de la langue française*, Paris, s.d., Eugène Penaud, p. 166.
24. *Op. cit.*, p. 166.

La civilité trop cérémonieuse est également fatigante et inutile ; l'affectation la rend suspecte de fausseté, et des gens éclairés l'ont entièrement bannie. La politesse est exempte de cet excès ; plus on est poli, plus on est aimable[25]...

Toutefois l'avantage moral de la politesse, bien que hautement proclamé, n'est pas lui-même à toute épreuve. La politesse peut passer au rang de masque à son tour. On la trouvera suspecte en mainte occasion. Beauzée poursuit :

[...] Mais il peut aussi arriver, et il n'arrive que trop souvent, que cette politesse si aimable n'est que l'art de se passer des autres vertus sociales qu'elle affecte faussement d'imiter[26].

Si la civilité n'est que l'expression extérieure de la politesse, si elle n'en est que l'imitatrice artificieuse, la politesse derechef peut être perçue comme un art trompeur, imitant des vertus absentes. On peut faire le procès de la politesse dans les termes mêmes où l'on a fait le procès de la civilité. La Bruyère, déjà, écrivait : « La politesse n'inspire pas toujours la bonté, l'équité, la complaisance, la gratitude ; elle en donne du moins les apparences, et fait paraître l'homme au-dehors comme il devrait être intérieurement. » (*De la société*, 32)... Il n'est pas nécessaire de multiplier les exemples. Le modèle de la disqualification est toujours le même : il consiste à réduire à une mince apparence — à un faux-semblant — la vertu qui aurait dû imprégner, de part en part, l'individu, le groupe, la société entière. Réduites à des apparences superficielles, la politesse, la civilité laissent, à l'intérieur, en profondeur, le champ libre à leurs contraires : la malveillance, la malfaisance, bref, la violence qui n'a en réalité jamais abdiqué. Ainsi en va-t-il, à tout le moins, sous le « flambeau » de la critique, dressée à débusquer, partout où elle le peut, la contradiction de l'être et du paraître, du visage caché et du masque avantageux. Où qu'elle porte son

25. *Op. cit.*, p. 166-167.
26. *Op. cit.*, p. 167.

inspection, la pensée accusatrice débusque l'inauthentique. Ainsi, au niveau de la substance morale, le regard exigeant voit-il d'habitude survenir une inversion complète entre le « civilisé » et le « sauvage ». C'est Voltaire qui exprime le mieux ce renversement, quand il fait dire à son Huron, au moment où il vient d'être enfermé à la Bastille : « Mes compatriotes d'Amérique ne m'auraient jamais traité avec la barbarie que j'éprouve ; ils n'en ont pas d'idée. On les appelle sauvages ; ce sont des *gens de bien grossiers* ; et les hommes de ce pays-ci sont des *coquins raffinés* » (*L'Ingénu*, chap. X) : les adjectifs (*grossiers, raffinés*) expriment l'accident, l'apparence, ils sont accouplés à des substantifs qui définissent la réalité sous-jacente (*gens de bien, coquins*) radicalement différente des qualificatifs illusoires dont ils sont affublés.

VII

Poli, policé sont des mots phonétiquement très proches. Les auteurs français des XVIIᵉ et XVIIIᵉ siècles jouent de leur similitude, les traitant parfois de manière interchangeable. Pourtant, rares sont ceux qui ignorent la différence de leurs étymologies : pour l'un, le latin *polire,* l'action de polir ; — les termes grecs de *polis, politeia,* les mots français *politie, police,* pour le second. Or l'attraction, entre eux, n'est pas seulement phonétique ; elle est aussi sémantique. Ouvrons le *Dictionnaire* de Richelet (1680). Qu'est-ce que *polir* ? Six usages se proposent :

1. Nettoyer. Rendre plus beau, plus net et plus poli. *Aequare, adaequare.* Polir un marbre [...].
2. Terme de *polisseur.* C'est donner plus de lustre aux glaces de miroir, les rendre plus luisantes [...] *Polire.*
3. Terme de coutelier et d'émouleur. Passer par-dessus la polissoire. *Polir* un rasoir. *Polir* un couteau.
4. Au figuré : Civiliser, rendre plus civil, plus galant et plus honnête. *Ad urbanitatem informare.*

5. Au figuré. Ce mot se dit en parlant de discours et de style. *Limare, politius ornare, excolere.* (*Polir* un discours. *Polir* son style [...] C'est le rendre plus exact et plus châtié).
6. Au figuré. *Se polir soi-même.* C'est se rendre plus parfait.

Par l'association de l'image « littérale » du *luisant* et du lisse avec l'idée de perfection, le geste manuel de la *polissure (expolitio, exornatio)* établit, au niveau figuré, l'équivalence de *polir* et de *civiliser*. Civiliser, ce serait, parmi les hommes comme parmi les objets, abolir toutes les aspérités et les inégalités « grossières », effacer toute rudesse, supprimer tout ce qui pourrait donner lieu au frottement, faire en sorte que les contacts soient glissants et doux. La lime, le polissoir sont les instruments qui, au figuré, assurent la transformation de la grossièreté, de la rusticité, en civilité, urbanité, culture. (Je n'introduis pas au hasard le mot « culture ». On lit dans le *Dictionnaire de l'Académie,* 1694, au verbe *polir* : « Se dit figurément de tout ce qui sert à cultiver, orner, adoucir l'esprit et les mœurs, et à rendre plus propre au commerce ordinaire du monde. ») Travail de sculpteur (dans l'ordre du *fini* des formes et des volumes), de coutelier (dans l'ordre de l'affilement, de la finesse et du tranchant), de miroitier (dans l'ordre de la limpidité réfléchissante). Polir, disent d'autres dictionnaires, plus précis que Richelet sur le sens littéral, c'est « rendre un corps uni en sa surface, en ôter toutes les irrégularités, ôter les petites parties qui en rendent la superficie raboteuse ; rendre clair, luisant à force de frotter [...]. Il se dit particulièrement des choses dures » (Trévoux). Peu s'en faut qu'au figuré polir ne devienne *éclairer,* au sens de la philosophie des Lumières. Le traitement qui s'attaque au grain des choses et des individus n'est pas exempt lui-même d'une certaine violence. Polir son style n'est-ce pas, selon Richelet, le *châtier* ? Cela ne va pas toujours sans effort : au mot *polisseur,* le même Richelet donne pour exemple : « Le polisseur a de la peine. » Toutefois la dépense d'énergie, nécessaire pour produire le poli et la politesse, est compensée, très largement, en sens inverse, par l'économie qui résulte de l'adoucissement des mœurs et des manières. Les relations humaines sont désormais réglées par un code symbolique où les signes ont valeur d'actes.

Si compliquées, si absorbantes que puissent être les obligations de la politesse, elles engagent les intérêts des individus au niveau du jeu des mots, et non plus du jeu de mains, quitte à ce qu'un mot, ressenti comme une offense, donne lieu à un retour de la violence — retour où, malgré la codification qui règle le combat lui-même, l'un des contestants peut laisser sa vie. Un démenti est l'occasion d'un duel. Du moins le combat civilisé (souvenir de l'époque où la civilité s'appelait aussi courtoisie) a-t-il lieu, après les politesses d'usage, « sur le champ d'honneur ». Ce n'est ni une rixe ni une bataille confuse. Mais la vérité de la mort violente vient accuser l'hypocrisie d'une politesse qui veut que l'affront soit lavé dans le sang. Et les protestations ne manquent pas, aux XVIIᵉ et XVIIIᵉ siècles, contre la *barbarie* des duels.

Les exemples du sens figuré donnés par un dictionnaire du XVIIIᵉ siècle (qui reprend la définition : polir, c'est civiliser) varient, il faut le reconnaître, entre l'idée de la *difficulté* du polissage, et celle d'un effet obtenu en *douceur* et par la douceur. Qu'on prête attention, en l'occurrence, à la série des agents estimés capables de polir les individus :

> On ne vient pas aisément à bout de polir les barbares, de les ranger dans une forme de société humaine et civile. Les peuples du Nord étaient autrefois farouches ; le *temps* et les *lettres* les ont polis et rendus savants. On dit aussi que la *Cour* polit bien les gens de province [...].
> « C'est à l'*art* de polir ce que la nature a de trop rude. » La *conversation des dames* polit bien un jeune homme, le rend plus galant et plus délicat (Trévoux).

S'il y a ici un inventaire des instances « civilisatrices » (le temps, les lettres, la cour, l'art, la conversation des dames), l'on a aussi, dans cet article, toute une liste de candidats à la transformation polie : les barbares, les provinciaux, les jeunes gens, bref, la *nature* « farouche » et « grossière » avant que l'art ne l'ait prise en charge pour la perfectionner, c'est-à-dire pour l'altérer dans un processus d'adoucissement, d'ornement et d'éducation. La mise sur pied d'équivalence de tout ce qui est susceptible d'être poli (et policé) n'est pas sans importance : barbares, sauvages, gens de province (*a fortiori* : paysans), jeunes gens (*a fortiori* : enfants) s'offrent comme autant de paradigmes substituables. En regard de la perfection du *poli*, le barbare est une sorte d'enfant, l'enfant est une sorte de barbare. Pour qui met l'accent sur le péril de la barbarie, il ne sera pas difficile de le discerner au milieu de *nous*, dans le peuple des lointaines provinces, dans les enfants laissés à eux-mêmes, partout où le polissage éducatif n'a pu intervenir ; pour qui met sa confiance dans les pouvoirs de l'éducation, il ne sera pas malaisé, corrélativement, de considérer les sauvages comme des enfants, qu'un bienveillant et patient polissage rendra semblables à nous. Et si l'on récuse, au contraire, la fadeur et l'hypocrisie des conventions polies, les arguments de la rhétorique « primitiviste » serviront à célébrer conjointement le « bon sauvage », le peuple rural, le génie spontané de l'enfance. Le mot *polir* implique un devenir, une action progressive, d'où son équivalence avec *civiliser*. Il manque simplement à *polir* un substantif d'action (*politesse* étant le nom d'une qualité, et non pas d'une action, *polissage* ne s'appliquant pas hors du sens littéral), tandis que *civilisation* pourra désigner le processus transformateur.

Polir, c'est civiliser les individus, leurs manières, leur langage. Le sens propre aussi bien que le sens figuré peuvent conduire jusqu'à l'idée d'ordre collectif, de lois, d'institutions assurant la douceur du commerce humain. Le relais est pris par le verbe *policer,* qui intéresse les individus rassemblés, les nations :

> Faire des lois, des règlements de police pour entretenir la tranquillité publique. *Legibus informare, instituere* (Trévoux).

Par le jeu de l'antonyme commun (qui est : *barbarie*), le mot
police s'aligne à côté de civilité, politesse, civilisation :

> *Police* : Lois, ordre et conduite à observer pour la subsistance et
> l'entretien des états et des sociétés.
> *Politia*. En général, il est opposé à *barbarie*. Les sauvages d'Amé-
> rique n'avaient ni lois ni police, quand on en fit la découverte
> (Trévoux).

Unis par un antonyme commun, voisins phonétiquement,
différents par leur étymologie, *poli* et *policé* peuvent faire couple
dans un dictionnaire des synonymes, c'est-à-dire donner lieu à
de fines discriminations sémantiques. On verra donc se repro-
duire, entre *poli* et *policé*, les considérations qui départageaient
les mérites respectifs de la *civilité* et de la *politesse*. Un autre
rapport de *valeurs* intervient : opposant civilité et politesse,
Beauzée faisait peser le soupçon d'inauthenticité au premier
chef sur la *civilité* ; dans l'opposition entre poli et policé, la
défiance, l'imputation du « faux », de l'extériorité s'attachent à
poli, qui n'a pas la solidité institutionnelle de *policé* ; on lit chez
Beauzée :

Poli, policé

> Ces deux termes, également relatifs aux devoirs réciproques des
> individus dans la société, sont synonymes par cette idée
> commune : mais les idées accessoires mettent entre eux une grande
> différence.
> *Poli* ne supporte que des signes extérieurs de bienveillance ;
> signes toujours équivoques, et, par malheur, souvent contradic-
> toires avec les actions : *policé* suppose des lois qui constatent les
> devoirs réciproques de la bienveillance commune, et une puissance
> autorisée à maintenir l'exécution des lois[27].

Faute de pouvoir s'en remettre à la politesse des individus,

27. *Op. cit.*, p. 191.

d'autant moins fiable que tout « raffinement » annonce la corruption prochaine et la perte de la primitive véracité, il faut préférer les dispositions légales, les structures socio-politiques assurées par une bonne *police,* et respectées par les citoyens.

Certes, la coïncidence parfaite des mœurs et des lois constituerait la meilleure garantie de bonheur et de stabilité. Mais si les mœurs d'un peuple poli sont déjà corrompues, est-il encore temps de renforcer les lois qui en font un peuple policé ? On lit chez Duclos cette mise en garde contre les périls qui menacent la cohésion sociale, c'est-à-dire la police :

> Les peuples les plus polis ne sont pas aussi les plus vertueux. Les mœurs simples et sévères ne se trouvent que parmi ceux que la raison et l'équité ont policés, et qui n'ont pas encore abusé de l'esprit pour le corrompre. Les peuples policés valent mieux que les peuples polis. Chez les barbares, les lois doivent former les mœurs : chez les peuples policés, les mœurs perfectionnent les lois, et quelquefois y suppléent ; une fausse politesse les fait oublier[28].

Dans un autre chapitre de son ouvrage, Duclos (qui n'emploie pas encore le mot *civilisation*) subordonne nettement la *politesse,* agrément du commerce individuel, aux vertus sociales, qui font prévaloir les obligations dictées par l'intérêt général. La vraie politesse peut se réduire, selon lui, à d'autres sentiments ; à elle seule, elle n'est qu'un art d'imitation ; elle est la parodie *esthétique* des exigences *éthiques* de la raison ; à de certaines conditions, la politesse devient superflue ; l'intérêt bien entendu et la simple humanité la remplaceront :

> On ne doit pas [...] regretter les temps grossiers où l'homme, uniquement frappé de son intérêt, le cherchait toujours par un instinct féroce au préjudice des autres. La grossièreté et la rudesse n'excluent ni la fraude ni l'artifice, puisqu'on les remarque dans les animaux les moins disciplinables.
>
> Ce n'est qu'en se policant que les hommes ont appris à concilier

---

28. Charles P. Duclos, *Considérations sur les mœurs de ce siècle* (1750), in *Œuvres complètes,* 1820, t.I, p.12.

leur intérêt particulier avec l'intérêt commun ; qu'ils ont compris que, par cet accord, chacun tire plus de la société qu'il n'y peut mettre.

Les hommes se doivent donc des égards, puisqu'ils se doivent tous de la reconnaissance. Ils se doivent réciproquement une politesse digne d'eux, faite pour des êtres pensants, et variée par les différents sentiments qui doivent l'inspirer. [...]

Le plus malheureux effet de la politesse d'usage est d'enseigner l'art de se passer des vertus qu'elle imite. Qu'on nous inspire dans l'éducation l'humanité et la bienfaisance, nous aurons la politesse, ou nous n'en aurons plus besoin.

Si nous n'avons pas celle qui s'annonce par les grâces, nous aurons celle qui annonce l'honnête homme et le citoyen ; nous n'aurons pas besoin de recourir à la fausseté[29].

Récusant tout ensemble la nature sauvage et la « politesse d'usage », Duclos met l'accent sur des qualités dont le succès ira croissant dans l'esprit des élites prérévolutionnaires : humanité, bienfaisance, civisme.

Ces valeurs sont précisément celles qui, dans le langage de l'époque révolutionnaire, s'associeront au mot *civilisation*. Elles appartiendront à la série de ses connotations insistantes. À tout le moins chez les théoriciens du progrès, chez un Volney ou un Condorcet. Il faut constater, avec J. Moras, que le mot civilisation ne figure quasi jamais dans les textes de combat de Mirabeau (fils), Danton, Robespierre, Marat, Desmoulins, Saint-Just, lesquels allèguent plus volontiers la *patrie* et le *peuple,* font appel aux grandes valeurs civiques — liberté, égalité, vertu — et célèbrent les progrès décisifs de la révolution à travers les métaphores de la lumière.

Ce qu'il convient tout particulièrement de souligner, c'est que, grâce à ses valeurs associées, grâce à son alliance avec l'idée de perfectibilité et de progrès, le mot civilisation ne désignera pas seulement un processus complexe de raffinement des mœurs, d'organisation sociale, d'équipement technique, d'accroissement des connaissances, mais qu'il se chargera d'une

29. *Op. cit.,* p. 35-36.

aura sacrée, qui le rendra apte tantôt à renforcer les valeurs religieuses traditionnelles, tantôt, dans une perspective inverse, à les supplanter. La remarque qui s'impose (et que l'histoire du mot *civilisation* nous aide à formuler), c'est qu'aussitôt qu'une notion prend une autorité *sacrée*, et qu'en conséquence elle exerce un pouvoir mobilisateur, elle ne tarde pas à susciter le conflit entre groupes politiques ou écoles de pensée rivaux, qui s'en prétendent les représentants et les défenseurs, revendiquant, à ce titre, le monopole de sa propagation.

Un terme chargé de sacré démonise son antonyme. Le mot civilisation, s'il ne désigne plus un fait soumis au jugement, mais une *valeur* incontestable, entre dans l'arsenal verbal de la louange ou de l'accusation. Il n'est plus question d'évaluer les défauts ou les mérites de la civilisation. Elle devient elle-même le critère par excellence : **on** portera jugement au nom de la civilisation. Il faut **prendre son** parti, adopter sa cause. Elle devient motif d'exaltation, **pour** tous ceux qui répondent à son appel ; ou, inversement, elle fonde une condamnation : tout ce qui n'est pas la civilisation, tout ce qui lui résiste, tout ce qui la menace, fera figure de monstre et de mal absolu. Dans l'échauffement de l'éloquence, il devient loisible de réclamer le sacrifice suprême au nom de la civilisation. Ce qui veut dire que le service ou la défense de la civilisation pourront, le cas échéant, légitimer le recours à la violence. L'anticivilisé, le barbare doivent être mis hors d'état de nuire, s'ils ne peuvent être éduqués ou convertis.

Ne citons ici qu'un exemple, illustratif entre tous ; il concerne le bien-fondé de la colonisation.

La pensée des Lumières, telle qu'elle s'exprime dans l'*Esquisse* (1794) de Condorcet, condamne la conquête coloniale, et surtout le prosélytisme des missions chrétiennes d'outre-mer. Les épithètes traditionnellement réservées aux barbares (« sanguinaires », « tyranniques », « stupides ») s'appliquent aux colonisateurs, aux missionnaires, à ceux qui, sur l'ancien continent, restent attachés aux anciennes « superstitions ». Mais une nouvelle tâche apparaît : éduquer, émanciper, civiliser. Le sacré de la *civilisation* prend la relève du sacré de la *religion*. Cependant, le texte de Condorcet montre très clairement que l'objectif ultime reste le même : la résorption et la disparition des autres cultures au sein de la catholicité des Lumières prennent le relais de l'entreprise missionnaire qui avait cherché à rassembler l'humanité entière sous la bannière du Christ.

Il vaut la peine, ici, de citer un peu longuement :

> Parcourez l'histoire de nos entreprises, de nos établissements en Afrique ou en Asie, vous verrez nos monopoles de commerce, nos trahisons, notre mépris sanguinaire pour les hommes d'une autre couleur ou d'une autre croyance, l'insolence de nos usurpations, l'extravagant prosélytisme ou les intrigues de nos prêtres, détruire ce sentiment de respect et de bienveillance que la supériorité de nos lumières et les avantages de notre commerce avaient d'abord obtenu.
>
> Mais l'instant approche sans doute où, cessant de ne leur montrer que des corrupteurs, ou des tyrans, nous deviendrons pour eux des instruments utiles, ou de généreux libérateurs.
>
> Alors les Européens, se bornant à un commerce libre, trop éclairés sur leurs propres droits pour se jouer de ceux des autres peuples, respecteront cette indépendance qu'ils ont jusqu'ici violée avec tant d'audace [...]. À ces moines qui ne portaient chez ces peuples que de honteuses superstitions, et qui les révoltaient en les menaçant d'une domination nouvelle, on verra succéder des hommes occupés de répandre, parmi ces nations, les vérités utiles à leur bonheur, de les éclairer sur leurs intérêts comme sur leurs droits. Le zèle pour la vérité est aussi une passion, et il doit porter ses efforts vers les contrées éloignées, lorsqu'il ne verra plus autour de lui de préjugés grossiers à combattre, d'erreurs honteuses à dissiper.
>
> Ces vastes pays lui offriront ici des peuples nombreux, qui semblent n'attendre pour se *civiliser*, que de recevoir de nous les moyens, et de trouver des frères dans les Européens, pour devenir leurs amis et leurs disciples ; là, des nations asservies sous des despotes sacrés ou des conquérants stupides, et qui, depuis tant de siècles, appellent des libérateurs ; ailleurs, des peuplades presque sauvages, que la dureté de leur climat éloigne des douceurs d'une *civilisation perfectionnée,* tandis que cette même dureté repousse

également ceux qui voudraient leur en faire connaître les avantages ; ou des hordes conquérantes, qui ne connaissent de loi que la force, de métier que le brigandage. Les progrès de ces deux dernières classes de peuples seront lents, accompagnés de plus d'orages ; peut-être même que, réduits à un moindre nombre, *à mesure qu'ils se verront repoussés par les nations civilisées, ils finiront par disparaître, ou se perdre dans leur sein.*

[...] Il arrivera donc, ce moment où le soleil n'éclairera plus, sur la terre, que des hommes libres, et ne reconnaissant d'autre maître que leur raison ; où les tyrans et les esclaves, les prêtres et leurs stupides ou hypocrites instruments n'existeront plus que dans l'histoire et sur les théâtres[30][...].

Condorcet reprend, mais en la renversant, l'argumentation que Gibbon avait avancée au profit d'une théorie plus tempérée du progrès des mœurs : selon ce dernier, les peuples barbares d'Asie, s'ils devaient encore une fois se montrer supérieurs aux Européens, seraient obligés, pour y parvenir, d'adopter notre art militaire, notre industrie, et par conséquent d'entrer dans la civilisation[31]. Condorcet, on vient de le voir, imagine plus volontiers la civilisation *repoussant* les peuples sauvages et nomades, jusqu'à leur extinction physique ou culturelle : l'image de l'*expansion* des Lumières reste pour lui un modèle

---

30. Condorcet, *Esquisse d'un tableau historique des progrès de l'esprit humain*, dixième époque, Paris, 1794, p. 334-338. Dans le *Dictionnaire de la conversation*, Paris 2ᵉ éd., 1870, un médecin polygraphe, J.-J. Virey, tient la civilisation pour incompatible avec la tyrannie et assure « qu'aucune véritable civilisation n'est possible sans quelque degré de liberté pour la pensée comme pour l'action ». Mais il est persuadé que les diverses races ont des aptitudes inégales : « Sans prétendre déshériter aucune race humaine de ses droits à tous les genres de développements auxquels elle peut atteindre, on doit toutefois noter par les faits de l'histoire et même par la constitution physiologique de leur organisation, qu'il en est certaines plus portées que d'autres à l'exercice des facultés intellectuelles et à la civilisation [...]. Les plus ardents défenseurs de la liberté des nègres (dont certes nous sommes aussi les soutiens, comme tout ami de l'humanité) n'expliquent point l'éternelle infériorité, la barbarie constante qui pèsent sur ces peuplades obscures dans toute l'Afrique. » Jules Ferry, un demi-siècle plus tard, parlera de la « mission éducatrice et civilisatrice qui appartient à la race supérieure », tout en déplorant que la conscience de cette mission ne soit pas assez répandue parmi les colons (cité par H. Hilgers-Schele et H. Putt, in *Zivilisation und Kultur*, éd. cit., p. 35).

31. E. Gibbon, *The History of the Decline and Fall of the Roman Empire*, 1776-1788, chap. XXXVIII, « General Observations on the Fall of the Roman Empire in the West ».

revlu = civⁿ

dynamique, même après la condamnation des conquêtes territoriales.

Puisque la civilisation est, tout ensemble, un devenir et une valeur sacrée, puisqu'elle est lumière en expansion, il faut savoir où se trouve, en ce moment précis, sa pointe avancée ou, si l'on préfère la métaphore du rayonnement, en quel point se situe son foyer. Le langage post-révolutionnaire se devait d'identifier les valeurs sacrées de la révolution avec celles de la civilisation, et, par conséquent, il se devait également de revendiquer pour la France, pays de la révolution, le privilège d'être l'avant-garde (ou le phare) de la civilisation.

Ce rôle national, Condorcet, déjà, l'affirme. Ce sera, bien davantage encore, un thème de la rhétorique napoléonienne :

> Soldats ! vous allez entreprendre une conquête dont les effets sur la civilisation et le commerce du monde sont incalculables[32].

On peut suivre ce thème, tout ensemble national et lié au souvenir de la révolution de 89, à travers le XIXᵉ siècle tout entier. La substitution de la civilisation à la religion, de la France et de son peuple à l'Église, est clairement affirmée dans toute une série de textes. En 1830, Laurent de l'Ardèche écrit :

> Noble peuple de France, tu es toujours élu et chéri de Dieu entre toutes les nations ; car si tes rois ne sont plus fils aînés de l'Église [...], tu n'as pas cessé d'être toi-même le fils aîné de la civilisation[33].

En 1831, Michelet revendique pour la France « le pontificat de la civilisation nouvelle[34] ». Hugo, plus que tout autre, travaille à sacraliser le mot *civilisation,* tout en attribuant à la France le rôle sacerdotal suprême :

---

32. Proclamation aux troupes embarquées pour l'expédition d'Égypte. L'empereur déchu déclarera : « L'Angleterre et la France ont tenu dans leurs mains le sort de la terre, celui surtout de la civilisation européenne. Que de mal nous nous sommes fait ! » Cité par J. Moras, *op. cit.,* p. 61.
33. *Kultur und Zivilisation,* éd. cit., p. 24.
34. *Ibid.*

Le peuple français a été le missionnaire de la civilisation en Europe[35].

Et l'expression la plus complète de cet accaparement national de la civilisation, épiphanie du sacré de l'âge moderne, se lira dans l'un des discours de Hugo postérieurs à l'exil :

> On peut dire que dans notre siècle il y a deux écoles. Ces deux écoles condensent et résument en elles les deux courants contraires qui entraînent la civilisation en sens inverse, l'un vers l'avenir, l'autre vers le passé ; la première des deux écoles s'appelle Paris, l'autre s'appelle Rome.
>
> Chacune de ces deux écoles a son livre ; le livre de Paris, c'est la Déclaration des Droits de l'Homme ; le livre de Rome, c'est le Syllabus. Ces deux livres donnent la réplique au Progrès. Le premier lui dit Oui ; le second lui dit Non.
>
> Le Progrès, c'est le pas de Dieu[36].

Par le jeu des anciennes oppositions verbales, le contraire de la civilisation peut être dénommé barbarie. Et plus générale-ment, les nations qui ne sont pas aussi directement identifiables avec l'esprit même de la civilisation ne seront pas exemptes — surtout en temps de crise internationale — du soupçon de barbarie. Après la victoire allemande, le 1er mars 1871, Hugo déclare à l'Assemblée nationale siégeant à Bordeaux :

> Et pendant que la nation victorieuse, l'Allemagne, baissera le front sous son lourd casque de horde esclave, elle, la vaincue sublime, la France, elle, aura sur sa tête la couronne de peuple souverain.
>
> Et la civilisation, remise face à face avec la barbarie, cherchera sa voie entre ces deux nations, dont l'une a été la lumière de l'Europe, et dont l'autre sera la nuit.
>
> [...] Messieurs, à Strasbourg il y a deux statues, Gutenberg et Kléber. Eh bien, nous sentons en nous une voix qui s'élève et qui

35. *Ibid.*
36. *Ibid.*

jure à Gutenberg de ne pas laisser étouffer la civilisation, et qui jure à Kléber de ne pas laisser étouffer la République[37].

Cet emploi — français, républicain, chargé d'intensité sacrée — du mot *civilisation* se poursuivra au XXe siècle face à l'adversaire allemand[38], jusqu'à trouver, dans l'hitlérisme, une barbarie en mesure de constituer sans conteste son antonyme incarné.

VIII

Rien ne surprendra moins que de constater, face à l'appropriation post-révolutionnaire du mot civilisation et de son sacré, une appropriation inverse de la part des adversaires de la révolution. L'exemple en est donné, dès la fin de 1790, par Edmund Burke, pour qui la civilisation se confond avec les valeurs traditionnelles de la religion et de la chevalerie — celles précisément que la pensée révolutionnaire réprouvait comme grossières et barbares :

> Rien n'est plus certain que nos mœurs et notre civilisation [...] dépendaient depuis des siècles de deux principes, et étaient certainement le résultat des deux combinés ensemble. Je veux dire l'esprit de gentilhomme et celui de la religion[39].

S'adressant à son destinataire français, Burke évoque les pires

---

37. Victor Hugo, *Œuvres politiques complètes,* éd. Francis Bouvet, Paris, Pauvert, 1964, p. 694-695.
38. Notamment lors de la guerre de 1914-1918, où les Français opposent la civilisation à la Kultur allemande. Cf. E.R. Curtius, *L'Idée de civilisation dans la conscience française,* trad. H. Jourdan, Paris, 1929.
39. E. Burke, *Réflexions sur la révolution de France* [...], 3e édit., Paris s.d. [1791], p. 99-100.

éventualités : l'effondrement économique, doublant l'anéantissement des structures sociales et religieuses :

> [...] Si les arts et le commerce venaient à se perdre dans une expérience qui serait faite pour éprouver comment un État peut subsister sans noblesse et sans religion, ces deux antiques principes fondamentaux, quelle espèce de chose serait alors *une nation composée de barbares grossiers, stupides, féroces, et en même temps pauvres et sordides* ? [...]
> Je souhaite qu'il vous soit possible de ne pas arriver bien vite et par le chemin le plus court à cette horrible et dégoûtante situation. On reconnaît déjà dans tous les procédés de l'Assemblée et de tous ceux qui l'endoctrinent, que la conception en est pauvre, grossière et vulgaire. Leur liberté est une tyrannie, leur savoir une présomptueuse ignorance, et leur humanité une *brutalité sauvage*[40].

Cette inversion des termes est lourde de conséquences. Le sacré de la civilisation est désigné comme un sacré *menacé*. Et la menace est ressentie comme un péril intérieur. La barbarie réside dans l'égalitarisme prôné par les démagogues, ou dans la révolte de la « multitude grossière ». Bref, le monde « sauvage » n'est plus situé à l'extérieur, sur un lointain rivage ou dans un profond passé ; il est dissimulé dans la place et ne demande qu'à faire irruption du fond ténébreux de la société : l'argument sera repris par Mallet du Pan :

> Les Huns et les Hérules, les Vandales et les Goths, ne viendront ni du Nord ni de la Mer Noire, ils sont au milieu de nous[41].

Et Chateaubriand, à la fin des *Mémoires d'outre-tombe* (livre 44, chap. 2), en dira autant, en transportant le danger intérieur dans le domaine de l'esprit :

> L'invasion des idées a succédé à l'invasion des barbares ; la

40. *Op. cit.*, p. 101.
41. Mallet du Pan, *Considérations sur la nature de la révolution de France*, Londres, Bruxelles, 1793, p. 27. Mallet du Pan cite ici un texte qu'il écrivait en 1791. Cf. dans *Le Temps de la Réflexion*, IV (Paris, Gallimard, 1983) l'article de B. Baczko, « Le complot vandale », p. 195. Nous lui empruntons cette citation.

civilisation actuelle décomposée se perd en elle-même ; le vase qui la contient n'a pas versé sa liqueur dans un autre vase ; c'est le vase qui s'est brisé.

Le danger *intérieur* prendra tantôt l'aspect social des « classes dangereuses » et du prolétariat, des « Apaches » et des « Mohicans » issus des grandes métropoles industrielles ; tantôt il sera perçu comme la conséquence de la libération des instincts provoquée par les mouvements intellectuels d'affranchissement et de révolte (« indifférence en matière de religion », etc.) ou dans l'individualisme qui, à travers la considération du seul « intérêt personnel », autorise le crime et le retour à la lutte de tous contre tous, jusqu'à mettre sur pied d'égalité l'escroquerie raffinée et le vulgaire assassinat[42]. La sauvagerie n'est pas seulement le fait des classes inférieures ; elle reste à l'affût dans le cœur de tous les hommes, sous des apparences qui inspirent confiance[43].

Le péril intérieur, une fois pris en considération, appelle une réponse. Et cette réponse, il faut s'y attendre, ne s'est pas toujours manifestée dans les mêmes termes. Sous sa forme la plus simple elle a consisté à « réagir », c'est-à-dire à protéger les

---

42. À titre d'exemple, ces paroles de Vautrin à Rastignac, dans *Le Père Goriot* : « Paris, voyez-vous, est comme une forêt du Nouveau Monde où s'agitent vingt espèces de peuplades sauvages, les Illinois, les Hurons, qui vivent du produit que donnent les différentes chasses sociales... » L'arriviste dandy et le vulgaire assassin, selon Vautrin, ne diffèrent que par le choix des moyens. Même idée, chez Sade, d'une sauvagerie conservée sous les dehors de la civilisation. Dans *Aline et Valcour,* Zamé, le législateur de l'utopique cité de Tamoé, reproche au Français Sainville d'avoir conservé les sacrifices humains de l'époque barbare. Les seuls changements ont consisté à choisir d'autres victimes : les Celtes modernes immolent des criminels, au lieu de prisonniers de guerre : « *En achevant votre civilisation,* le motif changea, mais vous vous conservâtes l'habitude : ce ne fut plus à des dieux altérés de sang humain que vous sacrifiâtes des victimes, mais à des lois que vous avez qualifiées de sages, parce que vous y trouviez un motif spécieux pour vous livrer à vos anciennes coutumes, et l'apparence d'une justice qui n'était autre dans le fond que le désir de conserver des usages horribles auxquels vous ne pouviez renoncer » (« Aline et Valcour », in *Œuvres complètes,* t.IV, Paris, 1976, p. 307-308).
43. Chez Cesare Lombroso, dans *L'Homme criminel* (trad. p. 1876), puis chez Émile Zola dans *La Bête humaine,* la tendance au crime est une donnée archaïque qui persiste par atavisme. Cf. Jean-Michel Labadie, « Le corps criminel : un aujourd'hui dépassé » in *L'Archaïque, Nouvelle Revue de Psychanalyse,* 26, automne 1982, p. 121-134.

valeurs sacrées de la civilisation chrétienne par toutes les mesures possibles d'endiguement, de protection de l'ordre, d'éducation et de propagande[44].

IX

Si intense et tenace qu'ait été la sacralisation du terme, il a été
difficile aux hommes de la Restauration de persister à ne pas
reconnaître, dans les dangers mêmes qui menacent la civilisation du dedans, tantôt les produits et les effets de celle-ci, tantôt
un résidu de la nature sauvage demeurée irréductible. Et, par
conséquent, il leur a été difficile de ne pas retourner contre un
aspect de la civilisation elle-même l'accusation que sa valeur
sacrée autorisait à porter contre ce qui la nie ou la compromet.
Quelque chose, dans la civilisation, travaille contre la civilisation. On admirera la façon dont Benjamin Constant dans la
préface de son ouvrage *De la religion* (1827), concilie deux
attitudes en apparence contradictoires : la volonté de croire en
une perfectibilité quasiment illimitée de l'espèce humaine[45], et,
en contrepartie, l'auto-accusation, la sévérité découragée à
l'égard de l'effondrement des convictions et de la force morale
— effondrement inévitablement suscité par le raffinement et la
mollesse des civilisations avancées. L'image de l'opulence romaine, provoquant la chute de l'Empire, constitue un paradig-
me décisif. Plaidant pour la cause de la religion (ou plutôt : du
sentiment religieux), Constant écrit :

> Contemplez l'homme dominé par ses sens, assiégé par ses

---

44. On trouvera chez J. Moras, *op. cit.*, un bon aperçu des idées de J. de Maistre, de
L. de Bonald et de Ballanche sur la *civilisation chrétienne.*
45. C'est, en 1800, la conviction de Germaine de Staël. Pour elle, comme le
remarque J. Moras, la civilisation est le sens même de l'histoire : « L'une des principales
causes finales des grands événements qui nous sont connues, c'est la civilisation du
monde » (*De la littérature*).

besoins, amolli par la civilisation, et d'autant plus esclave de ses jouissances, que cette civilisation les lui rend plus faciles. Voyez combien de prises il offre à la corruption. Songez à cette flexibilité du langage qui l'entoure d'excuses, et met la pudeur de l'égoïsme à couvert [...]. Tous les systèmes se réduisent à deux. L'un nous assigne l'intérêt pour guide, et le bien-être pour but. L'autre nous propose pour but le perfectionnement, et pour guide le sentiment intime, l'abnégation de nous-même et l'esprit du sacrifice[46].

Si nous adoptons le « système » de l'intérêt et du bien-être, nous aurons beau faire de l'homme « le plus habile, le plus adroit, le plus sagace des animaux », nous aurons beau le placer « au sommet de cette hiérarchie matérielle ; il n'en restera pas moins au-dessous du dernier échelon de toute hiérarchie morale ». Il sera inutile, dès lors, de faire appel à l'homme... « Vos institutions, vos efforts, vos exhortations seront inutiles ; vous triompheriez de tous les ennemis extérieurs, que l'*ennemi intérieur* serait encore invincible. » Suit l'évocation de la décadence romaine — précipitée par le règne de l'intérêt égoïste : « Déjà une fois l'espèce humaine semblait plongée dans l'abîme. Alors aussi une longue civilisation l'avait énervée. » Mais le principe antagoniste est apparu avec le christianisme : « Le monde était peuplé d'esclaves, exploitant la servitude ou la subissant. Les chrétiens parurent : ils placèrent leur point d'appui hors de l'égoïsme. Ils ne disputèrent point l'intérêt matériel, que la force matérielle tenait enchaîné. Ils ne tuèrent point, ils moururent, et ce fut en mourant qu'ils triomphèrent[47]. » À cette argumentation, qui paraît avantager la religion au détriment du concept de civilisation, répond une note qui rend toutes ses chances à l'espoir du progrès et qui restitue à l'idée de civilisation la validité qui lui semblait refusée :

Les effets de la civilisation sont de deux espèces. D'une part, elle ajoute aux découvertes, et chaque découverte est une puissance.

---

46. B. Constant, *De la religion,* 5 vol., Paris, 1824-1831, t.I, p.XXXVIII-XL.
47. *Op. cit.,* p. XLIII-XLIV.

Par là elle augmente la masse des moyens à l'aide desquels l'espèce humaine se perfectionne. D'une autre part, elle rend les jouissances plus faciles, plus variées, et l'habitude que l'homme contracte de ces jouissances lui en fait un besoin qui le détourne de toutes les pensées élevées et nobles. En conséquence, chaque fois que le genre humain arrive à une civilisation exclusive, il paraît dégradé durant quelques générations. Ensuite il se relève de cette dégradation passagère, et se remettant, pour ainsi dire, en marche, avec les nouvelles découvertes dont il s'est enrichi, il parvient à un plus haut degré de perfectionnement. Ainsi nous sommes, proportion gardée, peut-être aussi corrompus que les Romains du temps de Dioclétien ; mais notre corruption est moins révoltante, nos mœurs plus douces, nos vices plus voilés, par ce qu'il y a de moins le polythéisme devenu licencieux, et l'esclavage toujours horrible. En même temps, nous avons fait des découvertes immenses. Des générations plus heureuses que nous profiteront et de la destruction des abus dont nous sommes délivrés, et des avantages que nous avons acquis. Mais pour que ces générations puissent avancer dans la route qui leur est ouverte, il leur faudra ce qui nous manque, et ce qui doit nous manquer, la conviction, l'enthousiasme et la puissance de sacrifier l'intérêt à l'opinion.

Il résulte de ceci que ce n'est point la civilisation qu'il faut proscrire, et qu'on ne doit ni ne peut l'arrêter. Ce serait vouloir empêcher l'enfant de croître, parce que la même cause qui le fait croître le fera vieillir. Mais il faut apprécier l'époque où l'on est, voir ce qui est possible, et, en secondant le bien partiel qui peut encore se faire, travailler surtout à jeter les bases d'un bien à venir, qui rencontrera d'autant moins d'obstacles et sera payé d'autant moins cher qu'il aura mieux été préparé[48].

Constant appelle implicitement de nouveaux chrétiens, capables de sacrifice et « d'enthousiasme[49] ». D'autres, au contraire, bien avant Rimbaud, avaient appelé de nouveaux barbares. Jacobi, en 1779, ne leur demandait pas encore d'apporter du « sang neuf », du « sang païen » (Rimbaud) ; il se

---

48. *Op. cit.,* p. XLI-XLII.

49. Ce terme, qui a perdu aujourd'hui sa puissance d'appel, était l'un des mots de ralliement de Madame de Staël et du « groupe de Coppet ». Il permettait d'opérer la synthèse entre les souvenirs classiques et l'idée d'une nouvelle littérature, d'inspiration chrétienne et nordique.

contentait d'attendre les bienfaits d'une énergie torrentielle :
« L'état actuel de la société ne me présente qu'une mer morte et
stagnante et voilà pourquoi je désirerais une inondation quelconque, fût-elle des Barbares, pour balayer ces marais infects et
découvrir la terre vierge[50]. » Le vœu de rechristianisation,
formulé par Constant, a eu pour corollaire et répondant un vœu
de rebarbarisation — lui aussi légitimé par le sentiment de
lassitude et de déperdition vitale, et lui aussi inspiré par les
mythes interprétatifs projetés sur la fin du monde antique et sur
l'aube de l'ère chrétienne...

On le voit, Constant (et d'autres, à la même époque) ne peut
s'abstenir de critiquer la civilisation comme *fait* actuel, afin de
sauver, dans la très longue durée, le principe de la civilisation
comme *valeur* associée aux épiphanies du sentiment religieux ;
il imagine un progrès intermittent, interrompu par de longues
phases de faiblesse morale et de servitude politique. Si désolant
que soit le présent, sa confrontation avec le passé antique
permet de croire au progrès général, qui prend l'évidence d'un
fait constatable. Saint-Simon, contemporain de Constant, verra le progrès de l'histoire se rythmer en périodes « organiques »
et périodes « critiques ».

Toujours est-il qu'en ce début du XIXe siècle, le concept de
civilisation ne retient pas le sacré comme un réceptacle étanche.
Le contenu fuit. Le malaise, l'ironie, l'insatisfaction ne peuvent
être indéfiniment tenus en respect. La rhétorique officielle en
fait très rapidement un lieu commun. (La civilisation, parmi
d'autres clichés, aura droit à son couplet dérisoire, dans *Madame
Bovary*, au grand jour des Comices agricoles.) Ce qui veut dire
que, si l'on cherche à fonder l'ordre social, il faut battre le
rappel de tout un ensemble de valeurs complémentaires qui
devront se renforcer mutuellement, sans parvenir à établir une
autorité à toute épreuve. Claude Lefort fait observer très
justement : « Le discours qu'on peut imputer à l'idéologie

---

50. J.H. Jacobi, *Woldemar* (1779), trad. Vandelbourg, 2 vol., Paris, 1796, t.I, p. 154-
155.

bourgeoise s'exerce aux premiers temps de la démocratie à l'épreuve de la menace d'une décomposition de la société comme telle. Les institutions, les valeurs proclamées : la Propriété, la Famille, l'État, l'Autorité, la Patrie, la Culture sont présentées comme des remparts contre la barbarie, contre les forces inconnues du dehors qui peuvent détruire la Société, la Civilisation. La tentative de sacralisation des institutions par le discours est à la mesure de la perte de la substance de la société, de la défaite du corps. Le culte bourgeois de l'ordre qui se soutient de l'affirmation de l'autorité, de ses multiples figures, de l'énoncé des règles et des justes distances entre ceux qui occupent la position du maître, du propriétaire, de l'homme cultivé, de l'homme civilisé, de l'homme normal, adulte, face à l'*autre,* tout ce culte témoigne d'un vertige devant la béance d'une société indéfinie[51]. »

X

Nous venons de le remarquer, le mot *civilisation,* chez Constant, apparaît comme un terme composé : il implique l'accroissement des ressources, de la sécurité, des jouissances, etc. (ce qui correspond, dans l'ordre du *fait,* au genre de vie que mènent les classes aisées de la société industrielle moderne), mais il implique aussi le perfectionnement intérieur des individus, l'essor de leurs qualités affectives et intellectuelles, l'élargissement et l'approfondissement heureux de leurs relations mutuelles, sans lesquels la civilisation ne saurait se concevoir comme *valeur.* Face extérieure et face intérieure qui (comme précédemment dans le cas de la civilité, de la politesse) devraient se correspondre loyalement — mais qui, tout compte

51. Claude Lefort, *L'Invention démocratique,* Paris, 1981, p. 173.

fait, demeurent contradictoires et mal ajustées tant que la justice, la liberté, la moralité n'accompagnent pas l'accumulation des biens et le développement complexe des lois et des institutions publiques. Guizot, nous l'avons vu, insiste sur l'aspect *double* de la civilisation : pour satisfaire à l'exigence complète de la vie civilisée il ne suffit pas d'*instruire* les hommes, c'est-à-dire de développer leurs aptitudes instrumentales, mais il faut encore, de façon complémentaire, les *éduquer,* ce qui veut dire en faire des êtres libres et raisonnables, capables de ne pas se laisser dominer par le seul souci de la production matérielle. Or il se trouve que la société industrielle accroît l'écart entre les deux composantes de la civilisation idéale dont le déséquilibre va s'aggravant : il devient toujours plus difficile de maintenir le postulat d'une civilisation sans conflit interne... La réprobation, pour déconsidérer la société industrielle et démocratique, l'attaquera sous le nom de *civilisation,* en la présentant, ainsi que le fait Baudelaire, comme une « grande barbarie éclairée au gaz[52] ». Corrélativement, Baudelaire peut faire l'éloge du sauvage américain en le parant de toutes les qualités spirituelles que la civilisation-valeur aurait dû promouvoir : « Par sa nature, par nécessité même, [le sauvage] est encyclopédique, tandis que l'homme civilisé se trouve confiné dans les régions infiniment petites de la spécialité. L'homme civilisé invente la philosophie du progrès pour se consoler de son abdication et de sa déchéance ; cependant que l'homme sauvage, époux redouté et respecté, guerrier contraint à la bravoure personnelle, poète aux heures mélancoliques où le soleil déclinant invite à chanter le passé et les ancêtres, rase de plus près la lisière de l'idéal. Quelle lacune oserons-nous lui reprocher ? Il a le prêtre, il a le sorcier et le médecin. Que dis-je ? Il a le dandy, suprême incarnation de l'idée du beau transportée dans la vie matérielle[53]... » La force morale, le

52. C. Baudelaire, *Œuvres complètes,* éd. C. Pichois, 2 vol., Paris, Pléiade, 1975-1976, « Edgar Poe, sa vie et ses œuvres », t.II, p. 297.
53. « Notes nouvelles sur Edgar Poe », éd. cit., p. 325-326.

raffinement esthétique, qui eussent dû compléter la civilisation matérielle, doivent être cherchés hors de notre civilisation, chez les sauvages. Mais les valeurs énumérées par Baudelaire impliquent si fort une idée de la civilisation (c'est-à-dire tout à la fois un idéal de civilisé, et une civilisation idéale) que Baudelaire peut écrire en utilisant cette fois le terme de manière non péjorative : « La Civilisation s'est peut-être réfugiée chez quelque petite tribu non encore découverte » ; la France, tout comme la Belgique, a préalablement été déclarée « pays bien barbare[54] ».

Le mot civilisation supporte donc difficilement le dédoublement de ses implications ou présupposés : ceux-ci, lorsqu'ils ne concordent pas, conduisent à un emploi contradictoire d'un seul et même terme. La non-concordance du fait et de la valeur incite à retenir le mot civilisation pour le fait, et à chercher un autre terme pour la valeur (de même qu'au siècle précédent l'on avait tenté d'opposer la politesse à l'insatisfaisante civilité). Assurément, un premier recours consistera à faire appel à une marque épithétique d'authenticité, et à parler de « vraie civilisation ». Mais les esprits systématiques chercheront un appui lexical plus accentué. Ainsi Charles Fourier choisissant le mot *harmonie* pour désigner l'état social perfectionné, dont la rêverie utopique s'applique à détailler le mode de fonctionnement, grâce auquel les misères et les injustices de la *civilisation* présente seront victorieusement surmontées. De la sorte, la civilisation, accusée sans ménagement, sert de repoussoir au bonheur escompté de la société « harmonienne ». Le couple lexical *civilisation-harmonie* extériorise et projette vers l'ailleurs et l'avenir les tensions internes qu'il est difficile d'aménager à l'intérieur de la seule notion de civilisation. Cette nouvelle opposition n'est pas sans conséquence : elle n'affecte pas seulement le mot civilisation d'une valeur péjorative ; elle a de surplus pour effet de lui réserver un champ temporel limité : la civilisation n'est pas

54. « Pauvre Belgique », éd. cit., p. 820.

coextensive à l'histoire humaine tout entière. Elle ne représente que sa phase présente, avec son système de contraintes imposées aux passions humaines (monogamie, etc.). Il en ira de même dans le vocabulaire d'Engels. Pour lui, sur la base des théories de Lewis H. Morgan, la civilisation est postérieure à l'état sauvage et à la barbarie ; c'est la civilisation qui invente l'État, la propriété, la division du travail, l'exploitation des classes inférieures. Le moment ultérieur de la dialectique historique naîtra de la suppression de ce mode d'organisation sociale : la société sans classes (où l'État aura dépéri) abolira les maux de la civilisation ; elle retrouvera, à un niveau supérieur, la communauté des biens dont jouissait l'humanité précivilisée[55]. Cet emploi, somme toute fouriériste, du mot *civilisation* ne prévaudra pas dans la littérature marxiste du XXe siècle.

De façon beaucoup plus générale, et sans implication politico-révolutionnaire directe, le monde germanique a mis en place, dès le début du XIXe siècle, un rival du concept de civilisation : la culture (*die Kultur*). C'est ici qu'éclate au grand jour, et dans un long débat, sous l'aspect du conflit entre notions concurrentes et différemment nommées, l'opposition interne que Constant et Guizot avaient cherché à contenir à l'intérieur du concept unique de civilisation, entre composantes complémentaires[56]. Nietzsche n'est pas le premier à intervenir dans la discussion, mais, selon son génie propre, il donne aux termes antithétiques une expression véhémente : la civilisation n'est que dressage, répression, rétrécissement de l'individu ; la

---

55. F. Engels, *Der Ursprung der Familie, des Privateigentums und des Staats* (1884) : en français : *L'Origine de la famille, de la propriété privée et de l'État.*

56. Dans le domaine italien, l'opposition s'appuie sur le contraste entre *civiltà,* mot ancien, et *civilizzazione,* dont la formation récente et les origines françaises permettent de se démarquer plus facilement, comme le fait Leopardi dans les notes du *Zibaldone.* Le mot *cultura,* comme *culture* en fançais, apporte une tierce ressource, où l'influence des concepts allemands de *Kultur* et de *Bildung* est souvent discernable.

Sur l'histoire du débat en Allemagne, on trouvera documents et bibliographie dans *Kultur und Zivilisation.* Cf. la note 1 du présent chapitre. Dans le domaine anglais J.-S. Mill et Matthew Arnold sont des témoins précieux. Voir également F. Braudel, *Écrits sur l'histoire,* Paris, 1969, p. 255-314.

culture, au contraire, peut aller de pair avec la décadence des sociétés, car elle consiste dans l'épanouissement des énergies individuelles :

> *Culture contre Civilisation.* — Les sommets de la culture et de la civilisation sont très éloignés les uns des autres : il ne faut pas s'y méprendre, ils sont séparés par un antagonisme profond comme un abîme. Les grands moments de la culture ont toujours été, moralement parlant, des temps de corruption ; et, à l'opposé, les époques de la domestication voulue et forcée de l'homme (« Civilisation ») ont été des temps d'intolérance pour les natures les plus spirituelles et les plus audacieuses. La civilisation veut autre chose que ce que veut la culture : peut-être quelque chose d'inverse[57].

Pour en rester au niveau purement terminologique, relevons un fait très significatif : lorsque Freud déclarera ne pas vouloir différencier les notions de culture et de civilisation, ce sera pour retrouver à l'intérieur du domaine unitaire de la culture (qui implique donc aussi bien la civilisation) la menace intérieure qui résulte du conflit de *deux* éléments : d'une part, la pulsion érotique, qui vise à étendre la communauté, à resserrer ses liens et, d'autre part, la pulsion agressive, liée à l'instinct de mort[58]. Chez Freud, la suppression de l'antithèse culture-civilisation

---

57. F. Nietzsche, « Aus dem Nachlass der Achtzigerjahre », in *Werke,* éd. Schlechta, 4 vol., Munich, 1956, t.III p. 837.

Dans un écrit datant de 1914, Thomas Mann écrit : « L'âme allemande est trop profonde pour que la *civilisation* soit pour elle une notion supérieure, sinon même la plus haute de toutes. La corruption et le désordre de l'embourgeoisement est pour elle un objet d'horreur ridicule. » Ou encore : « La politique est chose de la raison, de la démocratie et de la civilisation ; la morale en revanche est chose de la culture et de l'âme » (« Gedanken im Kriege », in *Die neue Rundschau* 25, 1914, cahier II, p. 1478 et 1474). En 1929, E.R. Curtius (cf. note 38) souhaitera enterrer cette dispute. Heidegger, on le sait, la réveillera à sa manière.

L'antithèse culture-civilisation joue un rôle capital dans l'ouvrage d'Oswald Spengler, *Le Déclin de l'Occident.* Cf. dans *Le Temps de la Réflexion, IV,* Paris, Gallimard, 1983, l'article de Jacques Bouveresse, p. 369.

58. Voir en particulier : *L'Avenir d'une illusion* (1927), chap. I, et *Malaise dans la civilisation* (dont le titre allemand est : *Das Unbehagen in der Kultur,* 1930). Les vues freudiennes sur les sacrifices pulsionnels demandés par la civilisation ont souvent été commentées. Voir, notamment, Eugène Enriquez, *De la horde à l'État : essai de psychanalyse du lien social,* Gallimard, 1983.

conduit à rétablir un rapport antithétique non plus sous forme ouverte, mais sous la forme de l'affrontement inévitable de deux principes dynamiques intrapsychiques dont les conditions de la vie moderne rendent la coexistence toujours plus difficile — quoique notre propre survie soit fonction de cette coexistence. En somme, Freud n'a pas besoin de la dualité culture-civilisation, dès lors qu'il dispose du couple *eros-thanatos*. L'antinomie, supprimée dans un registre terminologique devenu banal, renaît sous la forme de l'invention conceptuelle applicable au niveau « métapsychologique ».

XI

Le mot civilisation circule aujourd'hui en diverses acceptions, parallèles ou contradictoires, toutes plus ou moins familières, toutes également fatiguées. L'usure est manifeste. Mais le mot est loin d'être hors d'usage, et il reste à poser quelques questions à son sujet. L'usage actuel a-t-il effacé les antinomies internes ou externes que nous avons aperçues en parcourant l'histoire sémantique du mot *civilisation* ? Certes, la distinction entre culture et civilisation a perdu de son acuité. Mais elle subsiste toujours. On appelle *cultures* tantôt certains développements sociaux limités, cohérents et sans accomplissements monumentaux, qui n'ont pas atteint l'ampleur d'une grande civilisation, tantôt des sous-groupes de valeurs et de comportements différenciés, qui peuvent coexister à l'intérieur d'une seule et même civilisation : culture populaire, culture savante, culture urbaine, voire « contre-culture » etc. À la limite, on admettra qu'une civilisation peut intégrer un nombre assez grand de microcultures[59]... Dans l'usage relativiste qu'en fait

---

59. Voir Jean Molino, « Combien de cultures ? » in *Les Intermédiaires culturels,* Actes du colloque du centre méditerranéen d'Histoire sociale, des Mentalités et des Cultures. Université de Provence et H. Champion, 1978, p. 631-640.

l'ethnologie, la civilisation se spécifie en civilisations distinctes, dont chacune possède sa légitimité propre ; il appartient au savoir d'en déterminer les aires, les marques distinctives, les dates de surgissement et d'effondrement. Dans l'inventaire quasi cartographique des civilisations, c'est le tracé de leurs limites mouvantes et le relevé de leurs valeurs particulières qui importe, et nullement le jugement qualitatif que nous pourrions porter sur elles en leur appliquant naïvement les valeurs de notre civilisation. Les civilisations s'opposent les unes aux autres comme des organismes, dans des relations qui sont tour à tour celles du voisinage, de la concurrence et du conflit. Nous ne pouvons attribuer, à nulle d'entre elles, ni supériorité, ni infériorité, sauf à constater, comme un fait, le succès des unes, l'échec des autres ; nous n'avons qu'un intérêt *scientifique* à connaître les causes de leur apparition et de leur disparition[60]. Et notre bonne foi ira jusqu'à reconnaître, sans en faire un motif d'orgueil, que « notre » civilisation est la seule à porter cet intérêt aux autres civilisations, voire à s'accuser d'avoir, en nombre de circonstances, porté préjudice à celles-ci, lorsqu'elles opposaient un obstacle à nos appétits de puissance...

La mauvaise conscience dont s'accompagne, de façon quelque peu inconséquente, notre relativisme culturel, atteste que les antinomies n'ont pas cessé d'escorter le concept de civilisation. C'est sous l'aspect de la menace, du danger, de la peur que l'antinomie se manifeste. On parle *des maux de la civilisation,* dans le double sens que la grammaire autorise à donner à l'expression. La civilisation est perçue, dans le discours contemporain, tantôt comme source du mal, tantôt comme la victime d'un mal. La civilisation (mécanicienne, industrielle,

---

60. Voir au t. II, p. 451-487, des *Œuvres* de Marcel Mauss (Éd. de Minuit, 1969) la note de 1913 (écrite en collaboration avec Émile Durkheim) ainsi que l'exposé sur « Les civilisations » qui figure également dans l'ouvrage collectif de 1929, cité ici même en tête de notre note 1. Le relativisme, l'historisme que l'on peut faire découler de cette perspective constitueront le fondement du rejet de l'ethnocentrisme. — Mais le rejet de l'ethnocentrisme suppose l'application d'un critère de valeur, et conséquemment un refus de généraliser le relativisme.

occidentale, etc.) fait peser un péril : sur le monde vivant, sur les autres cultures et civilisations, sur l'âme des individus qui en jouissent ou qui subissent ses impératifs... Les arguments et le bien-fondé du discours écologique, des accusations d'ethnocide, etc. sont suffisamment connus pour qu'il ne soit pas nécessaire de les exposer. Il suffit de constater qu'ils tendent à désigner « notre » civilisation comme inséparable d'une *hybris* qu'il faut à tout prix contenir, et dont il faut si possible inverser les tendances. Penser la civilisation comme *menaçante* fait défiler sous notre regard alarmé les images de la dévastation que la technique civilisée apporte à tout ce qu'elle soumet à ses normes (efficacité calculée, rendement, etc.). Mais il nous arrive aussi bien de penser la civilisation comme *menacée* et ce sont alors d'autres antinomies qui viennent nous inquiéter. Sans doute est-ce alors davantage de l'intérieur même de la civilisation que la menace nous paraît provenir, puisque la civilisation industrielle couvre la terre entière et n'a plus d'*autre* extérieur à qui s'opposer. Nous éprouvons un sentiment d'inquiétude en face de l'essor des subcultures sauvages, des renouveaux de la pensée magique, des phénomènes de régression intellectuelle et morale qui mettent les outils de la civilisation (et ses armes) entre les mains d'individus incapables de les maîtriser, d'en comprendre le sens, d'en reconnaître les fondements historiques : en voyant disparaître une dimension de mémoire qui assurait les liens du monde présent avec le passé, nous craignons que l'oubli n'en compromette la continuation future. De surcroît, nous nous demandons si nos sciences, nos arts, nos philosophies conservent à cette heure le pouvoir d'inventer sans lequel notre civilisation cesserait d'être ce qu'elle a été : le théâtre d'un incessant transfert d'autorité, selon un pari en faveur de l'autonomie de la raison humaine, telle que l'incarne, dans son principe, l'institution démocratique. Ce ne sont là que deux thèmes, eux-mêmes antithétiques, entre plusieurs, dont l'expression est devenue insistante. Menaçante *ou* menacée ; ou encore, dans une rencontre des contraires, menaçante *et* menacée, persécutrice et persécutée tout ensemble, la civilisation n'est plus un lieu sûr pour celui qui habite sous son toit. — Je lis dans un article de Czeslaw Milosz, relatif au désabusement des artistes polonais de la dernière génération : « La méfiance et la moquerie furent dirigées contre tout l'héritage de la culture européenne. C'est pourquoi plusieurs années après la guerre, une pièce de Stanislas Wyspiański, *Akropolis,* écrite en 1904, fut mise en scène par Jerzy Grotowski d'une façon très particulière. La pièce est composée de scènes tirées d'Homère et de la Bible et ainsi résume les constituants principaux de la culture occidentale. Dans la version de Grotowski, ces scènes sont jouées par des prisonniers d'Auschwitz en uniformes rayés, et le dialogue est accompagné par des tortures. Seules les tortures sont réelles et la langue sublime des vers récités par les acteurs est colorée par la loi même du contraste[61]. »

Le marquis de Mirabeau, inventeur du terme, parlait déjà, on s'en souvient, de « la barbarie de nos civilisations » ; il parlait aussi de « fausse civilisation ». Au moment même où le terme fait sa première apparition, il possède pour le moins une double acception ; et, dans l'une et l'autre acceptions, il est lié à une activité critique.

Reconnue comme une valeur, la civilisation constitue une norme politico-morale : elle est le critère qui permet de juger et de condamner la non-civilisation, la barbarie. En revanche, utilisé pour désigner l'organisation présente des sociétés industrielles, le mot civilisation n'est plus qu'un terme synthétique désignant un fait collectif, qu'on jugera en faisant appel à d'autres critères. Cette fois, le mot civilisation, au lieu d'être l'outil conceptuel de la pensée critique, désigne un donné soumis à la critique : il ne suffit plus qu'une civilisation soit une civilisation, il faut encore qu'elle soit une *vraie* civilisation : un critère du vrai et du faux est alors requis en matière de

---

61. « Ruins and Poetry », in *The New York Review of Books,* vol. XXX, n° 4, 17 mars 1983, p. 20.

civilisation. Il faut nécessairement que ce critère soit choisi dans un autre domaine, et nous avons vu que Mirabeau faisait de la religion, dans un texte cité par les Jésuites de Trévoux, une condition nécessaire de la civilisation. Mais le même Mirabeau, sans excessif souci de logique, établissait le couple *normatif* civilisation-barbarie comme critère de la civilisation en tant que *fait* : le raisonnement devient circulaire. Notre civilisation est condamnable parce qu'elle est « barbare », c'est-à-dire parce qu'elle n'est pas *la* civilisation.

La scission du mot civilisation entre une acception « de droit » et une acception « de fait », et qui permet à la « conscience noble » d'invoquer la première contre la seconde, tombe sous le coup de l'analyse que Hegel, dans *La Phénoménologie de l'Esprit,* consacre à la *Bildung* et à la philosophie des Lumières[62]. On connaît la conclusion formulée par Hegel : c'est la civilisation *effective,* avec tout ce qui apparaît en elle de « barbare » à la conscience morale (moralité abstraite dont le « philosophe » se fait l'avocat dans *Le Neveu de Rameau*) qui constitue la *vérité* du moment.

Le moment historique où apparaît le mot civilisation marque l'entrée en scène d'une autoréflexion, l'émergence d'une conscience qui croit savoir de quoi est faite sa propre activité, comment se développe la réalité collective, et comment celle-ci doit être réglée. Cette autoréflexion ne s'absorbe pas en elle-même : sitôt qu'elle se perçoit réflexivement, la civilisation occidentale se voit comme une civilisation parmi d'autres. Devenue consciente d'elle-même, *la* civilisation découvre aussitôt *les* civilisations. La critique ne se bornera plus, comme autrefois, à comparer notre temps (*nostra tempora*) et les temps anciens (*pristina tempora*) ; elle assigne une tâche historique aux collectivités humaines, en se réservant, quant à elle, le droit d'examiner, d'approuver, de réprouver, ou de mettre sur pied

---

62. Hegel, *Phänomenologie des Geistes,* VI, B (Der sich entfremdete Geist, die Bildung), I et II. Sur la notion de *Bildung* et de *Bildungsroman,* cf. dans *Le Temps de la Réflexion,* IV, Paris, Gallimard, 1983, l'article d'Antoine Berman, p. 141.

d'égalité, selon les exigences de la raison éclairée. Pour la pensée critique, rien de ce qu'impose la tradition ne détient désormais de caractère obligatoire par la vertu de la seule ancienneté. La pensée critique en décidera selon ses critères propres. On doit dire, sans excessif paradoxe, que l'entrée en scène du mot *civilisation* (à une époque tardive de ce que nous nommons aujourd'hui encore la civilisation occidentale), bien loin de conforter l'ordre constitutif de la société civilisée, marque le début de sa *crise*. L'effritement du sacré institutionnel, l'impossibilité pour le discours théologique de continuer à valoir comme « concret et absolu » (Éric Weil)[63] invitent la plupart des esprits à chercher de toute urgence des absolus substitutifs. Et c'est alors que la notion même de *civilisation* propose ses services. Mais comme elle se fracture et se scinde aussitôt entre une valeur (absente) et un fait (difficilement acceptable), elle se révèle inapte à remplir la fonction jusqu'alors dévolue à l'absolu théologique. Le concept de civilisation viendrait-il, au soir même de la civilisation, annoncer la mort de ce qu'il nomme ? Je répondrai en affirmant le contraire : si la raison critique sait reconnaître qu'elle est elle-même le produit de la civilisation contre laquelle elle dirige sa polémique, si elle consent à admettre que la civilisation-valeur ne peut être formulée que dans le langage présent de la civilisation-fait, on est conduit à imaginer un modèle conceptuel nouveau, qui échapperait à l'alternative entre l'univocité de l'absolu et le relativisme culturel : ce modèle instituerait une relation complémentaire entre la raison critique, la civilisation réelle tout ensemble menacée et menaçante, et la civilisation comme valeur toujours « à réaliser ». On osera dire que ce modèle tripartite établit le cadre schématique dans lequel s'inscrivent tous les débats que la civilisation a suscités depuis l'époque des Lumières. Et l'on affirmera aussi bien qu'il constitue, s'il devait être pleinement reconnu et assumé, la valeur

63. Éric Weil, *Essais et conférences,* 2 vol., Paris, 1970 ; en particulier, t.I, chap.XII, « La science et la civilisation moderne, ou le sens de l'insensé », p. 268-296.

même définissant une civilisation qui reste encore à promouvoir : une civilisation supportant en soi sa propre crise permanente, incluant en soi la liberté critique la plus éveillée, la raison la plus indépendante, lesquels *reconnaîtraient* le monde réel dont ils procèdent, c'est-à-dire la civilisation comme fait acquis, à laquelle toutefois ils opposeraient, de façon polémique, le projet d'une civilisation plus conforme à l'exigence d'universalité qui soutient la raison critique dans son travail... Je me surprends à théoriser, assurément non sans naïveté, à partir de l'histoire lexicale : mais c'est l'occasion d'une dernière remarque, qui nous ramène sur le plan lexical. Le mot civilisation est un grand inducteur de théories. Je me retrouve en bonne compagnie. Tel qu'il circule, ce mot porte des significations diverses, contradictoires, il appelle des précisions épithétiques (civilisation chrétienne, occidentale, mécanique, matérielle, industrielle, etc.). Or, il est évident que, malgré son imprécision, ce terme désigne le milieu humain dans lequel nous nous mouvons, et dont nous respirons l'air quotidien : *in eo movemur et sumus.* Comment ne pas être tenté d'y voir plus clair, en élaborant une théorie de la civilisation, qui fixerait, du coup, toute une philosophie de l'histoire[64].

XII

La théorisation est assurément un piège. La parabole peut lui être substituée avec avantage. Dans « Histoire du guerrier et de

---

64. Parmi les multiples théories que notre époque a vu formuler, certaines attestent un souci de cohérence qui incite à la discussion. Les plus connues sont : A. Toynbee, *Civilization on Trial*, Oxford, 1948 ; N. Elias, *Uber den Prozess der Zivilisation*, 1936, 2ᵉ éd., Francke, Berne-Munich, 1969 ; trad. fr. par P. Kamnitzer, sous trois titres : *La Civilisation des mœurs, La Société de cour, La Dynamique de l'Occident*, Paris, 1975-1976. Il n'est pas possible ici de faire l'inventaire des recueils consacrés au sujet. Signalons, pour marquer les étapes des discussions postérieures à 1945 : *Civilisation*, numéro spécial de *Chemins du Monde*, Paris s.d. [1947] ; *La culture est-elle en péril ?* Rencontres internationales de Genève, Éd. La Baconnière, 1955 ; *Où va la civilisation ?* Rencontres internationales de Genève, La Baconnière, 1971 ; « Malaise dans la civilisation ? », *Le Débat*, Paris, nᵒˢ 23 (janvier 1983) et 24 (mars 1983).

la captive », J.-L. Borges raconte deux histoires : celle du guerrier barbare Droctulft qui abandonne les siens pour défendre la ville qu'ils attaquaient : Ravenne ; celle de l'Anglaise qui, enlevée par les Indiens, en Amérique du Sud, adopte sans retour les mœurs « sauvages » de ses ravisseurs[65].

Ce qui séduit Droctulft et fait de lui un transfuge, c'est l'ordre que manifeste la ville, le *poli* des marbres, les valeurs que nous avons répertoriées sous les noms d'*urbanitas* et de *politesse* :

> Il venait des forêts inextricables du sanglier et de l'auroch. Il était blanc, gai, innocent, cruel, loyal à son chef et à sa tribu, non à l'univers. Les guerres le conduisent à Ravenne, et là, il voit quelque chose qu'il n'a jamais vu, ou qu'il n'a pas vu avec plénitude. Il voit la lumière du jour, les cyprès et le marbre. Il voit un ensemble qui est multiple sans désordre ; il voit une ville, composition faite de statues, de temples, de jardins, de maisons, de degrés, de jarres, de chapiteaux, d'espaces réguliers et ouverts. [...] Peut-être lui suffit-il de voir une seule arche, avec une inscription incompréhensible en éternelles lettres romaines. Brusquement, cette révélation l'éblouit et le transforme : la Ville. Il sait que dans ses murs il sera un chien ou un enfant, et qu'il n'arrivera même pas à la comprendre, mais il sait aussi qu'elle vaut mieux que ses dieux et la foi jurée et toutes les fondrières de la Germanie. Droctulft abandonne les siens et combat pour Ravenne.

Borges oppose à cette histoire un récit de sa « grand-mère anglaise ». Celle-ci a autrefois rencontré une autre Anglaise, que les Indiens avaient emportée « au cours d'un raid ». La femme enlevée est devenue l'épouse d'un cacique « à qui elle avait donné deux fils et qui était très brave » :

> [...] On devinait une vie sanglante : les tentes en cuir de cheval, les flambées de fumier, les festins de chair brûlée ou de viscères crus, les marches furtives à l'aube, l'assaut des fermes, les clameurs et le pillage, la guerre, le rassemblement d'un bétail grouillant par des cavaliers nus, la polygamie, la pestilence et la magie. À une pareille barbarie était retombée une Anglaise.

---

65. Jorge Luis Borges, *Labyrinthes,* trad. Roger Caillois, Paris, 1953, p. 67-79.

Les deux personnages franchissent la ligne de séparation en sens inverse, ils sont des transfuges qui abandonnent ou qui rejoignent la barbarie. Le commentaire final de Borges est surprenant :

> Mille trois cents ans et la mer séparent le destin de la captive et celui de Droctulft. Aujourd'hui, l'un et l'autre sont également hors de portée. La figure du barbare qui embrasse la cause de Ravenne, la figure de l'Européenne qui choisit le désert peuvent paraître antagoniques. Pourtant un élan secret emporta les deux êtres, un élan plus profond que la raison et tous deux obéirent à cet élan qu'ils n'auraient pas su justifier. Les histoires que j'ai racontées sont peut-être une seule histoire. L'avers et le revers de cette médaille sont, pour Dieu, identiques.

L'effet de ces lignes est troublant : ce qui est donné comme identique, c'est l'élan non rationnel du franchissement, du mouvement vers l'*autre*. Et du même coup, la barbarie et la civilisation apparaissent elles-mêmes comme identiques sous le regard de Dieu. Le dedans et le dehors n'ont pas cessé de *valoir* l'un par rapport à l'autre, mais dans les deux sens. — Certes, il n'y a plus aujourd'hui de barbares ni de sauvages hors les murs, dans la forêt, la steppe, la pampa. Ce n'est pas à titre accidentel seulement que ces destins sont déclarés « hors de portée ». Le renversement spéculaire de la barbarie et de la civilisation nous est conté comme une histoire du passé, conservée dans la mémoire de l'écrivain et dans la conscience divine. Est-ce à dire que la civilisation a partie gagnée, que la médaille est désormais sans revers ? Loin de là. La surprise troublante est de découvrir que loin de nécessiter la longue durée chère aux historiens, les passages de la barbarie à la civilisation, de la civilisation à la barbarie se font parfois d'*un seul pas*. L'histoire ici contée a beau n'impliquer que des individus d'autrefois, sa moralité finale toutefois possède une portée plus large et pourrait s'étendre à tous les hommes et à tous les temps. Borges est trop civilisé, trop savant dans l'art de l'ellipse pour en dire davantage. Il se borne à rappeler la précarité des limites, l'égale facilité de la conversion et de la chute. L'opposition de la civilisation et de la barbarie s'équilibre en un suspens interrogatif. Ceci ne conduit pas à renier la civilisation, mais à reconnaître qu'elle est inséparable de son revers.

CHAPITRE II

SUR LA FLATTERIE

La doctrine classique de la civilité, telle quelle s'est élaborée dans les cours italiennes du XVIe siècle et dans les salons parisiens du XVIIe siècle, pose en principe que les liens réciproques dans lesquels les hommes sont contraints d'entrer quotidiennement peuvent, sous certaines conditions, non seulement être purifiés du risque de la violence, mais devenir source de plaisir. Moyennant toute une éducation, les règles d'un *art* complexe (art essentiellement de langage, s'étendant aux gestes, aux manières, à la parure) entreront en composition avec la *nature*, sans pour autant l'étouffer ou l'altérer. Le naturel, ainsi « urbanisé » et « poli », est compatible avec la civilité, et ne comporte plus les éléments d'agressivité inséparables de l'idée que l'on se fait de l'individu « rustique » (antonyme d'« urbain ») ou « grossier » (antonyme de « poli »). Le plaisir, pour une large part, est rendu possible par la suppression concertée, par le refus *conventionnel* de l'éventualité agressive dont tous les rapports humains sont naturellement chargés: ainsi s'ouvre un espace protégé, un espace de jeu, un champ clos où, d'un commun accord, les partenaires renoncent à se nuire et à s'attaquer, tant dans le commerce ordinaire que dans ce qui touche à l'amour. S'il est permis d'utiliser ici une terminologie anachronique, nous dirons que l'idée dominante est celle d'une maximisation du plaisir: la perte, que la pulsion amoureuse subit sous l'effet du refoulement et de la sublimation, est contrebalancée, selon la théorie de l'honnêteté, par l'érotisation du commerce quotidien, de la conversation, de l'échange épistolaire. La doctrine de l'honnêteté esthétise le « renoncement pulsionnel ». Ainsi, tandis que l'Éros se « civilise », les relations civiles s'érotisent dans leur ensemble, et deviennent le matériau d'une élaboration minutieuse. La valeur esthétique, s'attachant aux « manières agréables », est créditée à la personne, à son « mérite personnel » : on discerne aussitôt une assez forte composante narcissique, dans la mesure où le processus *distingue* l'individu et le destine à une société choisie. La notion de « bonne société », de « bonne compagnie », et surtout l'image extrême qu'en donnent les « cercles » précieux, contribuent à définir, dans le langage d'aujourd'hui, tout un « narcissisme de groupe ». Ce n'est sans doute pas un hasard si, à ce moment historique, et dans cette société précisément, les individus mâles se féminisent par leurs atours : perruques à longues boucles, rubans, bijoux, souliers à talons chantournés en sont les éléments les plus remarquables. Ce n'est pas un hasard non plus si le genre littéraire du portrait, et plus particulièrement de l'autoportrait, prend naissance dans ce contexte.

Raison, jugement, mérite

La science de l'honnêteté, déclare le chevalier de Méré, « est proprement celle de l'homme parce qu'elle consiste à vivre et à se communiquer d'une manière humaine et raisonnable[1] ». Le postulat premier est donc celui de la relation rationnelle. La prépondérance est attribuée à l'activité du jugement. La Bruyère atteste nettement le transfert, sur les personnes, des règles que Descartes proposait d'appliquer aux objets de pensée, aux « vérités » : « La règle de Descartes, qui ne veut pas qu'on décide sur les moindres vérités, avant qu'elles soient

---

1. « De la vraie honnêteté », in *Œuvres complètes*, Paris, 1930, t. III, p. 72.

connues clairement et distinctement, est assez belle et assez juste pour devoir s'étendre au jugement que l'on fait des personnes[2]. » Une relation doit s'établir entre l'individu qui ambitionne d'être jugé favorablement et une conscience qui, de son côté, s'autorise à exercer le pouvoir de juger. L'idéal de l'honnêteté, c'est la réciprocité parfaite : l'individu qui se met en évidence s'expose dans son *mérite*, tandis que, d'autre part, la clairvoyante « faculté judiciaire » du témoin sollicité sait rendre au mérite son dû. Or, c'est là un rapport parfaitement réversible, où celui qui s'exposait à un jugement devient presque instantanément juge à son tour : il reconnaît comme un mérite la perspicacité du jugement qu'on a porté sur lui. Les rôles s'échangent : une égalité s'établit, où chacun est tour à tour le *sujet* qui juge, et l'*objet* jugé. Aussi Méré, qui fait profession d'enseigner l'honnêteté, fait porter l'effort de son programme de haute pédagogie tour à tour sur l'art de *reconnaître* le mérite, et sur les vertus qui *constituent* le mérite lui-même. Parce que rationnels l'un et l'autre, le mérite, et le jugement porté sur le mérite, se voient promettre la plus complète universalité : d'une part le mérite est universellement reconnaissable par la droite raison, d'autre part toute raison clairvoyante saura distinguer le mérite, sous quelque vêtement qu'il se présente : « Un honnête homme de grande vue est si peu sujet aux préventions, que si un Indien d'un rare mérite venait à la Cour de France, et qu'il se pût expliquer, il ne perdrait pas auprès de lui le moindre de ses avantages ; car sitôt que la vérité se montre, un esprit raisonnable se plaît à la reconnaître, et sans balancer[3]. »

La structure fondamentale qui, selon le code classique, lie une personne à une autre à travers un acte de jugement, est reconnaissable sous diverses variantes stylistiques : ce rapport est exprimé tantôt du point de vue de celui qui prouve sa pénétration, tantôt du point de vue de celui qui fait l'objet d'un sentiment. L'un regarde, et l'autre s'expose. Le bon juge est

2. La Bruyère, *Les Caractères,* « Des jugements », 42.
3. Méré, *op. cit.,* p. 73.

celui qui « voit le prix de tout », qui « estime », qui « approuve les bonnes choses » ; l'honnête homme, s'il se montre, saura « mériter de l'estime », « être loué ». La claire lumière du jugement rationnel paraît ainsi coextensive à toute l'étendue du commerce de la société. Tout peut être apprécié à son juste prix ; aucun geste, aucune parole ne se manifestent, qui ne soient destinés à recevoir leur qualification, selon un code stable des valeurs. Dans une relation de cet ordre, l'intégrité désintéressée est parfaitement préservée. Sitôt qu'un homme « s'explique » et qu'il peut se faire entendre, le jugement d'appréciation interviendra, établissant un rapport de convenance ou de disconvenance où les personnes comptent moins que les indices dont elles font l'échange.

Mais il est impossible de s'en tenir là. Tout ne change-t-il pas quand le jugement d'appréciation morale se teinte d'esthétique, et quand l'on passe de termes tels que « mériter de l'estime » à ceux qui introduisent une marque affective dans la relation de l'honnête homme et du témoin devant lequel il comparaît : « plaire », « agréer » ? Apparemment, le jugement esthétique ne fait qu'orienter l'estimation vers un autre ordre de réalité ; non plus vers les seules « bonnes qualités », mais vers les « belles manières ». Or ce glissement, autorisé par ses antécédents antiques (καλοκἀγαθία), ne s'arrête pas là ; il s'agit de personnes, et celui qui sait « plaire » se rend aussitôt « aimable ». Le rapport n'est plus le seul jugement (fût-ce un jugement mixte portant conjointement sur les « vertus » d'une personne et sur les « agréments » par quoi elle plaît), il se double d'un acte discret : acte d'appel et d'accueil, qu'il s'agisse d'accueil dans le groupe ou d'accueil amoureux. Les termes alors utilisés sont : « être bien reçu », « être souhaité partout » ; à quoi correspond, de la part de la conscience jugeante : « recevoir agréablement », « préférer », « vouloir du bien », « rechercher », ou enfin « aimer » où se manifeste à découvert ce que les convenances ne disent qu'à demi-mot. Ainsi s'amenuise la distance objectivante dont le jugement d'estime avait besoin pour s'exercer, distance parfaitement respectée tant que n'intervenait aucun intérêt affectif. Certes, en théorie tout au moins, l'appréciation clairvoyante du mérite n'est nullement oubliée au moment où le « goût » se déclare : c'est elle qui tient sous son contrôle la relation d'agrément et d'accueil. Il s'agit de garder conjoints la reconnaissance raisonnable du « mérite », le « goût » esthétique pour les « belles qualités », et l'octroi d'une « préférence » à un être « aimable ». Sans doute, ainsi superposés, les divers registres garderont-ils mal leur autonomie, et l'on n'aura pas de peine à discerner que, dès le début, c'est-à-dire dès l'opération « désintéressée » du jugement d'estime, un élément affectif se trouvait impliqué. La décision de juger et d'être jugé porte déjà en elle toutes les virtualités du désir. Reconnaître des qualités vertueuses est, sans doute, un pur jugement moral, mais le faire savoir, sous les espèces de la louange ou de la déclaration d'estime, est déjà, selon notre langue, une « gratification » et, pour qui en est l'objet, un « gain narcissique ».

Or qu'en est-il, désormais, de l'équilibre, de la réciprocité parfaite, de la réversibilité des rôles, qui nous semblaient assurer la sécurité rationnelle du jugement d'estime ? Nous n'avons plus affaire à un acte purement intellectuel, fondé sur le postulat de l'universalité de la raison. L'élément du désir, si « poli » et sublimé qu'il soit, vient troubler l'exercice de la faculté judiciaire par l'intrusion d'un enjeu d'autre nature : le plaisir.

La nature de ce plaisir accentue, me semble-t-il, la dissymétrie des rôles. « Être bien reçu » s'entend uniquement de l'individu ; « recevoir agréablement », « préférer », « rechercher » peuvent certes s'entendre d'une personne, mais plus souvent encore du « cercle », de la « société choisie ». L'individu, en position de demandeur, attend d'être « agréé », d'être admis... Le plaisir, on le devine, est moins directement lié aux personnes mêmes par lesquelles le demandeur est agréé, qu'au bruit de leurs paroles, à la reconnaissance dont il fait l'objet, à l'estime qu'il est désormais en droit de se porter à lui-même : c'est le plaisir d'être « distingué », d'être jugé digne de faire partie du « cercle ». En revanche, pour ceux qui « reçoivent », qui « recherchent », qui « préfèrent », le plaisir consiste d'abord dans l'exercice d'un choix, dans le sentiment d'avoir la faculté de refuser accès, enfin dans le recours à des critères de similitude, qui obligent le requérant à confirmer, par tout son être et toute sa conduite, l'image idéale que les membres du « cercle » se font d'eux-mêmes : ils n'accepteront que celui qui leur ressemble et qui, par ses mérites et ses agréments, leur propose le reflet de leur propre valeur. La société se définit comme « choisie » dans l'acte même où elle se coopte. Le plaisir, encore une fois, résidera moins dans un lien « réel » avec une personne (dans une « relation d'objet ») que dans le libre jeu avec un reflet complaisant. Le modèle se fixe exemplairement dans les Académies, selon le rituel qui règle les rapports du candidat et de la compagnie.

Le « commerce » qui s'engage ainsi est celui du même avec le même ; la différence est réduite au point de n'être plus génératrice de conflit mais de complicité. Ceci requiert l'exclusion non seulement des personnes « de mauvaise compagnie », mais d'un certain nombre de sujets de conversation (on ne parlera ni d'argent, ni de sa femme, etc.), et des mots « louches », des expressions « basses », etc. Ainsi dispose-t-on d'un principe de sélection qui se fonde sur la « règle » et sur le « bon usage » : les personnes seront préférées selon l'emploi « élégant », « délicat », qu'elles font des ressources du langage : le choix qu'elles portent sur les meilleurs vocables les signale à l'attention de la « meilleure société ». Le parler « pur », « châtié », est tenu pour indicatif des vertus de la personne[4].

4. Au regard d'une analyse linguistique, ce critère de sélection est analogue à celui qui constitue les « langues spéciales ». Cette sélection, au niveau verbal, correspond étroitement à celle qui, au niveau moral, autorise les passions « licites » et réprime les passions « honteuses ». Pour les individus, le respect du code verbal, et de ses convenances esthétiques, est le garant de l'appartenance à une élite. Mais c'est un garant fragile, exposé au soupçon, toujours en mal de confirmation.

Le langage, ainsi *marqué*, ne perdra rien de sa fonction
référentielle, mais aura pour fonction accessoire de qualifier ses
utilisateurs, de les représenter dans un univers de conventions
où il importe de n'engager que le meilleur de soi. Un texte
pourra avantageusement figurer à leur place : ainsi la lettre
peut-elle se concevoir comme une présence par délégation et
comme un objet de plaisir, — ce dont l'épistolier ne tardera pas
à être averti : sa lettre aura fait parler de lui.

C'est ici que l'on voit les rôles (de celui qui s'expose au
jugement, de ceux qui possèdent la prérogative de juger)
révéler tout leur aspect théâtral. Si l'on peut s'absenter derrière
la chose écrite, pourquoi ne pas s'absenter derrière la chose dite,
comme un acteur qui joue sa partie à la perfection ? Écoutons
encore Méré : « C'est un talent fort rare que d'être bon Acteur
dans la vie, il faut bien de l'esprit et de la justesse pour en
trouver la perfection [...] : de faire toujours ce qu'il faut tant par
l'action que par le ton de la voix, et de s'en acquitter d'une
manière si juste, que la chose produise l'effet qu'elle doit, cela
me paraît un chef-d'œuvre [...]. Je suis persuadé qu'en beaucoup d'occasions il n'est pas inutile de regarder ce qu'on fait
comme une Comédie, et de s'imaginer qu'on joue un personnage de théâtre. Cette pensée empêche d'avoir rien trop à cœur,
et donne ensuite une liberté de langage et d'action, qu'on n'a
point, quand on est troublé de crainte et d'inquiétude[5]. » Nous
voyons intervenir, à nouveau, le souci de réduire tout affrontement trop direct ; n'« avoir rien trop à cœur », éviter la
« crainte » et « l'inquiétude » : autant de défenses contre les
blessures que pourrait infliger la réalité prise au sérieux. La
manœuvre d'esquive soustrait le beau joueur à toute offense.
Sous la fiction dont il se pare, il peut se sentir invulnérable, hors

---

5. Méré, *Œuvres complètes*, t. III, Paris, 1930, p. 157-158. On a souvent établi un
parallèle avec la pensée de Gracian. Un même esprit se retrouve chez Torquato Accetto,
théoricien de la « dissimulation honnête ». Cf. T. Accetto, *Della dissimulazione onesta*,
ed. critica a cura di Salvatore S. Nigro. Presentazione di Giorgio Manganelli. Gênes,
Costa e Nolan, 1983.

d'atteinte. Ce mécanisme protecteur, les stoïciens l'avaient déjà préconisé, comme un art de « faire bonne figure » sous les coups du destin : il s'agissait de jouer son propre rôle, tel que la providence l'avait imparti, de se rendre supérieur au malheur immérité, tout en l'acceptant. La disgrâce n'était pas évitée : tout au contraire, elle était consentie, et presque sollicitée, puisqu'elle rendait possible le rôle héroïque de l'indifférence au malheur, de la constance du sage. Ce qui tend à prévaloir, dans la conduite préconisée par Méré, c'est bien davantage le refuge dans la fable de soi, la fuite esthétique dans une image substitutive douée d'un degré de liberté supplémentaire : manœuvre d'évitement, qui s'efforce d'annuler les aspérités du réel par la production d'une pseudo-réalité moins périlleuse, ou mieux dominée. Préconiser d'être « bon acteur », à une époque où le théâtre se définit essentiellement par son pouvoir d'illusion, c'est donc préconiser le recours délibéré à la feinte.

Nous sommes loin, dorénavant, de la situation du jugement d'estime, lequel supposait, d'une part, la clairvoyance du juge, et, d'autre part, la sincérité du mérite. Sans doute, dès sa première définition, le mérite comportait-il des éléments construits, des vertus acquises, des traits élaborés ; il était, d'emblée, le produit d'une pédagogie. Mais il se confondait avec la « vérité » de l'individu, il n'était pas le résultat d'un effort ostentatoire, ou d'une hypocrisie défensive. Il s'offrait loyalement au jugement, et le jugement, de son côté, pouvait se fier à l'évidence, sans avoir à soupçonner le mensonge de l'apparence.

Or, tout se complique quand l'évitement du déplaisir (présent dès l'origine) a développé ses conséquences, et suscité la parade ludique. Rien n'empêche que la clairvoyance ne demeure entière. Par entente tacite, l'on feindra d'accepter les apparences plaisantes, sans se laisser abuser par celles-ci. Le sous-entendu de la fiction, s'il est partagé, exclut le risque de la tromperie : tout le monde est complice, et personne n'est dupe[6].

---

6. Il s'établit alors un équilibre, par l'adoption d'un code métaphorique commun, et par la recherche d'un écart de même degré par rapport à la littéralité.

A l'image illusoire répond l'image illusoire, dans la conviction commune que rien ne doit être pris « trop à cœur » si l'on veut préserver la possibilité d'un « commerce agréable ». Et si, en pareil cas, le trop rigoureux jugement d'estime ne trouve plus d'objet certain sur lequel s'exercer, c'est l'occasion d'une détente supplémentaire — puisque disparaît la responsabilité morale de reconnaître en vérité ce que valent les personnes : seul reste en scène le jugement esthétique, appliqué aux « airs » et aux « manières », prenant acte du plaisir provoqué par les apparences et contresignant l'adhésion complaisante que chacun apporte à sa propre image fictive. La relation réciproque, qui paraissait d'abord fondée sur l'acte intellectuel de la reconnaissance de qualités « réelles », devient une transaction où des perfections fictives s'autorisent mutuellement, en vue de maintenir pour chacun un niveau égal de satisfaction narcissique.

Celui qui veut garder sa vigilance entière s'écartera du jeu, pour le réprouver en « moraliste » ; il dénoncera, de part et d'autre, un aveuglement scandaleux. Il accusera les méfaits de la vanité et de l'amour-propre. La notion *d'amour-propre*, dans l'anthropologie classique, couvre une large partie du champ sémantique que nous attribuons, dans le langage mythico-scientifique de la psychanalyse, au « narcissisme » : la « blessure d'amour-propre » est la version classique, autrement libellée, de la « blessure narcissique ». En l'occurrence, sur une même image de la lésion infligée, le langage de la psychanalyse, en faisant appel au mythe de Narcisse, passe par le détour d'un hyperclassicisme pour se donner les airs de la science.

Au regard du moraliste, l'amour-propre est puissance d'illusion : ses racines sont dans le péché, c'est-à-dire dans l'œuvre du Malin, qui est le grand illusionniste. Mais l'amour-propre lui-même n'est pas une illusion : il est la « réalité » cachée qui suscite le foisonnement des illusions, et qui s'en nourrit. Nommer l'« amour-propre », c'est donc donner à l'illusion une *origine*, une source, en même temps qu'une *fin*. Car les illusions naissent *par* l'amour-propre, et *pour* l'amour-propre.

Nul mieux que La Rochefoucauld n'a mis en lumière l'aspect *transactionnel* de la relation de personne à personne, lorsque l'amour-propre la régit. « On ne loue d'ordinaire que pour être loué » (Maxime 146) ; « Le refus des louanges est un désir d'être loué deux fois » (Maxime 149). « Quelque bien qu'on nous dise de nous, on ne nous apprend rien de nouveau » (Maxime 303). La louange échangée a pour effet de confirmer chacun dans la surestimation qu'il fait de soi. Donnant donnant : telle est, dans son fond, la règle du jeu, où ce qui est donné est la chose tout ensemble la plus gratuite et la plus précieuse qui soit — la « louange », l'objectivation embellie de l'image d'autrui dans le discours qu'on lui adresse, la « gratification narcissique ». Or le discours louangeur n'aurait pas ce pouvoir s'il ne venait renforcer le discours trompeur que l'amour-propre tient en chacun de nous. « L'amour-propre est le plus grand de tous les flatteurs » (Maxime 2) : affirmation fondamentale qui s'isole, à la seconde place, dans toutes les éditions des *Maximes*. L'amour-propre, en notre for intérieur, s'octroie un droit premier de parole[7]. Toutes les paroles des autres ne nous atteindront que par le relais de cette parole intérieure. La Rochefoucauld considère la flatterie interne comme le principe de tout plaisir : « On n'aurait guère de plaisir si on ne se flattait jamais » (Maxime 123). Voici que, de la façon la plus incisive, le moraliste dénonce, dans ce plaisir, la cause d'un dommage : la transaction, que nous pouvions considérer jusqu'ici (dans l'échange des compliments louangeurs) comme exactement compensée,

---

7. Le thème sera repris par les prédicateurs : « Ne parlons plus des flatteurs qui nous environnent par le dehors, parlons d'un flatteur qui est au-dedans, par lequel tous les autres sont autorisés. Toutes nos passions sont flatteuses, nos plaisirs sont des flatteurs : surtout notre amour-propre est un grand flatteur qui ne cesse de nous applaudir au-dedans ; et tant que nous écouterons ce flatteur, jamais nous ne manquerons d'écouter les autres. Car les flatteurs du dehors, âmes vénales et prostituées, savent bien connaître la force de cette flatterie intérieure. C'est pourquoi ils s'accordent avec elle, ils agissent de concert et d'intelligence. Ils s'insinuent si adroitement dans ce commerce de nos passions, dans cette secrète intrigue de notre cœur, dans cette complaisance de notre amour-propre, qu'ils nous font demeurer d'accord avec tout ce qu'ils disent » (Bossuet, *Sur la charité fraternelle*).

s'effectue à perte; elle nous est désavantageuse: « Si nous ne nous flattions point nous-mêmes, la flatterie des autres ne nous pourrait nuire » (Maxime 152). « La flatterie est une fausse monnaie, qui n'a de cours que par notre vanité » (Maxime 158). Le faux-monnayage, dont se souviendra Gide, est frappé au coin de notre vice le plus profond. Comment, sinon, accepterions-nous si complaisamment le marché qui se fait toujours à notre détriment? Plus rien, cette fois, ne subsiste de la symétrie parfaite, de la réversibilité loyale qui prévalait dans le jugement d'estime réciproque; plus rien, non plus, de la mutuelle confirmation du mérite.

Le mot « flatter »

Le mot *flatter*, sitôt qu'il intervient, désigne un type d'échange où ce que l'on donne et ce que l'on reçoit n'est plus de même nature. Non plus: estime pour estime, louange pour louange, métaphore pour métaphore, image pour image, illusion pour illusion. Mais: *paroles* contre *faveurs.* Tenir la balance égale dans la commune griserie narcissique pouvait être l'utopie des salons aristocratiques où, par l'effet des règles d'admission, chacun appartenait à une « condition » sensiblement analogue, et où, d'autre part, selon une fiction d'ailleurs difficile à sauvegarder, le consentement charnel était perpétuellement différé, et l'amour voué à la transfiguration fabuleuse de la « maîtresse » et de « l'amant », unis par les seules vertus du regard et des paroles. De fait, la fiction est menacée de ruine, sitôt qu'intervient la différence des rangs et des fortunes, ou la réelle différence des sexes[8]: quand l'octroi de la faveur ou des faveurs

---

8. Le double champ d'action de la flatterie dans l'ordre politique et érotique est confirmé par la double acception de « courtiser ». Les preuves textuelles ne manquent pas : « Il y a deux sortes de gens sujets à être flattés, c'est-à-dire à qui ne manquent jamais gens qui leur fournissent de cette marchandise, et qui aussi aisément s'y laissent prendre: savoir les Princes, chez qui les méchants gagnent crédit par là, et les femmes car il n'y a rien si propre et ordinaire à corrompre la chasteté des femmes, que les paître et entretenir de leurs louanges » (Pierre Charron, *De la sagesse,* livre III, chap. X). Quant à la transaction, elle s'énonce dans le mot « marchandise ».

est sollicité par le seul art de bien dire, la dissymétrie s'installe, l'égalité disparaît, et la loi de « l'intérêt » se substitue ou se surajoute à celle du plaisir.

C'est là d'ailleurs ce qui donne à la flatterie toute son importance : cette notion se situe au point où, dans le discours classique, se rencontrent la psychologie de l'amour-propre et la critique des voies de la distribution du pouvoir et des richesses. La flatterie, on le voit, est un concept à double fonction qui permet de traiter psychologiquement certains aspects de la vie sociale, mais aussi d'aborder sous l'angle social certains aspects de la vie psychologique. La flatterie définit tout ensemble un type de discours et un mode de circulation des richesses. Elle a son champ d'action, en règle générale, partout où un puissant, un riche, un supérieur tient une « cour », accueille des parasites ou des clients.

Certes, ici encore, les modèles antiques ont leur importance. « L'excès [d'agrément], sans intention intéressée, s'appelle désir de plaire et, avec l'espoir d'un profit, flatterie », lit-on chez Aristote[9]. Le couple du riche et du parasite se profile ; et pour voir le flatteur antique à l'œuvre, il n'est que d'ouvrir les *Caractères* de Théophraste. On lit, dans la traduction de La Bruyère : « La flatterie est un commerce honteux qui n'est utile qu'au flatteur. Si un flatteur se promène avec quelqu'un dans la place : "Remarquez-vous, lui dit-il, comme tout le monde a les yeux sur vous ? Cela n'arrive qu'à vous seul. Hier il fut bien parlé de vous, et l'on ne tarissait point sur vos louanges." » La flatterie, à commencer par la physionomie du personnage et par son renom, s'étend à tout : chevelure, parole, enfants, cuisine et vins, demeure, portraits. Rien de la personne et des possessions du "maître" n'échappe à la louange. Le texte de Théophraste, dans sa simplicité précise, n'omet rien de ce qui, dans l'individu, est toujours dans l'attente d'un « renforcement narcissique ». N'est-il pas significatif que le flatteur commence par

---

9. *Éthique de Nicomaque*, II, VII, 13.

assurer au « maître » qu'il est *vu* de tous, et bien vu ; que tous *parlent* de lui, et pour en dire du bien. Voilà le maître rassuré non seulement sur l'opinion personnelle du complaisant, mais sur le jugement universel que l'on porte sur lui : il prend possession d'une « essence » personnelle. Puisqu'il se prête à l'opération de la flatterie, qu'il consent de la sorte à se payer de mots, rien ne le retient sur la voie de la *surestimation* la plus aveugle. Le texte de Théophraste, qui ne parle pas de la réponse du flatté, se borne à montrer le facile progrès du discours de la flatterie, et, indirectement, en laisse entendre le succès : le flatté se croit plus jeune, plus beau, plus puissant qu'il n'est. Et de ce qu'il a ainsi gagné par un jeu d'illusion, il est prêt à payer la contrevaleur sous les espèces d'une part appréciable des biens et des plaisirs matériels dont il jouit : le flatteur deviendra le commensal. Le marché, dans les conditions économiques de la cité antique, se traduit essentiellement par le profit alimentaire. Le flatteur est une bouche : pour parler, puis pour manger. Le succès du parasite auprès du riche sera l'un des thèmes classiques de la critique de la richesse. Si le riche se laisse si facilement duper, c'est que la richesse ne fait pas le bonheur, c'est que l'argent n'est qu'un moyen pour obtenir le plus trompeur de tous les biens : l'opinion des autres, et, par celle-ci, l'opinion illusoire que l'on se fait de soi-même. Avec tous les trésors qu'il possède, le riche n'est encore pas satisfait, tant qu'il ne peut se complaire sans réserve en sa propre personne. L'obstacle que lui oppose la part non maîtrisée de la nature physique (la contingence du corps) ou de la nature sociale (le jugement des autres), le flatteur s'offre à le lui lever dans de spécieuses paroles : le riche se laisse prendre au leurre de sa propre image exaltée, tandis que le flatteur, venu de plus bas, peut se contenter de la franche réalité du festin. Si les flatteurs se pressent dans sa demeure, le riche sera mis au pillage. Le *Timon* de Lucien et celui de Shakespeare en sont l'expression exaspérée. Après avoir été, par l'insatisfaction qui l'accompagne, la proie des illusions, l'opulence finit par s'évanouir elle-même comme une illusion.

Le discours moral de la tradition classique retrouve le même rapport, mais plus accentué s'il se peut, lorsqu'il s'agit non plus du riche particulier, mais du tyran ou du prince. Entre l'adulateur et le tyran, l'enjeu est à la fois plus élevé et plus dangereux : il y va du pouvoir même, et la faveur se traduit par d'immenses richesses[10]. La flatterie donne libre cours à sa figure favorite, qui est l'hyperbole. Elle divinise le prince ; elle lui accorde la satisfaction de tous ses désirs ; elle lève tous les obstacles que la vertu tenterait d'opposer. Du même coup, elle livre tous les opposants à la vindicte du maître : flatteur et délateur ne font qu'un. Le sadisme néronien — avec ses aspects narcissiques et infantiles — n'a plus en face de soi, grâce aux flatteries du Sénat et des affranchis, qu'un monde-jouet. Or, si la distance entre la bassesse du flatteur et le prince divinisé paraît d'abord immense, elle finit par s'abolir, dans le spectacle de la « bestialisation » progressive du prince ; l'assouvissement illimité — induit par la parole flatteuse — équivaut à un triomphe de l'animalité : le pouvoir du prince, loin d'être sans bornes, apparaît de plus en plus confiné aux satisfactions « infâmes » : poursuivie jusqu'à son terme, l'histoire, telle que la conçoit Tacite, nous fait voir que ce dieu est le moins libre qui soit. Racine a merveilleusement traduit la psychologie tacitéenne, quand, pour montrer comment naît un « monstre », il soumet Néron (contre la vraisemblance historique) aux discours du si bien nommé Narcisse :

> De vos propres désirs perdrez-vous la mémoire,
> Et serez-vous le seul que vous n'oserez croire[11] ?

Dans un langage un peu différent, l'animalisation du flatté est

---

10. L'image exemplaire de ce rapport se trouve chez Tacite. Cf. A. de la Houssaye, *La Morale de Tacite : de la flatterie*, Paris, 1686. La tradition grecque n'est pas de moindre importance. On sait que le *Gorgias* établit une homologie entre l'art rhétorique des sophistes, la flatterie, et l'art culinaire.

11. *Britannicus,* acte IV, scène IV. Cf. La Bruyère, *Caractères,* Du souverain, 28. Mêmes maximes dans la bouche de Mathan dans *Athalie*, III, III.

parfaitement mise en évidence — selon le vocabulaire de la ruse et de la capture — dans ces vers de La Fontaine:

> Amusez les rois par des songes,
> Flattez-les, payez-les d'agréables mensonges.
> Quelque indignation dont leur cœur soit rempli,
> Ils goberont l'appât, vous serez leur ami[12].

Avec le mot « appât », voici reparu le thème « alimentaire », mais pour caractériser métaphoriquement ce dont « se repaît » l'illusion des rois bien flattés: c'est en terme d'*appétit* que La Fontaine traduit le penchant irrésistible du prince à donner foi aux discours qui le divinisent. Dans *Les Obsèques de la Lionne*, dont nous venons de citer les quatre derniers vers, le cerf flatteur prétend avoir vu la lionne ressuscitée allant « chez les dieux ».

Un bref coup d'œil dans les coulisses étymologiques nous fait voir l'animalité tantôt dans le comportement du flatteur, tantôt dans la nature même de celui qui s'offre à la flatterie.

Qu'en est-il des termes couramment utilisés par la langue latine? Qu'en est-il notamment d'*adulari*? « Le verbe semble avoir eu à l'origine un sens concret, comme le grec σαίνω, et s'être dit des animaux, notamment des chiens, qui pour témoigner leur joie ou flatter leur maître, s'approchent *(ad-)* en remuant la queue[13]. »

Quant au mot *flatter*, une fausse étymologie, qui l'a rendu peut-être plus acceptable à certains, le faisait provenir « du son doux et coulant *fl*, spécialement employé à désigner les objets agréables et remarquables par leur douceur, et surtout le souffle. De là le latin *flo, flare, flatum* [...]. C'est donc proprement souffler aux oreilles des choses qui enflent la vanité, des louanges qui émeuvent l'amour-propre[14] ». Non, ce n'est pas à

---

12. *Fables*, VIII, xiv.
13. A. Ernout et A. Meillet, *Dictionnaire étymologique de la langue latine*, Paris, 1939, p. 15.
14. [Guizot], *Dictionnaire universel des synonymes* [...], Paris, Penard, s.d., p. 138.

la douceur du souffle que les étymologistes rattachent aujourd'hui *flatter*, mais au francique ★ *flat*, plat. (*Flatter* est donc
de même origine que « *se flâtrer* », se coucher et se tapir, terme
de vénerie, — et *flétrir*, marquer d'une empreinte.) Le sens
premier et propre de *flatter* est « caresser avec le plat de la
main », « passer le plat de la main[15] ». Le verbe dit primitivement le contact caressant avec un corps, le frottement léger
exercé par la main (contact dont la version plus entièrement
animale était exprimée dans cette formule synthétique de la
louange réciproque : *asinus asinum fricat*). Le flatteur sera donc
celui qui déplace dans les pouvoirs du discours l'aptitude de la
main à découvrir un corps, à le révéler agréablement à lui-
même. Mais, passant de la littéralité de l'action directe sur le
corps au sens *figuré*, la flatterie transporte le plaisir au niveau de
l'*image* que la parole offre à son destinataire pour qu'il s'y
reconnaisse : tant il est vrai que le « moi » n'en a jamais fini de
s'identifier, et qu'il lui est nécessaire de chercher tout ou partie
de son identité dans la parole de l'autre. Le destinataire de la
flatterie prendra donc possession de son image comme il a pris
possession de son corps, — à travers la caresse qui les lui fait
découvrir. Le peintre qui « flatte » un portrait ne fait que
transposer dans le visible une valeur sémantique dont nous
venons d'observer l'extension de l'ordre tactile à l'ordre verbal.
Si la flatterie-caresse révèle au corps qu'il peut être à lui-même
son propre « objet », la flatterie-discours déplace l'objet dans la
gloire d'un nom, dans un *renom*[16], avant que l'image n'achève
de s'objectiver dans le faux miroir d'un portrait ou d'un buste.
Il s'opère ainsi un glissement du plaisir élémentaire au piège

15. O. Bloch et W. v. Wartburg, *Dictionnaire étymologique de la langue française*,
Paris, 1968, p. 265. Voir également W. v. Wartburg, *Französisches Etymologisches Wör-
terbuch*, XV, ii, p. 139-141.
16. Quand Corneille, pour se « châtier », corrige : « Nous aurons tout loisir de *baiser*
nos maîtresses » (*L'Illusion comique*, IV, ix), il remplace, après 1660, *baiser* par *flatter* : il
s'agit d'atténuer ce qui pouvait paraître « bas » dans le contact des corps. *Flatter* indique
le moindre contact possible, sinon même l'absence de tout contact, la sublimation
verbale de la caresse.

mortel — glissement parfaitement marqué dans les diverses acceptions de *flatter* et *flatteur*. « Flatter les sens », ce n'est pas les tromper, c'est simplement leur être agréable, les charmer. La tromperie, l'illusion s'insinuent à mesure que se perd l'immédiateté de la caresse, et que la conscience flattée cherche à se rencontrer, à se voir elle-même, sous les espèces d'une image avec laquelle elle aspire à se confondre[17]. Métaphoriquement, cette image, ainsi proposée à l'identification illusoire, sera exprimée par l'appât, le leurre, le piège, les rets sur lesquels se jette l'animal, sous l'impulsion d'un désir instinctif d'absorption : le flatté « se repaît » de l'image qu'on lui propose, et devient ainsi la « proie » du flatteur. Le parcours sémantique où les associations nous ont entraînés va de la superficialité épidermique du contact agréable à la capture de la bête trompée, qui ne voit pas l'embûche dans la nourriture sur laquelle elle se précipite.

Or, sitôt que le verbe *flatter* peut s'entendre d'une représentation offerte à la conscience, le verbe peut passer à la forme réfléchie. *Se flatter*, verbe ambigu, exprime à la fois, ou tour à tour, l'erreur et l'espoir sincère. C'est l'expression du projet, mais aussi du commerce que l'on entretient avec l'image fictive que l'on se fait de soi-même et de ses facultés. Si l'on en croit les lexicographes, la forme réfléchie apparaît chez Corneille : or,

---

17. Dans son schématisme, le texte de Théophraste n'omet rien, ni de la caresse, ni du portrait. La traduction de La Bruyère, qui développe les valeurs implicites, peut servir de pièce à conviction : « Si par hasard le vent a fait voler quelques petites pailles sur votre barbe ou sur vos cheveux, il prend soin de vous les ôter [...]. Il achète des fruits [...] il les donne aux enfants [de ce citoyen] ; il les baise, il les caresse [...] et s'il aperçoit quelque part le portrait du maître où il soit extrêmement flatté, il est touché de voir combien il lui ressemble, et il l'admire comme un chef-d'œuvre. » Plus près de nous, Valéry, dans *Rhumbs*, résume avec acuité une leçon séculaire : ... « La plante humaine semble s'épanouir sous les louanges. On voit l'immonde fleur s'ouvrir et le feuillage frissonner. C'est une chatouille profonde, que certains pratiquent avec légèreté [...]. L'homme averti ressent une révolte d'être manié et d'obéir à cette volupté, comme le corps ferait aux actes lents d'une savante courtisane. Mais cette révolte même est un doux mouvement d'orgueil qui procède du sentiment de mériter toujours louange plus grande que toute louange donnée. Et par ce mouvement l'amour de soi ne fait que se transformer en soi-même. » (*Œuvres*, Paris, Pléiade, t. II, 1960, p. 648).

Corneille en fait usage à la fois pour signifier la résolution héroïque, et pour dénoncer la surestimation illusoire du menteur et du fanfaron. L'on en vient à reconnaître que l'individu ne peut se qualifier et s'engager à l'action que par la voie d'un discours qu'il s'adresse à lui-même, — discours dont seule l'issue de l'action permettra de dire s'il est « sincère » ou trompeur. La flatterie intériorisée peut passer pour la forme réfléchie du « vouloir » — d'un vouloir qu'anime l'image d'une perfection ou d'une gloire à venir. « Se flatter de » est l'expression qui donne au narcissisme sa chance de gloire, en laissant à l'événement (à l'« effet ») le soin de trancher entre ce qu'il y eut de « solide » ou de « vain » dans l'image séductrice proposée par la flatterie interne. Si le succès manque, c'est-à-dire si l'issue dans la réalité extérieure n'est pas atteinte, l'action réfléchie du « se flatter » sera restée prisonnière d'elle-même, captive d'un plaisir clos : cela peut s'appeler aussi « se bercer d'illusions » :

> De tous les animaux qui s'élèvent dans l'air
> [...]
> Le plus sot animal, à mon avis, c'est l'homme.
> [...]
> Cependant à le voir, plein de vapeurs légères,
> Soi-même *se bercer* de ses propres chimères,
> Lui seul de la nature est la base et l'appui,
> Et le dixième ciel ne tourne que pour lui[18].

On ne s'étonnera pas de voir ces vers prendre place, chez Boileau, dans une satire qui développe le *topos* de l'infériorité de l'homme à l'égard de l'animal.

Et l'on ne s'étonnera pas non plus que le discours type de la flatterie soit tenu par le renard et adressé au corbeau. Poète des rapports entre forces adverses (poète politique à peine déguisé), La Fontaine trouve dans la fable son instrument parfait, car l'animalité est le symbole d'un monde dominé par l'appétit et par les ruses à travers lesquelles le désir de chaque individu

---

18. Boileau, *Satire* VIII.

cherche à prévaloir. Tout est d'une rare justesse dans cette fable[19] : qu'il s'agisse de la hauteur où se trouve perché le corbeau, du nom même de l'oiseau, destiné à une rime riche avec *beau* (rime pour l'oreille, ironie au niveau du sens) ; qu'il s'agisse, dans le discours du renard, de la progression calculée — de *joli* à *beau*, de la familiarité de l'apostrophe (« Et bonjour ») à la préciosité hyperbolique de la « pointe » (« le phénix des hôtes de ces bois ») : tout est merveilleusement articulé. Qu'on prête un peu d'attention aux rimes en *age*. Une première paire apparaît dans l'exorde narratif : nous sommes sur le plan que le poète propose comme le « réel », et le réel, c'est la correspondance *fromage-langage* : l'on voit s'opposer — la distance étant figurée par le vers interposé — la haute proie matérielle, et le pouvoir verbal qui d'en bas s'en rendra maître. La seconde paire, *ramage-plumage*, intervient à l'intérieur du discours flatteur : rimes riches, en miroir, ne s'opposant pas, se regardant plutôt l'une l'autre, et qui précisément enrichissent le flatté d'une perfection (votre « ramage ») et d'une harmonie (« se rapporte ») supplémentaires. L'illusion se construit par le redoublement hypothétique des attributs corporels, culminant dans l'affirmation positive d'une singularité supérieure : l'image

19. En voici le texte :
> Maître corbeau, sur un arbre perché,
>   Tenait en son bec un fromage.
> Maître renard, par l'odeur alléché,
>   Lui tint à peu près ce langage :
>   « Et bonjour, Monsieur du Corbeau.
> Que vous êtes joli ! que vous me semblez beau !
>   Sans mentir, si votre ramage
>   Se rapporte à votre plumage,
> Vous êtes le phénix des hôtes de ces bois. »
> A ces mots, le corbeau ne se sent pas de joie ;
>   Et pour montrer sa belle voix,
> Il ouvre un large bec, laisse tomber sa proie.
> Le renard s'en saisit, et dit : « Mon bon monsieur,
>   Apprenez que tout flatteur
>   Vit aux dépens de celui qui l'écoute.
> Cette leçon vaut bien un fromage sans doute. »
>   Le corbeau honteux et confus,
> Jura, mais un peu tard, qu'on ne l'y prendrait plus.

« flattée » s'est développée, il ne reste plus, pour le destinataire de la flatterie, qu'à l'*habiter* réellement. Cette métamorphose, cette mue imaginative supposent un instant de vertige de la conscience de soi, la perte momentanée de la perception interne de l'identité corporelle: c'est ce que La Fontaine, me semble-t-il, indique à merveille dans le vers qui reprend la narration:

A ces mots, le corbeau ne se sent pas de joie.

La conviction illusoire de la « belle voix » est née: elle ne demande plus qu'à se donner force de réalité, — qu'à faire coïncider l'être avec l'image suscitée par la parole flatteuse[20]. « Ouvrir un large bec » n'est pas chanter, c'est l'acte *animal* où s'agrandit l'orifice oral. Visant l'impossible sublimation du chant (du « ramage »), le corps se révèle dans sa laide littéralité corporelle. A la fin de la série des quatre rimes en *ois* et *oie*, le mot *proie* fait entendre phoniquement le cri « réel » du corbeau, et, sémantiquement, l'enjeu « réel » de la transaction, qui tombe à la merci du flatteur. La moralité fameuse:

Apprenez que tout flatteur
Vit aux dépens de celui qui l'écoute

ne se borne pas à révéler l'intérêt économique (alimentaire) dissimulé dans la manœuvre initiale sous la forme d'une approbation tout esthétique. Elle ne se contente pas d'énoncer l'« infrastructure » matérielle qui a suscité la ruse éloquente du compliment. Elle ne se borne pas non plus à rétablir narquoisement l'équité de la transaction, en substituant à la louange mensongère la *leçon* véridique et profitable, laquelle « vaut bien un fromage ». Constatons qu'en avouant le caractère agressif de la flatterie, le renard triomphant rend plus profonde la

---

20. La Fontaine sait dénoncer, tour à tour, la dangereuse prétention de celui qui veut se faire autre qu'il n'est *(La grenouille qui veut se faire aussi grosse que le bœuf)*, et la complaisance de chacun en sa propre image: « Mon portrait jusqu'ici ne m'a rien reproché » *(Fables*, I, VII, *La besace)*. L'ostentation reste le dénominateur commun.

blessure: il désabuse celui qu'il avait abusé, et, ce faisant, il augmente l'humiliation.

Le retour agressif

En insistant sur le préjudice causé par la flatterie, le discours classique discerne parfaitement la composante agressive qui s'y trouve impliquée. Le flatteur, non content d'extorquer quelque faveur, spécule sur la sottise du flatté, qui se laissera dépouiller de bon gré. Le flatteur n'est pas exempt de mépris pour ceux qu'il peut duper; La Bruyère foisonne en remarques de cet ordre: « C'est avoir une très mauvaise opinion des hommes, et néanmoins les bien connaître, que de croire dans un grand poste leur imposer par des caresses étudiées, par de longs et stériles embrassements[21]. » « Le flatteur n'a pas assez bonne opinion de soi ni des autres[22]. » Le flatteur, dont le langage « porte aux nues », se sent humilié d'être contraint à « ramper »; il se venge en tirant profit de la « faiblesse » des autres. Que ceux-ci s'en aperçoivent, que le flatteur se montre excessif ou maladroit, et le mépris lui est rendu, l'agression se retourne contre lui, d'autant plus dangereuse qu'elle lui vient d'un puissant. Le désir de réduire l'adulateur au silence, chez la victime de la flatterie, en raison de l'impossibilité d'accepter et d'habiter l'image embellie qu'on lui a proposée d'elle-même! Qu'on relise, au septième livre des *Fables, La Cour du Lion* (fable VII) où l'on voit le roi punir de mort successivement le « parleur trop sincère » et le « fade adulateur »[23].

Voici donc reparue, à travers l'inégalité du pouvoir détenu, à travers l'enjeu de la richesse et de la faveur, une violence que tout l'effort de la doctrine de la civilité consistait à réprimer. Le

---

21. *Les Caractères*, « Des grands », 49.
22. « Des jugements », 90.
23. Cette fable peut passer pour un commentaire ironique du chapitre XXIII du *Prince* de Machiavel.

« bien dire », le beau langage, sitôt qu'il s'intéresse à plaire,
puis à obtenir, conduit à la fraude : ce que la civilité voulait
refouler, fait retour, mais cette fois sous le masque de la civilité.
Le danger redouble, et la défiance, et le mépris. Les hommes se
font la guerre sous les dehors de la courtoisie : « C'est une chose
monstrueuse que le goût et la facilité qui est en nous de railler,
d'improuver et de mépriser les autres ; et tout ensemble la
colère que nous ressentons contre ceux qui nous raillent, nous
improuvent et nous méprisent[24]. » Le moraliste, qui sait le prix
de la satisfaction d'amour-propre, ne connaît pas moins bien le
plaisir que « nous » éprouvons à blesser, et la douleur qui
s'attache à la blessure, où l'alternative s'offre entre le rôle de la
dupe et la contre-attaque du mépris : « couru » comme l'on
court une bête, l'homme en place, s'il évite de tomber dans le
panneau, riposte par la moquerie : « Je ne doute point qu'un
favori, s'il a quelque force et quelque élévation, ne se trouve
souvent confus et déconcerté des bassesses, des petitesses, de la
flatterie, des soins superflus et des attentions frivoles de ceux
qui le courent, qui le suivent, et qui s'attachent à lui comme ses
viles créatures ; et qu'il ne se dédommage dans le particulier
d'une si grande servitude par le ris et la moquerie[25]. »

Ainsi devient fort embarrassante la situation du poète, dans
un ordre politique et social où les ressources matérielles de
l'écrivain dépendent encore pour une large part de la bienveillance des puissants. Il faut qu'il loue, et que tout ensemble il se
défende contre l'imputation de flatterie ; il faut qu'il rassure son
destinataire, en le déclarant trop clairvoyant pour être flatté.
C'est dans ce système de *dénégation* que Boileau manœuvre,
s'efforçant de conjurer ce que nous venons de nommer « le
retour agressif », par la profession réitérée d'un attachement au
« vrai seul[26] », qui devrait exclure tout abus de l'hyperbole.
Pour inspirer la confiance, la louange se fait humble, et, par une

24. La Bruyère, *Les Caractères*, « De l'homme », 78.
25. La Bruyère, *Les Caractères*, « Du souverain », 20.
26. « Rien n'est beau que le vrai ; le vrai seul est aimable » (*Épîtres*, IX).

précaution qu'on n'a pas tort de qualifier d'oratoire, se déclare
incapable d'altérer la vérité, incapable de requérir une faveur.

> Grand roi, c'est mon défaut, je ne saurais flatter:
> Je ne sais point au ciel placer un ridicule,
> D'un nain faire un Atlas, ou d'un lâche un Hercule;
> Et, sans cesse en esclave à la suite des grands,
> A des dieux sans vertu prodiguer mon encens.
> On ne me verra point, d'une veine forcée,
> Même pour te louer, déguiser ma pensée;
> Et quelque grand que soit ton pouvoir souverain,
> Si mon cœur en ces vers ne parlait par ma main,
> Il n'est espoir de biens, ni raison, ni maxime,
> Qui pût en ta faveur m'arracher une rime[27].

L'idéal du « naturel », que Boileau partage avec les théoriciens
de l'honnêteté, conduit à une profession de sincérité absolue[28];
mais le doute s'insinue et mène à une auto-accusation qui ne
tarde pas à prendre allure d'une accusation généralisée:

> Mais peut-être enivré des vapeurs de ma muse,
> Moi-même en ma faveur, Seignelai, je m'abuse.
> Cessons de nous flatter. Il n'est esprit si droit
> Qui ne soit imposteur et faux par quelque endroit;
> Sans cesse on prend le masque, et quittant la nature,
> On craint de se montrer sous sa propre figure[29].

La riposte méprisante est désarmée par un aveu de cette sorte: le
destinataire de l'épître et de la louange qui s'y trouve mêlée
devient le complice du poète dans une commune défiance des
travers humains. Position de compromis. Armistice où la
flatterie dépose les armes pour éviter la rebuffade. Ainsi prend
naissance, parallèlement, dans l'ordre esthétique, la théorie
classique du compromis raisonnable, qui maintient la part de la
fiction et de l'illusion mais qui rêve de l'unir au « vrai »,
c'est-à-dire de la purifier de son pouvoir nocif:

27. Boileau, *Discours au roi*.
28. « Ma pensée au grand jour partout s'offre et s'expose » (*Épîtres*, IX).
29. *Épîtres*, IX.

> Rien n'est beau que le vrai : le vrai seul est aimable ;
> Il doit régner partout, et même dans la fable :
> De toute fiction l'adroite fausseté
> Ne tend qu'à faire aux yeux briller la vérité. [...]
> La louange agréable est l'âme des beaux vers :
> Mais je tiens, comme toi, qu'il faut qu'elle soit vraie[30].

Que la fiction ne soit pas trompeuse, qu'elle soit un embellissement de la vérité : telle est la justification possible d'une poésie « adressée », qui veut que son dédicataire l'accueille sans défiance, et qui prétend ne pas céder à la perversion louangeuse du « beau langage ». L'énergie agressive ainsi contenue, se cherchant une autre cible, se retourne contre le monde dont le poète s'est détaché. Désormais, c'est sur le spectacle des flatteurs et de leurs dupes, des imposteurs et de leurs succès immérités que se dépensera l'agressivité du poète. De concert avec son destinataire, il s'excepte : ensemble, de haut, ils assistent à l'ignoble comédie. Le rire de la satire s'en prendra à un monde de faux éclat, de sottise éblouie, de fards ; la « vérité » vers laquelle se tourne Boileau, et maint autre, est celle du visage que l'on découvre sous le masque arraché :

> En vain par sa grimace un bouffon odieux
> A table nous fait rire, et divertit nos yeux :
> Ses bons mots ont besoin de farine et de plâtre.
> Prenez-le tête à tête, ôtez-lui son théâtre ;
> Ce n'est plus qu'un cœur bas, un coquin ténébreux :
> Son visage essuyé n'a plus rien que d'affreux[31].

L'intrépidité démasquante est la forme nouvelle que prend l'activité du *jugement*. Or, quel que soit le ton de connivence avec le destinataire de l'épître, le jugement apparaît comme l'acte d'une conscience solitaire qui se dégage d'un monde où elle ne trouve plus de réciprocité ; elle rompt avec la vanité du

---

30. *Ibid.*
31. *Ibid.*

temps présent, et se réfugie en sa propre certitude. Il n'est pas indifférent qu'à la critique des caractères fourbes, Boileau ajoute aussitôt un long développement (inspiré par Juvénal, et préfigurant le premier discours de Rousseau) où la critique du luxe et de la civilisation se double de nostalgie « primitiviste » :

> Jadis, l'homme vivait au travail occupé,
> Et ne trompant jamais, n'était jamais trompé [...]

Le ressentiment, fût-il en partie dicté par la tradition d'un « lieu commun », vise le train du monde, et voue le poète au rôle du témoin révolté :

> L'ardeur de s'enrichir chassa la bonne foi.
> Le courtisan n'eut plus de sentiments à soi.
> Tout ne fut plus que fard, qu'erreur, que tromperie:
> On vit partout régner la basse flatterie[32].

Le poète, qui sait, lui, reconnaître le vrai et le faux, le bien et le mal, découvre que les vertus auxquelles il tient sont absentes du monde ; il y trouve un motif suffisant, sinon pour s'absenter entièrement, du moins pour prendre ses distances, et pour parler de plus loin ou de plus haut. L'acte du jugement, qui ne s'attend plus guère à être payé de retour, n'intervient plus pour sceller des liens d'estime, mais pour « caractériser avec énergie le désaccord qui éclate entre le monde réel et les principes d'une morale abstraite » (Hegel). Sans doute, chez Boileau, subsiste-t-il assez d'aménité joueuse pour limiter la satire à l'exercice d'un genre littéraire, où le « chagrin » et le « fiel » doivent entrer en composition avec le « rire » : pour lui, il convient de respecter la mesure, et de ne jamais cesser de « plaire ». S'il le faut, il saura « désavouer » la satire, ou, quand il s'adresse à Louis, « apprendre à louer au sein de la satire[33] ». L'ennemi des

---

32. *Ibid.* Voir, dans l'*Esthétique*, les pages remarquables où Hegel définit la satire comme la forme de transition entre l'art classique et l'art romantique caractérisé par la subjectivité infinie.
33. *Épîtres*, VIII.

masques et des illusions malfaisantes se ménage, dans le monde tel qu'il est, une région habitable. De fait, il compense le lieu commun du masque universel par le lieu commun opposé, celui du triomphe inévitable de la vérité sur les déguisements et les ostentations mensongères:

> Le monde, à mon avis, est comme un grand théâtre,
> Où chacun en public, l'un par l'autre abusé,
> Souvent à ce qu'il est joue un rôle opposé.
> Tous les jours on y voit, orné d'un faux visage,
> Impudemment le fou représenter le sage,
> L'ignorant s'ériger en savant fastueux,
> Et le plus vil faquin trancher du vertueux.
> Mais, quelque fol espoir dont leur orgueil les berce,
> Bientôt on les connaît, et la vérité perce.
> On a beau se farder aux yeux de l'univers:
> A la fin sur quelqu'un de nos vices couverts
> Le public malin jette un œil inévitable[34].

Voilà qui réconcilie avec le monde, avec le « public », et qui rend au poète (au satirique) une fonction au sein de l'ordre des choses: il sera l'agent actif du désabusement, du retour à la vérité et à la raison. Rôle moral pour lequel il attend un tribut de reconnaissance.

Mais l'indication du moins est donnée d'une rupture plus radicale, et d'une agression plus impitoyable contre les impostures. Et, par là même, d'une solitude plus accentuée du jugement démasquant. La satire se fait « misanthropique ». La misanthropie étend au « genre humain » une colère vouée aux « vices du temps »: elle a en vue les rapports *présents*, la façon dont, aujourd'hui, les hommes vivent « entre eux », mais elle en rend comptable « la nature humaine ». Contrairement à Boileau, qu'on ne lit plus, *Le Misanthrope* est trop connu pour qu'il soit nécessaire ici de citer les vers qui attestent la passion démystificatrice, la haine des masques. De fait, Alceste parle le langage de la satire, et lorsqu'il dénonce les calculs de l'intérêt

---

34. *Satires*, XI.

matériel cachés sous les dehors de la civilité louangeuse, ses propos sont ceux dont nous connaissons déjà la teneur: la politesse, loin d'impliquer le respect d'autrui, est une feinte caresse ; la flatterie des uns s'accorde à merveille avec la vanité des autres, qui réclame sa pâture d'illusion ; largesses, avancements, emplois sont toujours octroyés aux coquins masqués, etc. Alceste est le témoin indigné d'un théâtre où les hommes sont accessibles aux manœuvres des fourbes, parce qu'ils commencent par se faire illusion sur eux-mêmes.

Mais l'essentiel n'est pas là: le comique, dans cette pièce, retombe sur le paladin de la sincérité, sur le « démystificateur ». C'est ce qu'a bien senti Rousseau, qui a commencé sa carrière intellectuelle par la démystification, par l'accusation de l'agressivité dissimulée sous le masque des manières courtoises : Rousseau a parfaitement reconnu qu'il était visé par avance dans Alceste. Car la « leçon » du *Misanthrope*, si on l'écoute attentivement, révèle le piège dissimulé dans toute entreprise démasquante. Molière montre, en effet, par quelles contradictions inaperçues l'ennemi du monde fait partie, malgré lui, du monde qu'il dénonce. Professant l'amour désintéressé du vrai, vitupérant contre les cajoleries où l'amour-propre, à travers les embrassades et les protestations d'estime, s'enivre d'illusions, Alceste ne cesse de faire preuve d'un amour-propre plus ombrageux, plus difficile à satisfaire: « Je veux qu'on me distingue... » Le censeur vertueux est un Narcisse déçu ; Molière ne le fait pas moins orgueilleux que les autres[35]. Par quel aveuglement, de surcroît, l'ennemi des masques choisit-il d'aimer l'être le plus masqué qui soit? Molière introduit, chez cet homme qui ne veut être dupe d'aucune illusion, une contradiction dévastatrice entre la conduite et les maximes. Qu'il en vienne enfin à la rupture définitive et se retire en un « désert », voilà qui le met d'accord avec ses principes. Mais ses principes, dans leur emportement même, sont suspects. Car Molière nous

---

35. Ce point a été mis en lumière par Jacques Guicharnaud, dans *Molière* (Paris, Gallimard, 1963), p. 510-517, et par Lacan, dans *Écrits*, 1966, p. 173-175.

laisse clairement entendre qu'ils ne résultent pas d'un jugement serein, mais de l'effervescence de la bile. Plus précisément, de l'atrabile : Alceste, avec son « humeur noire[36] », est un mélancolique, au sens le plus précis de la médecine de l'époque. Molière lui confère le tempérament que Boileau, de son côté, s'attribue à lui-même et qu'il paraît considérer comme l'apanage de l'institution satirique[37] ; bile noire et désir d'écrire, c'est tout un :

> ... Depuis le temps que cette frénésie,
> De ses noires vapeurs troubla ma fantaisie[38]...

Certes, il existe, selon la conception du temps, une généreuse mélancolie, liée à la contemplation, à la vision extatique, ou à l'inspiration poétique. La médecine humorale établit, on le sait, toute une série de degrés intermédiaires entre la prédominance excessive de l'atrabile et son heureux mélange avec le sang, la bile jaune et le flegme ; et si l'atrabile, par « intempérie », l'emporte sur les autres humeurs, elle peut être froide ou ardente, déterminant la langueur ou la fureur, en passant, dans cette autre variabilité, par une nouvelle série d'états intermédiaires. Le « noir chagrin » d'Alceste passe de l'abattement à l'emportement. Sa mélancolie rencontre l'adversité dans le décor de la vie de salon, et non pas, comme celle d'Hamlet ou de Quichotte, sous la vaste nuit du monde. Mais dans l'enceinte de la bourgeoisie aisée où Molière le confine, il est en guerre avec lui-même et avec les autres, de façon assez âpre, si bien que sa solitude finale porte la marque d'une défaite : il est permis d'en donner une interprétation tragique. Alceste n'en est pas moins risible, car jusqu'au bout il a été le jouet de son « tempérament ».

Le spectateur du *Misanthrope* est amené à penser que la

36. *Le Misanthrope*, I, i.
37. Boileau, *Épîtres*, VIII. Chez Horace, Juvénal, Boileau, Alceste, mêmes regrets aussi des premiers âges, des siècles de vertu.
38. *Satires*, II à Molière.

protestation « critique » contre les mœurs du temps, contre la corruption sociale, contre l'intérêt proprement animal dissimulé dans la transaction de la flatterie, a sa source dans un désordre matériel du corps, et non dans un acte de la raison morale. Ce qu'Alceste professe est l'amour désintéressé du vrai, la passion de la sincérité, mais cette passion est subvertie du dedans par le mécanisme inéluctable de l'*humeur*. Pour s'être mise en opposition violente avec le train du monde, la subjectivité rebelle ne conquiert pas pour autant son indépendance : elle reste soumise à la loi de la nécessité physique. Ce qu'Alceste attaque se trouve en lui. Il prétend être sorti de l'illusion des « bienséances » mensongères, et il tombe dans l'illusion passionnée de ce que Hegel nommera la « morale abstraite ».

Assurément, l'on peut voir là un procédé d'inspiration « conservatrice », destiné à désamorcer et à disqualifier une critique trop acerbe, tournée contre les succès des méchants et contre le système politique qui les fait prévaloir. Ainsi, la satire la plus mordante a pu, tout ensemble, donner de la voix, passer la rampe et ne compter pour rien, puisque celui qui la déclame est victime d'une « humeur » mal tempérée : il n'est lui-même qu'un « ridicule ». La rhétorique connaît bien ce procédé : rien ne permet mieux de discréditer un propos dangereux que de déclarer « hors de sens » la personne qui le tient *(argumentum a persona)*. Aux yeux de certains activistes, la psychanalyse passe pour procéder exactement de même ; elle discrédite la révolte en lui donnant le nom de névrose ; elle trouve de la pathologie dans des « inadaptations » qu'il conviendrait, au contraire, de saluer comme des élans libérateurs... Mais ce genre de reproche, adressé à Molière ou à la psychanalyse, est d'essence théologique : il implique que, l'ordre des choses étant radicalement mauvais, tout acte de refus ou d'insoumission est porteur d'une grâce sanctifiante, et que toute critique de ce refus vole au secours du mal.

Que le grand ressort, chez l'ennemi juré des flatteurs et des masques, soit le narcissisme de l'amour-propre, ou l'efferves-

cence d'une « humeur noire », ou les deux ensemble, il reste
que le discours classique nous invite à nous demander si
l'énergie de la « démystification » ne s'alimente pas elle-même
à une source « mystifiante ». Il invite au doute : celui qui *parle*
de sincérité n'est pas hors d'erreur. Celui qui se rit d'un monde
où la fraude tend partout ses pièges et ses appâts, trouve en
lui-même, et hors de soi, de quoi s'appâter. Jamais la conscience, par la vertu du refus et du recul, ne peut atteindre un lieu
sûr, où la passion, l'erreur, l'illusion ne l'atteindraient plus. Elle
court toujours le danger d'être prise à revers, et de façon
d'autant plus sournoise qu'elle aura cru plus sincèrement s'être
dégagée des prestiges fallacieux où tombe le commun des
hommes. Alceste discerne sans peine le désir possessif, l'ambition, la haine, dissimulés sous les manières exquises. Mais pour
combattre une illusion de civilité qui couvre la violence au lieu
de la réprimer, Alceste se fait lui-même violent, donc « inso-
ciable ». Tout est alors à recommencer. La société est à réinven-
ter. A moins d'accepter l'illusion, de la maîtriser, de l'exorciser
s'il se peut, et de consentir, entre personnes dûment prévenues,
à des rapports douteux, — ce qui ne va pas sans faiblesse ni
complaisance, mais ce qui vaut mieux que de rompre tous les
liens[39].

39. On ne s'étonnera pas qu'en temps de révolution, Fabre d'Églantine ait noirci le
personnage de Philinte. Cette étude se limite à un parcours des « classiques » du
XVIIe siècle français. Il resterait à l'étendre : à d'autres littératures, à d'autres siècles. On ne
fera que mentionner ici le *Neveu de Rameau*, et qu'inviter à relire le singulier commentaire
qu'en donne Hegel dans la *Phénoménologie*. Je ne vois pas, au-delà du *Neveu de Rameau*, de
grand texte sur la flatterie, bien que l'on trouve jusqu'à nos jours, et dans toutes les
sociétés, des riches et des pauvres, des puissants et des ambitieux. Sans doute sont-ce les
conditions de l'échange, les règles de la transaction qui se sont modifiées ; le flatteur
insinué dans une « cour » pouvait attendre des largesses ou des emplois en échange de la
« gratification narcissique » qu'il offrait. Le monde moderne calcule autrement, donne à
l'argent et aux privilèges du pouvoir une autre valeur d'échange. Notons toutefois que,
dès la Révolution française, la critique de la démagogie a pris pour cible les « flatteurs du
peuple » ; le peuple ayant pris la place du souverain, il allait de soi qu'il était exposé aux
mêmes entreprises de la parole artificieuse. « Flatter » a désormais un aspect vieillot. Car
le flatteur, lié à un train de maison archaïque, a laissé le champ libre à un héritier très
actif : le séducteur.

CHAPITRE III

EXIL, SATIRE, TYRANNIE:
LES LETTRES PERSANES

La plupart des romanciers, à l'époque où paraissent les *Lettres Persanes*, se font passer pour de simples éditeurs: ils avaient entre leurs mains des mémoires secrets, des papiers intéressants, qu'ils livrent au public pour son instruction. Comment sont-ils entrés en possession de ces papiers? Un prétexte est vite inventé... Montesquieu ne fait pas exception. Sa préface, ou plutôt son anti-préface, donne le ton. Il redouble même de précaution. Non seulement il n'est que l'adaptateur des lettres tombées entre ses mains, mais, défiant la curiosité du lecteur, il se déclare résolu à taire son nom.

L'auteur s'éclipse (ou feint de s'éclipser). Il prévoit la critique, et s'y dérobe. Ces lettres gaies, si on l'en savait l'auteur, feraient dire: « Cela n'est pas digne d'un homme grave. » L'œuvre semblerait en opposition avec le « caractère » du magistrat. Autant laisser ces lettres parler pour elles-mêmes, sans caution, sans garant, rendues plus provocantes par l'anonymat.

L'incognito n'a pas pour seul effet de protéger l'auteur. Son identité n'eût pas été un très grand mystère, pour une police bien organisée. L'effet recherché concerne moins l'auteur, que la constitution même de l'œuvre.

Feindre que l'on publie des documents communiqués par des voyageurs persans, y ajouter même quelques secrets intimes qu'on prétend avoir surpris à leur insu, c'est d'abord alléguer l'autorité de la vie réelle, c'est donner à l'œuvre qui sera la nouveauté du jour, le prestige d'une origine extérieure à toute tradition littéraire : c'est nier (la négation fût-elle simple clause de style) toute provenance imaginaire. Il faut *accréditer* le plus vigoureusement possible l'existence effective des personnages et de leurs aventures. L'auteur s'efforce donc d'effacer les traces de son activité inventive. En poussant les choses à la limite, comme Montesquieu se plaît à le faire, l'auteur s'efface lui-même. Le système classique de la vraisemblance favorise l'annulation du romancier, au bénéfice des textes « historiques » dont il se fait passer pour le dépositaire indiscret.

Dans le cas des *Lettres Persanes*, l'effacement du romancier a pour effet d'attribuer une apparente autonomie à chacun de ceux qui prennent la plume ; le livre, donné pour un recueil de missives, a autant d'auteurs qu'il y a d'épistoliers. La parole est tour à tour aux nobles voyageurs, aux eunuques, aux épouses, aux amis lointains, aux dervis. Le régime de l'ouvrage est celui de la pluralité des consciences, de la diversité des points de vue et des convictions. Proches en cela des héros de théâtre, les personnages mis en situation d'écriture peuvent obéir chacun à leur propre subjectivité, donner libre cours à leur passion ou à leurs préjugés, plaider leur cause avec les arguments, de bonne ou de mauvaise foi, que leur inspire l'humeur du moment.

Mais le lecteur a tôt fait de sentir que, dans ces voix plurielles, dans ces sujets qui ont successivement raison selon leurs raisons particulières, un auteur caché et omniprésent se complaît à confronter les passions opposées, les dogmes et la critique du dogme, en sorte que triomphe insensiblement une raison qui résulte de la perception des *rapports*. Raison que nul ne détient parmi les personnages du livre, même pas le raisonneur Usbek, mais qui se manifeste partout où la contradiction est rendue évidente et insupportable : c'est alors, en effet, que le lecteur pressent le plus nettement l'exigence de la non-contradiction, de l'universel.

Or la contradiction est montrée partout. A l'intérieur de l'univers persan d'abord, c'est-à-dire entre les divers épistoliers du recueil. La contradiction, ensuite, sépare les religions concurrentes, trop semblables dans leurs dogmatismes rivaux pour ne pas s'annuler au contact l'une de l'autre ; et Montesquieu tient à nous révéler, à travers le regard étonné des visiteurs, que la contradiction règne au sein de l'univers occidental lui-même, entre l'ordre des faits observables et celui des valeurs alléguées, entre les actes et les prétextes...

Mais s'il importe à Montesquieu de faire triompher la raison par le jeu des oppositions insoutenables, il ne lui importe pas moins de faire triompher, par ce jeu même, le plaisir du lecteur. Tout, depuis les libertés que le traducteur-adaptateur dit avoir prises avec l'original, jusqu'aux formes aiguës, parfois franchement comiques, sous lesquels se manifeste la plus sérieuse pensée critique, tout est ménagé pour que jamais l'ennui ne s'insinue dans cette lecture : le « principe de plaisir » est ici tout-puissant, mais sans entrer lui-même en conflit avec l'exigence de raison. Le plaisir suppose les apprêts et les à-peu-près qui accommodent un objet à notre appétit. Il suppose aussi — Montesquieu le dira dans l'*Essai sur le Goût* — la variété, la surprise, l'asymétrie : autant de vertus littéraires que l'auteur dissimulé a su conférer à son œuvre, sous les apparences de la docilité aux documents venus à sa connaissance.

Les voyageurs s'intéressent à tout ; tout les frappe et les fait réfléchir : voilà le principe de la variété assuré, que viendront enrichir encore le concert des multiples voix féminines, les grands airs des castrats. La diversité, bien apprêtée, engendre la surprise ; citons entre vingt exemples, la façon tout imprévisible dont la lettre cancanière sur le mariage de Suphis (LXX) fait suite à la lettre d'Usbek sur les attributs de Dieu (LXIX). La pensée du lecteur est contrainte à de vifs déplacements, qui ne sont pas sans agréments à force d'incongruité. (Qu'on pense à la prédilection de l'art décoratif du rococo pour le changement d'échelle.) La surprise, au demeurant, est l'état d'esprit auquel le ton même des *Lettres* prétend constamment renvoyer — tout au moins au début du livre. L'auteur, en excusant ses hardiesses, révèle son procédé: « Ces traits se trouvent toujours liés avec le sentiment de surprise et d'étonnement »... Le plaisir naît de la vivacité du *trait*, de la pointe inattendue qui blesse et fait rire: et rien ne motive mieux le trait de satire que l'hypothèse d'un regard naïf, porté sur les choses d'Occident par des hommes d'Orient, venus de plus loin que le Danube, et moins rustres que le vertueux Paysan.

De Montesquieu au traducteur-arrangeur présumé, de celui-ci aux Persans, la responsabilité des propos irrévérencieux est refoulée au-dehors. L'excuse cousue de fil blanc, qui met au compte de la surprise persane les traits les plus mordants, libère un franc-parler que rien n'arrête. L'insolence bénéficie de l'immunité que l'on accorde à quiconque vient du dehors, libre de tout lien et de toute obligation. (Ç'avait été la fonction du fou de cour, c'est encore, au temps des *Lettres*, celle d'Arlequin; ce sera celle de l'Ingénu et de Figaro.)

La fiction fait ainsi office de filtre. Elle oblige à ne rien écrire qui n'ait été trouvé frappant et singulier par le spectateur oriental. Ainsi Montesquieu s'oblige-t-il à ne rien dire qui n'ait une certaine verve, à ne rien écrire qui ne marque d'abord un considérable écart d'ignorance entre celui qui est censé parler et les objets dont il parle, — et qui n'abolisse cet écart par une manière imprévue et oblique de toucher au vif. Les propos, les idées qui, sous la forme du traité ou du discours académique (à quoi Montesquieu, dans ses jeunes années, s'est maintes fois essayé), n'eussent été que des rappels de la morale classique, ou des aperçus rapides de la nouvelle philosophie, les voici comme *mis en tension* par leur attribution à l'épistolier persan; ces idées, pour qui est ici censé écrire, sont des *découvertes*: elles sont pensées et tracées pour la première fois; celui qui les énonce éprouve visiblement, à les formuler, le plaisir de la surprise. La fiction du voyageur persan est donc rajeunissante, non seulement pour les objets extérieurs qu'il voit et décrit (comme l'avait déjà fait le Turc de Marana, et quelques autres), mais pour les vérités qu'il met au jour. Quelques grands principes, bien connus, trop connus, oubliés, peuvent ainsi être rappelés, par leur attribution à un nouveau venu qui les expose dans l'*instant* même où sa raison les aperçoit. Un style s'invente à travers cette mise en scène: il réduit la matière habituelle de l'essai à la substance d'une lettre ou d'une série de lettres; il autorise donc à faire bref, à élaguer, à couper court, à supprimer préambules et développements. L'épistolier persan peut aller à l'essentiel sans se laisser embarrasser de toutes les questions accessoires qui, pour un auteur occidental, se seraient inévitablement accumulées. Il ne connaît, en fait d'objections, que celles de la religion musulmane — envers laquelle il ne lui en coûte pas trop de déclarer sa soumission, dans les figures d'un style orné, où la diction poétique a tout loisir de déployer ses lenteurs. Ainsi la vivacité d'une pensée *neuve* trouve-t-elle sa compensation dans les formules sinueuses d'un langage *hérité* dont le lecteur français sait fort bien, dès l'*Introduction*, qu'il trouve ici une imitation adaptée à son goût. Par la fiction persane, Montesquieu se trouve entraîné à écrire autrement, à mieux écrire: et ce bonheur d'écrire s'exalte tour à tour dans la rapidité avec laquelle s'imposent les axiomes de la raison, et dans la parodie ornementale du style figuré de l'Orient.

Ne pas se nommer soi-même. Ne pas écrire d'épître dédicatoire (donc ne pas nommer de destinataire privilégié). Le procédé d'oblitération du nom ne s'arrête pas à la page de titre, ni à l'*Introduction*. Il n'a pas seulement une fonction défensive. Le lecteur a tôt fait de s'apercevoir qu'aucun des individus rencontrés en France par les visiteurs orientaux ne porte de nom. L'anonymat fait partie du système littéraire des *Lettres Persanes*, pour tout ce qui touche à l'Occident. Qu'observons-nous dans l'ensemble du livre? Les seuls noms de personnes, dans les 161 lettres du recueil, sont ceux des voyageurs, de leurs amis, de leurs épouses, de leurs esclaves. Les noms de personnes, dans les *Lettres Persanes*, occupent la région de la fiction orientale. Pour ce qui est de l'Occident, seuls les pays, les villes,

les institutions y reçoivent leurs noms: Venise, l'Italie, la France, Paris, et même Pontoise, le Parlement, l'Académie Française, etc. En revanche, la règle quasi absolue suivie dans les *Lettres Persanes* consiste à ne désigner aucun Français par son nom, ni même à lui attribuer un patronyme fictif. Louis XIV lui-même, ni Philippe d'Orléans, ni Law, pourtant si clairement évoqués, ne sont autrement désignés que par la fonction remplie, ou par l'origine: « le roi de France », « le régent », « un étranger » (ou « le fils d'Éole »). Sitôt qu'il n'est plus question de ces personnages exceptionnels, on constatera que sous le regard des voyageurs persans, l'individu, dépouillé de toute identité personnelle, n'existe que dans des gestes et des discours typiques, qui le caractérisent comme le représentant d'une catégorie: l'éclipse du nom met à nu le rôle social, la fonction, le comportement générique. La « révolution sociologique », dont parle si justement Roger Caillois à propos des *Lettres Persanes*, consiste à omettre la singularité des individus, pour ne retenir que leur appartenance à des sociétés restreintes, à des groupes nettement caractérisés: qu'il s'agisse des corps constitués (parlement, tribunaux, etc.), des congrégations religieuses (Capucins, Jésuites, etc.), des lieux publics et de leurs habitués (théâtres, opéra, cafés), des collectivités hospitalières (Quinze-Vingts, Invalides); ou qu'il s'agisse des grands seigneurs, des femmes, des nouvellistes, des savants, il est évident que Montesquieu a voulu attribuer à ses Persans un intérêt à peu près exclusif pour les ensembles et les sous-ensembles observables dans la capitale. Quand survient un portrait, le singulier renvoie toujours à un pluriel: le personnage dépeint appartient à une catégorie suffisamment importante pour être répertoriée: l'alchimiste, le géomètre, le juge, l'homme à bonnes fortunes, l'homme qui représente, ne sont jamais supposés être seuls de leur espèce... Avons-nous toutefois un tableau complet de la société française? Tant s'en faut. On ne tarde pas à s'apercevoir que toutes les activités n'y sont pas. On notera que les catégories professionnelles, passé la mention des

arts libéraux, ne sont guère évoquées. Les types psychologiques et passionnels, eux aussi, font défaut dans la description du monde occidental. C'est que Montesquieu réserve le
registre passionnel pour l'Orient: c'est là qu'apparaîtront la
jalousie, la colère, la dissimulation. Une ligne de clivage très
précise sépare le monde des sentiments, cet Orient de l'âme, et
les activités de surface qui foisonnent en France, et dont
Montesquieu fait la satire à travers la curiosité narquoise des
Persans.

En France, les Persans ne s'engagent pas, ne se lient à rien,
n'ont pas besoin de rencontrer plus d'une fois la même personne pour en faire le portrait. Toutes leurs rencontres sont des
premières rencontres, aussitôt suivies d'une description sans
appel. Ainsi le lecteur français est-il invité à prendre ses distances pour examiner, du point de vue de l'étranger, les usages
de son propre pays, tandis qu'il est initié, en revanche, à
l'intimité des âmes et des corps, dans la Perse lointaine: le
lecteur est entraîné dans un jeu qui l'éloigne de son milieu
actuel, et qui le rend indiscrètement présent à un monde absent.
Dans l'imaginaire érotique, la Perse est proche; dans l'ironie
observatrice, la France, anonyme et caricaturée, devient un
continent lointain. L'équilibre des *Lettres Persanes*, le rapport
trop souvent méconnu, entre leur partie occidentale et leur
partie orientale, tiennent à ce qu'on pourrait nommer la règle
de l'égalité des produits: en multipliant la distance géographique par la distance morale, l'on trouve un résultat sensiblement équivalent pour l'intrigue persane (où les âmes se confient
à la lettre) et pour la critique générale de la société française (qui
ne livre que des *apparences* extérieures).

Les Persans sont frappés par l'extraordinaire, ils ignorent les
« liaisons » entre les idées, les coutumes, les pratiques; la
notion d'*étonnement*, avions-nous dit, fait office de filtre: ajoutons qu'elle est un *agent séparateur*. Ainsi la réduction sociologique, telle que la pratique Montesquieu, n'aboutit pas à une
vue globale de la société française et de son fonctionnement,

mais à une saisie discontinue et morcelée de tout ce qui s'offre successivement comme étonnant. De lettre en lettre, la curiosité trouve de nouvelles pâtures, c'est-à-dire de nouveaux fragments détachés du tout social. La fragmentation dans le temps, qu'impose la forme épistolaire, va de pair avec la description parcellaire des types sociaux et des institutions. Sans même excepter les lettres en salves (sur les Troglodytes, sur la dépopulation du globe, sur les livres), constatons que presque chaque missive s'impose sa limite et la signale par une *pointe* finale ; qu'en chaque lettre, les paragraphes tendent chacun à se marquer par une attaque et par un trait conclusif ; que la phrase elle-même s'organise comme une mécanique très finement articulée. D'où souvent l'impression qu'elle donne d'élégance corsetée, de grâces serrées à la taille. Les instants successifs se détachent les uns des autres, riches chacun de leur substance propre et de leur surprise renouvelée. L'« ignorance des liaisons », que Montesquieu attribue à ses Persans, conduit à leur faire découvrir, en France, et parmi les chrétiens, l'absence de liens logiques, le défaut de cohérence : ainsi se dénoue la trame supposée des croyances et des institutions occidentales. Les connexions serrées n'existent pas, ou n'opèrent plus. Lorsque les liaisons ne sont qu'imaginaires (ou, comme le dit Valéry : « fiduciaires »), un regard non prévenu sait voir les lacunes et les ruptures. Non seulement il délie, il analyse, il « déconstruit », mais, dans son ingénuité, il aperçoit séparément ce qui n'existe que séparément. Les *non sequitur* deviennent apparents... Or faut-il s'étonner qu'avec des personnages ignorants des liaisons, et dont le regard est pour ainsi dire générateur de discontinuité, Montesquieu ait éprouvé, en écrivant son livre, le besoin d'une compensation ? Ces personnages, il les fait évoluer en sorte qu'ils soient « placés dans une chaîne qui les lie », il ménage, entre les divers thèmes de son roman, une « chaîne secrète ». La discontinuité, telle qu'elle apparaît de toutes parts, est prise en charge par un écrivain qui veut rétablir — dans la construction du *livre* — une nouvelle continuité...

Discontinuité ne veut donc pas dire désordre: de même que l'anatomiste procède *a capite ad calcem*, la curiosité des Persans se tourne d'entrée de jeu vers le roi et vers le pape: elle vise d'abord à la tête. Les Persans commencent par poser la question capitale du pouvoir politique et religieux; de leur base psychologique: la crédulité, la vanité des « peuples »; de leur base économique: la richesse, et la façon dont elle s'acquiert. Mais, passant aux autres niveaux de la société, les Persans ne suivent pas l'ordre méthodique qui leur ferait décrire, successivement, les rouages qui assurent, tant bien que mal, la marche des institutions françaises. Leur attention est attirée par les irrégularités et les accidents de cette société, par ses épiphénomènes les plus voyants, par ce qui vient y semer le trouble et le scandale: actrices, coquettes, hommes à bonnes fortunes, diseurs de riens, financiers et nouveaux riches, casuistes et confesseurs, nouvellistes, académiciens, hommes de lettres querelleurs: la liste est longue des types et des groupes que l'ébahissement d'Usbek et de Rica fait apparaître inutiles et parasitaires, sinon directement néfastes pour l'ordre social.

La suppression du nom, ou le masque mythologique, permettent de mentionner ce qui, sous son vrai nom, eût été tabou. (Tout se passe comme s'il existait un tabou du nom plus que de la chose.) Mais comment désigner sans nommer? En décrivant. Si l'on feint de n'avoir pas de mot pour nommer synthétiquement un être, un objet ou une conduite, l'on s'oblige à les redéfinir dans leurs caractères sensibles. Homère devient « un vieux poète grec »; le chapelet, « de petits grains de bois », etc. Autant de périphrases: devinettes aussitôt résolues par le lecteur qui, lui, connaît les noms évités. La ruse de Montesquieu consiste à feindre les lacunes de vocabulaire des Persans devant ce qui leur est inconnu. Aphasie volontaire qui oblige à un détour, tantôt par la matérialité redécouverte, tantôt par les équivalents étrangers des mots français: *prêtre* devient *dervis*, *église* devient *mosquée*. L'effet est double: d'une part, l'on a pu désigner ce qu'il eût été dangereux de nommer ouvertement; d'autre part, l'on a désacralisé les objets et les êtres jusque-là sacrés, en les ressaisissant dans la langue profane, ou dans celle d'une religion concurrente. Que disparaisse le code linguistique où s'inscrit la conviction religieuse, il ne restera plus que la description des gestes requis par le rite, dépouillés de la justification qu'ils ont reçue par la « chaîne » qui unissait les cérémonies, les dogmes et les « autres vérités ». L'acte de foi, la croyance, n'apparaissent plus que sous leur aspect extérieur comme des *créances* sans contre-valeur constatable — à la façon dont les créances de la Compagnie des Indes Occidentales, un moment tenues pour sûres, manquent de toute couverture: la bulle papale n'est qu'« un grand écrit » (lettre XXIV), les promesses de Law tiennent toutes dans la vertu d'un « écriteau » (lettre CXLII). Voilà de quoi mettre à nu la *sottise* de ceux qui s'y laissent prendre. La critique, la démystification consistent, encore un coup, à abolir les noms prestigieux, pour montrer la futilité des choses réelles qui exerçaient sur parole un prestige abusif. Hors du code qui les consacre, ces choses ne méritent plus d'être respectées. L'effet qu'elles exerçaient sur les esprits s'appellera *magie*, imposture, charlatanisme. Ainsi Usbek, déjà ennemi des masques avant son voyage (lettre VIII), va-t-il, avec son complice Rica, faire tomber toute une série de masques et de faux-semblants: honneurs vendus par le roi de France, mensonges des coquettes, imposture de « l'homme qui représente », enrichis qui jouent au noble, personnage « travesti en ambassadeur de Perse »... Le faux-monnayage est omniprésent, et les Persans le dénoncent, avec ingénuité ou avec colère, en retirant aux objets de foi leur nom respectable, pour ne leur laisser que la mince surface qu'ils livrent à la perception naïve. Le livre s'achève sur le spectacle d'une faillite.

Mais, si sévère que soit la critique explicitement ou implicitement formulée par les visiteurs étrangers, si évident que soit, dans le monde occidental, le recours au fard et aux conduites hypocrites, il n'en reste pas moins que la France chrétienne, comparée à la Perse, est un pays où l'on vit à visage découvert, où les femmes osent paraître en public, où la gaieté peut régner dans des compagnies choisies. Et, si risible que soit bien souvent le souci de l'honneur (dont Montesquieu, dès avant l'*Esprit des Lois*, fait le « principe » de l'état monarchique), il entraîne des conséquences publiques et privées moins redoutables que la *crainte* qui prévaut en Perse, en Moscovie, en Chine, bref, partout où triomphe le despotisme. Cela du moins reste inaliénablement acquis, une fois le compte achevé.

Usbek, Rica : du côté persan, les noms de personnes sont admirablement frappés, comme pour peindre les caractères et les humeurs. Car l'esthétique de la variété, qui appelle différences et nuances, veut que les témoins persans soient dédoublés : semblables dans leur origine, dissemblables dans leur sensibilité.

Rica est le cadet ; c'est le rieur, parfois le ricaneur. Son nom seul, pour le lecteur français, dit sa gaieté, sa liberté. On apprend qu'il a laissé en Perse une mère « inconsolable » (lettre V) ; on ne l'en trouve guère préoccupé. Et, comme il n'a point d'épouses, point de harem à administrer de loin, il peut appartenir tout entier au monde nouveau qui l'accueille avec une curiosité intermittente (lettre XXX), mais dont il adopte assez vite les manières, le badinage et le persiflage. Rien ne l'empêche de se laisser captiver par l'instant présent, d'y goûter la surprise, et de la retracer d'une manière qui en restitue le plaisir. Il ne disserte guère : il relate ; il peint vivement ses sensations. Sa plume est bonne conductrice pour la satire ou pour le conte leste (lettre CXLI : *Histoire d'Ibrahim et d'Anaïs*).

Rica n'est lui-même que le complément d'Usbek, qui tient, lui, le premier rôle. Rien qu'au son des deux voyelles du nom d'Usbek — voyelles qui n'appartiennent pas au nom de Rica — nous savons, par le jeu du contraste, qu'Usbek est l'homme sombre et méditatif. Quant à la lettre *k* par où s'achève son nom, elle augure mal de la fin de son histoire : elle se laisse lire comme l'emblème de la cruauté punitive où le portera la fureur d'être trompé. Rica et Usbek sont construits selon les données de la théorie traditionnelle des tempéraments. Rica : sanguin, juvénile, jovial. Usbek : mélancolique, et possédant tous les attributs de la mélancolie « généreuse » : la véracité imprudente, l'hostilité pour les masques et les faux semblants (lettre VIII), l'élévation d'esprit, le détachement réflexif, le goût de la spéculation et des grandes abstractions, mais aussi la pensée plus lente (lettre XXV), la propension aux chagrins obstinés, la froideur blasée en matière amoureuse (lettre VI), ce qui n'exclut pas les ressentiments et les tourments de la jalousie. Tel qu'il est imaginé, le personnage d'Usbek peut être tout ensemble l'homme mûr qui a du mal à s'acclimater à un monde étranger, le musulman raisonnable que l'expérience rapproche peu à peu du déisme et du cartésianisme, l'auteur supposé de miscellanées morales et politiques que Montesquieu détache de son portefeuille d'académicien bordelais, le maître morose d'un harem que le désordre envahit...

Le jeu des différences et des oppositions, dans l'invention des noms persans, trouve à s'appliquer de façon plus complète. La voyelle *o*, qui manque à Usbek comme à Rica, appartient en propre à la fière Roxane, et à l'eunuque qui fait office de bourreau : Solim. Les autres femmes d'Usbek, moins héroïques, sont dessinées par la sinuosité de la lettre Z, que la fiction du rococo associe à tous les exotismes : l'initiale de leurs noms soyeux prête un corps à l'inquiétude sensuelle et à la souplesse de l'obéissance apparente. Zachi, Zéphis, Zélis sont interchangeables et presque confondues dans l'ardeur de leurs appels et de leurs reproches à l'absent ; l'esclave Zélide, plus gracile et légère, signe de son nom ses liens, parfois trop étroits, avec les maîtresses qui se disputent ses services. Un peu à l'écart, Fatmé se laisse deviner plus lourde et plus brûlante... Tous les noms — masculins ou féminins — que nous venons de citer, sont pesés à la balance stricte du dissyllabe. Aux vénérables dervis (Méhémet-Ali, Hagi Ibbi) reviendront les noms doubles, porteurs de dignité.

Usbek apparaît d'emblée dans le mouvement de son itinéraire vers un monde différent du sien (lettre I). Il ne s'attarde guère en Perse; son pèlerinage à Com n'est qu'une formalité; il se hâte vers le savoir. Celui qui prêterait une suffisante attention à l'expérience de l'espace dans les *Lettres Persanes*, décèlerait, dès la lettre première, l'importance que revêt la mesure des distances et du temps. Ispahan, Com, Tauris, Erzéron, Tocat, Smyrne, puis Livourne et Paris; l'espace est marqué avec précision, scandé avec toute la vraisemblance chronologique d'un voyage véritable, à contresens de la route suivie par les voyageurs occidentaux dont les récits ont nourri l'information de Montesquieu. La poursuite du savoir, pour Usbek, implique la mobilité, l'ouverture sur le dehors, et surtout le refus de rester soumis à l'autorité de la seule « culture » du pays natal. « Nous sommes nés dans un royaume florissant; mais nous n'avons pas cru que ses bornes fussent celles de nos connaissances, et que la lumière orientale dût seule nous éclairer. » Usbek renonce à tout « iranocentrisme »; devons-nous en conclure que Paris et l'Occident se voient attribuer désormais le rôle du véritable centre? Reconnaissons plutôt le caractère entièrement *réversible* des propos d'Usbek. Toutes les résolutions que prend ce Persan raisonnable forcent le lecteur français à une décision analogue et réciproque: n'est-il pas temps de sortir du territoire éclairé par la seule lumière occidentale? Et la première démarche — pour ébranler l'assurance liée à la coutume reçue — n'est-elle pas d'imaginer la surprise d'un visiteur venu d'un autre continent? L'européocentrisme est mis en péril par les questions hardies de cet intrus qui a su, quant à lui, s'arracher aux préjugés de son climat. (Remarquons en passant que seule la culture européenne a couru l'aventure de renoncer à tout rapporter à elle-même; que seuls les intellectuels d'Occident ont soupçonné que les autres cultures avaient peut-être une égale légitimité.)

De fait, l'espace géographique des *Lettres Persanes* ne

comporte pas seulement les deux capitales opposées, Paris et Ispahan ; il inclut les villes (dont certaines furent des étapes sur le parcours) où résident les correspondants-informateurs : Ibben à Smyrne, son neveu Rhédi à Venise, Nargum à Moscou, Nathanaël Lévi à Livourne ; des nouvelles arrivent d'Espagne, de Suède, de Tartarie ; l'Angleterre politique est parfaitement présente. Quand, à la fin de l'ouvrage, Usbek examine les causes de la dépopulation du globe, ses lettres successives ne constituent pas une adjonction indue au roman ; elles parachèvent le mouvement d'une curiosité expansive, qui s'intéresse au sort de l'humanité entière, sur toute l'étendue du globe, et dans toute la durée de l'histoire connue : la Chine, les Amériques, l'Afrique sont prises en compte. L'horizon spatial des *Lettres Persanes* s'élargit à l'extrême. A la série des lettres d'Usbek (CXIII à CXXII) sur la dépopulation du globe correspond, dans un registre ironique, la série des lettres de Rica (CXXXIII à CXXXVII) sur ses visites à la bibliothèque du couvent : l'évocation de l'*orbis terrarum* se prolonge ainsi par celle de l'*orbis litterarum* : toutes les sciences, toutes les histoires, tous les genres littéraires viennent doubler, par la totalisation livresque, le processus de la totalisation spatiale.

A la fin des *Lettres Persanes*, le lecteur n'aura pas seulement assisté à la confrontation de la morale de Paris et de celle d'Ispahan. Il aura fait en esprit le tour du monde. Il aura parcouru tous les lieux illustres de l'histoire : la Judée, la Grèce, Rome. Et, découvrant la relativité des absolus qu'on révère en divers lieux et en divers temps, il aura senti la nécessité de s'élever à l'universel, il aura senti s'éveiller la sollicitude cosmopolite qui souhaite le bonheur et la prospérité de tous les peuples. Le terrain est préparé pour le triomphe des concepts universels — Raison, Justice, Nature — au nom desquels condamnation pourra être portée contre tous les fanatismes particuliers et contre toutes les intolérances régionales.

Derrière une première cause, une autre cause. A côté d'un

motif, un autre motif. Montesquieu est passé maître dans l'art de discerner les déterminations multiples, les causalités complexes. Il sait que dans le domaine des faits humains, le déterminisme est pluriel. Dans le cas de la dépopulation du globe, nombreuses sont les causes physiques, plus nombreuses encore les causes morales qui s'ajoutent aux premières.

Il en va de même pour le voyage d'Usbek. Une première cause, « l'envie de savoir », alléguée dans la lettre première, nous paraît d'abord pleinement recevable : c'est une cause qu'on peut tenir pour nécessaire et suffisante. Mais, sitôt franchie la frontière entre Perse et Turquie, Usbek ose révéler à ses amis d'Ispahan « le véritable motif de [son] voyage » (lettre VIII). Ayant paru à la cour de Perse, il s'y est montré un peu trop zélé à « démasquer » le « vice ». Non seulement il n'a pas conquis « la faveur du Prince », mais il s'est attiré « la jalousie des ministres ». Courant le plus grave danger et craignant pour sa vie, il a d'abord choisi la retraite. « Je feignis un grand attachement pour les sciences, et, à force de le feindre, il me vint réellement. » Bientôt l'exil deviendra préférable, si Usbek veut sauver sa tête. Ainsi, bien que le désir de savoir soit un motif sincère, et non un simple prétexte, la nécessité d'échapper à l'arbitraire est pour le moins une cause d'égale importance. Le conflit entre l'exigence éthique de la vérité (démasquer le vice) et la violence hypocrite des courtisans, constitue, pour tout l'ouvrage, la donnée *politique* génératrice : il n'y aurait pas eu de voyage en France, si la menace n'avait été aussi grave. Du même coup se voient justifiées tant de lettres sur la justice, sur la structure des gouvernements, etc. Elles émanent d'un personnage sensibilisé...

Qu'on mesure la part de la feinte ! Tandis que Montesquieu joue à faire tenir la plume par un Persan, celui-ci s'invente un rôle de savant pour sauver sa tête (et bientôt ce rôle devient pour lui un goût réel). Montesquieu recourt au travesti persan pour déjouer les réactions de l'Église ou des gens en place ; Usbek, comme en miroir, recourt à la fuite, pour déjouer la colère d'un despote manœuvré par ses ministres. On peut voir le voyage d'Usbek dans le reflet hyperbolique de l'incognito de Montesquieu, — l'un appelant l'autre. On peut voir aussi bien dans le despotisme oriental, qui fait peser la menace sur la vie d'Usbek, l'image hyperbolique des abus de pouvoir de la monarchie française. Montesquieu, dont on sait la défiance à l'égard du pouvoir absolu et centralisateur, construit ses *Lettres Persanes* en glissant, sous l'image de la France, celle de l'Orient despotique : ainsi se produit un effet de surimpression, où apparaissent soudain les risques d'une *orientalisation* de la monarchie française. Usbek écrit, à propos de Louis XIV : « On lui a souvent entendu dire que, de tous les gouvernements du monde, celui des Turcs ou celui de notre auguste sultan lui plaisait le mieux, tant il fait cas de la politique orientale » (lettre XXXVII).

A la fin de l'ouvrage, quand Rica relate la relégation du Parlement à Pontoise, il développe quelques considérations sur la fonction des parlements. Or cette fonction — dire la vérité — est exactement celle qu'Usbek, à lui seul, a voulu remplir, à ses risques et périls. Il suffit de comparer : Usbek écrit : « Dès que je connus le vice, je m'en éloignai ; mais je m'en approchai ensuite pour le démasquer. Je portai la vérité jusques aux pieds du trône : j'y parlai un langage jusqu'alors inconnu ; je déconcertai la flatterie, et j'étonnai en même temps les adorateurs et l'idole » (lettre VIII). Mais que sont les parlements ? « Ces compagnies sont toujours odieuses : elles n'approchent des rois que pour leur dire de tristes vérités, et, pendant qu'une foule de courtisans leur représentent sans cesse un peuple heureux sous leur gouvernement, elles viennent démentir la flatterie, et apporter aux pieds du trône les gémissements et les larmes dont elles sont dépositaires » (lettre CXL). Le parallélisme est surprenant et nous fait ici apercevoir en Usbek l'*alter ego* du parlementaire Montesquieu.

Plus tard, dans l'*Esprit des Lois*, l'image du gouvernement despotique, avec ses modèles turcs, moscovites, japonais, etc.

constituera à nouveau un fond menaçant: le pouvoir illimité d'un seul, régnant par la crainte qu'il inspire, apparaît comme le terme dernier d'un processus de dégénérescence à quoi toutes les sociétés sont exposées. Qu'on veuille bien y prendre garde: c'est l'avertissement que Montesquieu ne cesse de répéter: « La plupart des peuples d'Europe sont encore gouvernés par les mœurs. Mais si par un long abus du pouvoir, si par une grande conquête, le despotisme s'établissait à un certain point, il n'y aurait pas de mœurs ni de climat qui tinssent; et, dans cette belle partie du monde, la nature humaine souffrirait, au moins pour un temps, les insultes qu'on lui fait dans les trois autres » (*Esprit des Lois,* VIII, VIII). La même leçon est énoncée assez clairement par Usbek, dans la lettre CII: « La plupart des gouvernements d'Europe sont monarchiques, ou plutôt sont ainsi appelés: car je ne sais pas s'il y en a jamais eu véritablement de tels; au moins est-il difficile qu'ils aient subsisté longtemps dans leur pureté. C'est un état violent, qui dégénère toujours en despotisme ou en république »...

Usbek quitte la Perse sous l'empire de la crainte (principe du despotisme); la question de la violence est donc placée à la source de l'ouvrage entier. Violence évitée, violence retenue, mais qui peut soudain se montrer à découvert, soit dans le caprice du prince, soit dans la révolte des sujets: « Si, dans cette autorité illimitée qu'ont nos princes », déclare Usbek, « ils n'apportaient pas tant de précautions pour mettre leur vie en sûreté, ils ne vivraient pas un jour; et, s'ils n'avaient à leur solde un nombre innombrable de troupes, pour tyranniser le reste de leurs sujets, leur empire ne subsisterait pas un mois » (lettre CII). Les désastres des Turcs, mentionnés à la lettre CXXIII, en sont l'exemple prémonitoire. Où en trouver l'exemple complet? Paradoxalement, dans le désastre du harem d'Usbek.

Usbek, au moment même où il quitte sa patrie, ne peut s'empêcher de regarder en arrière. Tandis que sa première lettre disait le plaisir de *sortir* des limites et d'aller vers la connaissance

lointaine, la seconde lettre, adressée au premier eunuque noir,
est animée par le souci inverse: celui de maintenir un ordre
immuable dans le lieu clos dont il est le souverain. Usbek
possède, lui aussi, ses troupes soldées. Il a ses gardes. Non pas
autour de sa personne, mais autour de ses plus chères possessions: son harem, ses femmes. Il est donc, dans son existence
domestique, un despote oriental. La conduite du prince à son
égard a beau lui avoir fait éprouver les iniquités du pouvoir
absolu: Usbek exerce sur ses épouses un droit de vie et de mort.
Il veut être obéi; il invite ses eunuques, ses femmes, à *trembler* à
l'ouverture de ses lettres. Victime lui-même de la terreur, il
l'exerce à son tour. Lui qui d'abord (lettre I) s'était vanté d'être
le premier à renoncer « aux douceurs d'une vie tranquille », il
n'a pas renoncé à conserver, à distance, la possession absolue du
corps et de l'âme de ses épouses: il veut rester le maître des
consciences, par l'appel aux obligations du devoir, et par
l'usage simultané de la menace, ouverte ou voilée... Or l'absence d'Usbek dure neuf ans: de quoi assurément permettre à
Montesquieu de développer, dans la pénombre du sérail, toutes
les variantes du désir frustré, toutes les ruses de la compensation, toutes les versions et perversions du plaisir substitutif:
puisque les recluses du harem ne peuvent, comme leur époux,
prendre le large, elles fuient d'une autre manière: elles trouvent
refuge dans l'imaginaire, en attendant mieux, c'est-à-dire en
attendant que l'imaginaire prenne corps et que l'adultère s'ac-
complisse. Cet événement tarde-t-il à ce point? A la première
lettre qu'écrit le premier eunuque (IX), il est bruit d'un « jeune
homme ». Est-ce déjà celui qui, par deux fois, reparaîtra
furtivement (lettres CXLVII et CXLIX) et qui, surpris dans les
bras de Roxane, expirera sous les coups des eunuques (lettre
CLIX)? Montesquieu nous laisse en décider. Il fait la part belle
à la collaboration du lecteur.

Montesquieu a voulu qu'Usbek fût un ennemi des masques,
un voyageur épris de savoir rationnel, et, tout ensemble, un
représentant fidèle des mœurs domestiques de la Perse (selon les

informations précises fournies par Chardin, Tavernier, Ricaut, etc.). Il en a donc fait un personnage double. Plus exactement, il lui a conféré deux fonctions distinctes : celle, d'une part, qui l'engage dans le rôle d'observateur des institutions occidentales ; et, d'autre part, celle qui fait de lui le possesseur sourcilleux de cinq femmes et de sept eunuques, c'est-à-dire le tyran qui ne remet jamais en question le bien-fondé de sa domination. Usbek sera donc tour à tour l'auteur de judicieuses relations sur la France (destinées à ses amis masculins), et le jaloux qui s'adresse impérieusement à des êtres dont il veut perpétuer la soumission, mais que son absence (il ne le sait que trop) a rendus rebelles en puissance. Il ne suffit donc pas à Montesquieu d'avoir dédoublé Usbek et Rica ; Usbek lui-même devient un individu *bifrons*, tourné vers les généralités anonymes de la société française, impliqué dans l'intrigue particulière où le roman met en jeu les noms de personnes. Montesquieu n'a-t-il pas compromis la vraisemblance de son héros, ne l'a-t-il pas surchargé en lui faisant assumer des rôles si contradictoires ? Comment le spectateur serein de la monarchie française et de l'histoire universelle peut-il devenir, d'une lettre à l'autre, le destinataire inquiet des missives d'Ispahan, missives auxquelles il répond sur un ton toujours plus alarmé et plus violent ? Comment le témoin détaché peut-il redevenir cet époux si farouchement attaché à ses possessions ?

Le lecteur, toutefois, doit admettre le personnage tel qu'il lui est proposé. Il doit même faire plus : il cherchera à comprendre les contradictions d'Usbek, sans se contenter de les imputer, trop facilement, à la légèreté d'un auteur désireux de juxtaposer les agréments du roman et les attraits plus solides de la philosophie et de la morale. Personnage contradictoire, personnage « clivé », Usbek, par son ambiguïté même, requiert une interprétation qui justifie pleinement Montesquieu de l'avoir fait tel qu'il est. Or la contradiction entre les goûts intellectuels d'Usbek et son comportement privé est porteuse de sens ; elle a valeur d'enseignement... Si sincère et si résolu que soit l'appel d'Usbek à la raison et à l'universel (ce dont témoignent tant de considérations sur la justice, la vérité, la vertu, etc.), il reste par quelque côté l'homme d'une civilisation et d'une morale particulières : il a été éduqué et formé par une tradition historique. Il n'échappe donc pas aux conditions qui lui assignent, surtout en ce qui regarde les « mœurs », un point de vue *intéressé*. Montesquieu a peut-être voulu rendre évidente cette vérité trop souvent méconnue : qu'il est inévitable de se situer à un point de vue particulier, alors même que l'on aspire à dépasser le particulier, alors même que du choc et de l'annulation réciproque des orthodoxies incompatibles, l'on souhaite voir triompher ce qui est généralement et universellement humain. Ce n'est que dans le relatif, à partir du relatif, que nous pouvons partir en quête de ce qui dépasse le relatif. Tyran mélancolique, asservi aux préjugés orientaux de l'honneur masculin, Usbek s'élève à une philosophie qui, de bonne foi, tente de se dégager de tous les préjugés. Il verra clairement le non-fondé ou le mal-fondé de la maîtrise absolue exercée par le roi ou le pape, mais il reste, pour sa part, exempt de doute en ce qui concerne ses propres titres de domination : ses eunuques ne lui sont que de « vils instruments », et ceux-ci tiennent sous leur garde « les plus belles femmes de Perse », traitées comme un simple avoir, comme un « dépôt précieux ». Les épouses sont des captives, comme sont captifs les sujets du roi de Perse ou du Tsar : il faut la permission du maître pour sortir du royaume (lettre VIII, lettre LI). Usbek en a pâti ; il en fait pâtir ses femmes. Ce sont là les certitudes héritées qu'il n'a *pas encore* su mettre en question, les régions qu'en lui les lumières de la raison n'ont *pas encore* touchées. N'allons donc pas croire que lorsqu'il parle à ses femmes d'*ordre*, de *vertu*, de *nature*, il recourt à une phraséologie délibérément mensongère, destinée à leur imposer une éternelle soumission. Ces vocables abstraits, sous la plume d'Usbek, loin d'éveiller en lui le doute sur la légitimité de la « servitude domestique », en apportent au contraire la justification — par un abus qui n'est sensible qu'au lecteur occidental. Et c'est là une nouvelle mise en garde que Montesquieu nous adresse: il est des mots trop grands, trop abstraits ou trop vagues, pour que l'on ne désigne pas, par leur truchement, les choses les plus dissemblables. A quoi ne peut servir, par exemple, le mot *Nature*? Dans le discours abusé d'Usbek, c'est la *nature* qui détourne les Parisiennes de l'adultère: « Quand il s'agit de faire les derniers pas, la nature se révolte. » Dans la protestation de Roxane révoltée, c'est la même nature qui justifie l'adultère: « J'ai réformé tes lois sur celles de la Nature »... La révolte arrache à l'oppresseur son vocabulaire moral et philosophique, se l'approprie, et le retourne contre le maître détesté.

Le relatif qu'Usbek est incapable de relativiser réside dans le « gouvernement domestique », c'est-à-dire dans les usages et les lois qui règlent le rapport entre les sexes: voilà qui porte une signification considérable. Ce domaine apparaît comme celui qui, pour l'individu qui s'y trouve impliqué, ne se laisse pas si aisément clarifier par la raison: domaine archaïque, où la coutume est plus contraignante que toute politique délibérée. Tandis que les réflexions d'Usbek sur le droit et sur l'histoire accèdent d'emblée (avec l'histoire des Troglodytes) à la plus libre hauteur de vues, l'univers de la sexualité reste asservi à un antique système d'autorité. Il constitue presque un ordre séparé, un inconscient irrationnel et violent, sous-jacent à la quête de la rationalité et de la non-violence. C'est un laissé-pour-compte; mais Montesquieu sait fort bien que les laissés-pour-compte sont toujours comptabilisés à la longue. Si, après avoir montré que nul n'échappe à la nécessité de partir d'un point de vue imposé par l'histoire et l'éducation, Montesquieu avait aussi voulu montrer qu'une réflexion sur la société et l'histoire oblige le philosophe à ne pas ignorer sa propre situation et à ne pas s'exclure de l'examen critique, il n'aurait pu mieux construire les *Lettres Persanes*, avec leur catastrophe finale, qu'on peut considérer comme la punition d'un aveuglement et d'une méconnaissance. Contre la domination traditionnelle et la coutume coranique (donc particulière) qu'Usbek a voulu faire régner *in absentia*, la révolte de Roxane, qui éclate dans la dernière lettre du recueil, en appelle, à son tour, et à meilleur droit, aux valeurs universelles. Ce sont les mots *délices, plaisirs, désirs* que Roxane, mourante et triomphante, associe à l'autorité de la « Nature ». Dans l'imminence de la mort s'ouvre la perspective d'une raison universellement libératrice, dont Usbek n'a su formuler et vivre qu'une partie des exigences. Le courage de Roxane expirante atteste la légitimité de ce que nous nommons aujourd'hui (un peu lourdement) la pulsion désirante, et l'inclut dans l'ordre des droits inaliénables. Or, jusqu'à la lettre dernière, l'amour véritable avait été le grand absent des *Lettres Persanes*, ou n'avait trouvé sa place que dans le récit rapporté d'Aphéridon et d'Astarté : absence qui n'est pas l'effet du hasard, puisqu'elle avait rendu possible l'observation objective, le regard attentif et la mise à distance ironique. Le jeune homme *sans nom*, presque un fantôme, échappé des bras de Roxane, et qui tombe sous les coups des eunuques, représente la part de l'amour vrai : part clandestine, mais obstinée dans l'ombre dont elle s'entoure, et dont l'immolation entraîne la fin de la fiction, la disparition de ses principaux acteurs...

Le désir, en Usbek, est inexistant. Il a été mis à mort par la satiété facile. Usbek écrit à son ami Nessir, en parlant de ses femmes : « Ce n'est pas, Nessir, que je les aime : je me trouve à cet égard dans une insensibilité qui ne me laisse point de désirs. Dans le nombreux sérail où j'ai vécu, j'ai prévenu l'amour et l'ai détruit par lui-même » (lettre VI). Le champ est libre pour la réflexion, et d'abord pour celle qui se tourne vers la société des hommes. « Je passe ma vie à examiner » (lettre XLVIII). Mais la coupure ainsi introduite entre le plaisir de voir, et le domaine désaffecté des liens charnels n'est pas assez radicale pour équivaloir à une ascèse. Quand l'homme qui croit ne plus aimer veut néanmoins rester le maître, il se laisse gagner par une réflexion moins libre, où la pensée, tournée vers les épouses mal gardées, s'afflige de voir lui échapper un bien auquel pourtant elle ne tient guère : réflexion rétrospective et malheureuse, qui est celle proprement de la jalousie : « De ma froideur même il sort une jalousie secrète qui me dévore » (lettre VI). Ainsi l'élan allègre de la curiosité réfléchie, qui découvre et décrit librement un monde nouveau, est-il contrebalancé par une réflexion morose, de signe contraire, dirigée vers les possessions perdues et qui, à force de tourments et d'inquiétude, voit s'aggraver ses pertes. Quand Usbek, dans sa dernière lettre (CLV), annonce à son ami Nessir son prochain retour à Ispahan, il s'attend à rester captif de la réflexion jalouse jusque dans les bras de ses femmes retrouvées. La réflexion, à ce point, devient un véritable maléfice et va jusqu'à égaler, par la *coupure* qu'elle instaure, les effets de la blessure qui, infligée à la chair des eunuques, les a « séparés d'eux-mêmes » (lettre IX) : « J'irai m'enfermer dans des murs plus terribles pour moi que pour les femmes qui y sont gardées. J'y porterai tous mes soupçons ; leurs empressements ne m'en déroberont rien ; dans mon lit, dans leurs bras, je ne jouirai que de mes inquiétudes ; dans un temps si peu propre aux réflexions, ma jalousie trouvera à en faire. Rebut indigne de la nature humaine, esclaves vils dont le cœur a été fermé pour jamais à tous les sentiments de l'amour, vous ne gémiriez plus sur votre condition, si vous connaissiez le malheur de la mienne » (lettre CLV). Cette dernière lettre d'Usbek est le pendant, symétrique et inverse, de la première (et de la huitième) : le livre avait commencé par le mouvement centrifuge — vers le savoir, hors de portée des ennemis mortels ; il s'achève, en sens opposé, par la nostalgie centripète (« heureux celui qui [...] ne connaît d'autre terre que celle qui lui a donné le jour »), et par la résignation : « Je vais rapporter ma tête à mes ennemis ». Et quand le lecteur a pris connaissance de la lettre de Roxane, le renversement se parachève. Nous avions rencontré, en Usbek, un impitoyable ennemi des masques (lettre VIII), un démystificateur qui savait percer à jour la crédulité des Français ; or voici qu'il apparaît lui-même comme une victime de l'illusion. Il a été le jouet des apparences. C'est lui qui a été trop

crédule, et qui s'en est laissé imposer par un masque : « Mais tu
as eu longtemps l'avantage de croire qu'un cœur comme le
mien t'était soumis. Nous étions tous deux heureux : tu me
croyais trompée et je te trompais » (lettre CLXI). La lettre de
Roxane, en rétablissant le règne de l'amour absent, en annonçant la fin violente des eunuques, donne à l'ouvrage entier sa
pointe à la fois inattendue et nécessaire, sous l'aspect d'une
revanche exaspérée. (Les figures de rhétorique mises en œuvre
ici sont tout ensemble l'antithèse et l'hyperbole : l'antithèse,
pour marquer le renversement ; l'hyperbole, pour qu'une seule
lettre, par son intensité, fasse contrepoids aux cent soixante
lettres qui la précèdent.) Du coup, nous voici obligés à *relire*
tout le livre pour y découvrir un Usbek aveuglé, prêchant de
trop loin, à ses épouses, une inhumaine vertu, attribuant
complaisamment à la pudeur virginale de Roxane (lettre
XXVI) une conduite que nous savons désormais motivée par la
haine. Déjà, il s'égarait, il ne voyait pas clair. On retrouve dans
la justification philosophique qu'Usbek donne du suicide (lettre
LXXVI), l'excuse anticipée du geste final de Roxane. La
dimension ironique des *Lettres Persanes* ne se développe entièrement qu'à cette seconde lecture, éclairée par la brusque révélation de ce qui nous était resté si longtemps caché.

Tout se renverse dans les *Lettres Persanes*. Le renversement et
le style à renversement est l'image de prédilection de Montesquieu, lorsqu'il évoque la tyrannie et ses conséquences. Car la
tyrannie est le pouvoir porté à l'excès (le pouvoir hyperbolique)
et dont l'outrance appelle inévitablement une bascule brutale
vers l'excès contraire. Parlant généralement du despotisme,
sans savoir qu'il parle aussi de son « gouvernement domestique », Usbek écrit : « Je trouve même le prince, qui est la loi
même, moins maître que partout ailleurs » (lettre LXXX).
Usbek avait pourtant lu des propos analogues construits par
antithèses, dans une lettre que Zélis lui adressait, et où elle lui
signifiait l'indomptable autonomie d'une conscience qui ne se

laisse pas traiter en objet: « Dans la prison même où tu me
retiens, je suis plus libre que toi: tu ne saurais redoubler tes
attentions pour me faire garder, que je ne jouisse de tes
inquiétudes » (lettre LXII).

Les eunuques sont les instruments de la tyrannie: c'est
pourquoi les contraires s'inscrivent paradoxalement en eux.
Hommes, mais ayant cessé d'être véritablement hommes, ils
sont le renversement incarné. Ils sont le lieu pivotal du renversement. Usbek écrit au premier eunuque noir: « Tu leur
commandes, et leur obéis; tu exécutes aveuglément toutes
leurs volontés et leur fais exécuter de même les lois du sérail
[...]. Tiens-toi dans un profond abaissement auprès de celles
qui partagent mon amour; mais fais-leur sentir aussi leur
extrême dépendance » (lettre II). L'eunuque dispose d'un pouvoir redoutable, mais par délégation, et sans cesser de savoir
qu'on l'a fait sortir du néant par l'acte même qui a anéanti en lui
la puissance virile. Il est donc, à tous égards, celui qui vit la
contradiction d'un pouvoir qui s'annule, ou d'une annulation
physique qui se transforme en pouvoir. La perte que l'émas-
culation lui inflige est prise en compte dans une transaction.
L'aliénation radicale devrait trouver sa contrepartie: « Las de
servir dans les emplois les plus pénibles, je comptai sacrifier
mes passions à mon repos et à ma fortune » (lettre IX). Mais la
transaction s'accomplit-elle conformément à cet espoir? Les
avantages matériels (fortune) et moraux (repos) sont-ils vrai-
ment acquis en échange de l'intégrité sexuelle (passions)? L'impossibilité organique d'atteindre et de posséder un être réel, loin
d'annuler tout appétit, laisse le champ libre aux désirs vains,
aux regrets, aux fantasmes. Le pouvoir, sitôt gagné, rend
douloureuse la séparation qui le conditionne: « Malheureux
que j'étais! Mon esprit me faisait voir le dédommagement, et
non pas la perte: j'espérais que je serais délivré des atteintes de
l'amour par l'impuissance de le satisfaire. Hélas! on éteignit en
moi l'effet des passions, sans en éteindre la cause et, bien loin
d'en être soulagé, je me trouvais environné d'objets qui les

irritaient sans cesse » (lettre IX). Le chagrin de l'eunuque tient à ce que, étroitement dépendant de l'objet qui lui est de toute manière interdit, il ne peut désormais le rejoindre que par des voies perverses : la terreur, l'intimidation, les châtiments. La souffrance subie par l'eunuque se commue en souffrance infligée. La notion de *revers* apparaît significativement à ce propos, et le renversement ne cesse de se répéter, comme un mécanisme infini : « Ces mêmes femmes que j'étais tenté de regarder avec des yeux si tendres, je ne les envisageais qu'avec des regards sévères [...]. Quoique je les garde pour un autre, le plaisir de me faire obéir me donne une joie secrète : quand je les prive de tout, il me semble que c'est pour moi, et il m'en revient toujours une satisfaction indirecte [...]. Ce n'est pas qu'à mon tour je n'aie un nombre infini de désagréments, et que tous les jours ces femmes vindicatives ne cherchent à renchérir sur ceux que je leur donne : elles ont des revers terribles. Il y a entre nous comme un flux et un reflux d'empire et de soumission » (lettre IX).

La seule voie compensatoire qui s'ouvre, pour une revanche de l'eunuque, est celle de la connaissance et de la ruse : c'est en développant un savoir très spécialisé — en *pénétrant* les femmes du regard, en semant les divisions et les médisances — qu'il peut établir plus solidement sa maîtrise sur les créatures du harem, et même imposer sa volonté à son maître. Tel est l'exemple que le chef des eunuques noirs dit avoir trouvé chez celui dont il tient les secrets de son art : « C'est sous ce grand maître que j'étudiai l'art difficile de commander, et que je me formai aux maximes d'un gouvernement inflexible. J'étudiai sous lui le cœur des femmes ; il m'apprit à profiter de leurs faiblesses et à ne pas m'étonner de leurs hauteurs [...]. Il avait non seulement de la fermeté, mais aussi de la pénétration : il lisait leurs pensées et leurs dissimulations ; leurs gestes étudiés, leur visage feint, ne lui dérobaient rien ; il savait toutes leurs actions les plus cachées et leurs paroles les plus secrètes, il se servait des unes pour connaître les autres, et il se plaisait à récompenser la moindre confidence. Comme elles n'abordaient leur mari que lorsqu'elles étaient averties, l'eunuque y appelait qui il voulait, et tournait les yeux de son maître sur celle qu'il avait en vue ; et cette distinction était la récompense de quelque secret révélé. Il avait persuadé son maître qu'il était du bon ordre qu'il lui laissât ce choix » (lettre LXIV). On voit ici s'agencer, au sein de l'asservissement, une remarquable machinerie de domination, où les ressources de la psychologie démasquante se conjuguent avec une technique éprouvée du mouchardage récompensé. Peu s'en faut que le maître ne devienne à son tour le jouet d'une administration aussi raffinée, d'un « corps intermédiaire » devenu si nécessaire à l'ordre général. « Je me trouve dans le sérail comme dans un petit empire, et mon ambition, la seule passion qui me reste, se satisfait un peu » (lettre IX). Cette comparaison formulée par le premier eunuque laisse entendre que le « despotisme domestique », pour fidèlement décrit qu'il soit selon les documents accessibles, peut être lu comme une *figure* érotisée du despotisme *politique* qui prévaut en Orient et dont l'éventualité guette la monarchie française. Il devient alors évident que le pouvoir absolu ne peut faire régner l'ordre qu'au moyen d'une classe de fonctionnaires, à la fois privilégiés et frustrés, autoritaires et aliénés, qui trouvent un plaisir érotique substitutif à se rendre redoutables au peuple : ils ont en main, pour chaque individu, la faveur et la disgrâce, les récompenses et les peines. Grâce à eux, le despote peut de loin imposer sa volonté : il en fait les agents de sa propagande, les organisateurs de la diversion par les jeux et les activités « téléguidées » : « Procure-leur tous les plaisirs qui peuvent être innocents ; trompe leurs inquiétudes ; amuse-les par la musique, les danses, les boissons délicieuses ; persuade-leur de s'assembler souvent »... On a eu raison de remarquer[1] que, dans l'état-sérail, l'appareil de police et de propagande assure une cohésion et un ordre qui risquent à tout

---

1. Aram Vartanian, « Eroticism and Politics in the *Lettres Persanes* », *Romanic Review*, New York, LX, I, 1969, p. 23-33.

moment de s'évanouir. A quoi s'ajoutent les périls évidents que
court le maître suprême si l'ancienneté (ce grand principe des
administrations) confère le pouvoir à un ministre-eunuque
« imbécile » : l'exemple, à la fin des *Lettres Persanes*, en est offert
par le faible et crédule Narsit, qui laisse s'aggraver le désordre.
Solim, trop tard investi d'autorité, ne parviendra qu'à exas-
pérer la révolte par l'excès de la répression : une situation s'est
créée où aucune mesure, partant des fonctionnaires-eunuques,
ne peut plus parer au désastre ; toutes les solutions sont mauvaises : la révolution est devenue inévitable. Telle est la démonstration politique, insinuée à travers le drame romanesque,
et proposée comme une métaphore hyperbolique du danger qui
menace la France. Le domaine érotique sert de lieu d'expérience
imaginaire pour une théorie généralisée du pouvoir.

Car ce qui préoccupe Montesquieu — et ce qui le préoccupe-
ra toujours davantage — c'est la forme et le type général du
pouvoir, dans ses rapports avec le lieu et le moment où il
s'exerce ; ce sont les conséquences qu'entraîne, dans chaque
système de gouvernement, la manière dont sont prises les
décisions et les méthodes par lesquelles elles sont appliquées.
Notre époque, qui croit généralement qu'il n'y a d'injustices
que d'ordre économique, ferait bien de se remettre à l'école de
Montesquieu... L'injustice *politique* a ses effets calculables.

Montesquieu, en chaque circonstance, aime à évaluer le prix
à payer : il fait le compte du profit et de la perte. Veut-on,
comme Usbek, exercer de loin un pouvoir absolu ? Il faut alors
faire régner sur une administration d'eunuques une terreur
qu'ils exerceront à leur tour. Le prix à payer est lourd, et laisse
encore le maître dans l'incertitude. Que vaut la sécurité acquise
à ce prix ? Que valent les protestations d'obéissance obtenues
sous ces conditions ? S'il est vrai que les femmes de Perse
doivent leur beauté à la vie réglée qu'elles mènent dans le sérail,
et si cette vie réglée implique la surveillance constante des
eunuques, n'en coûte-t-il pas trop cher ? Dans une telle société,
les éducateurs seront des esclaves ; piètres éducateurs ; un inter-

locuteur français demande à Usbek : « Que peut-on attendre de l'éducation qu'on reçoit d'un misérable qui fait consister son honneur à garder les femmes d'un autre et s'enorgueillit du plus vil emploi qui soit parmi les humains ? » A cette conséquence morale s'en ajoute une autre, démographique, dont Usbek ne se cache pas la gravité : « Ainsi un homme qui a dix femmes ou concubines n'a pas trop d'autant d'eunuques pour les garder. Mais quelle perte pour la Société que ce grand nombre d'hommes morts dès leur naissance ! Quelle dépopulation ne doit-il pas s'en suivre » (lettre CXIV). Le prix, décidément, est lourd, beaucoup trop lourd au regard d'un jugement raisonnable... A quel prix s'achète, chez les Troglodytes, le souci exclusif de l'intérêt personnel ? Le peuple ne peut survivre en tant que communauté : le revers de l'anarchisme égoïste, c'est l'anéantissement collectif. La série des lettres d'Usbek sur la dépopulation du globe établit le compte — largement déficitaire — des conséquences du monachisme chrétien, de l'interdiction du divorce, de la polygamie musulmane, des conquêtes coloniales : c'est en vies humaines — mais selon une perspective tout arithmétique et quantitative — que s'évalue le prix à payer. A Rhédi qui s'inquiète (avant Rousseau) des effets maléfiques des arts et des sciences, Usbek répond, pour une fois, en assurant que le prix dont le progrès technique est payé, tout compte fait, est avantageux : et cette fois, c'est dans le langage numérique de la prospérité économique que se dresse le bilan positif.

Pesée précise des effets et des conséquences d'une politique, mais aussi des conditions à remplir pour la pratiquer ; mise en équation, dans un langage approximativement newtonien, de l'action et de la réaction : c'est tout cela que Montesquieu ne veut jamais perdre de vue, quand il cherche à savoir, pour chaque forme d'exercice du pouvoir (et surtout pour la forme despotique), ce qu'elle requiert en contrepartie. Les *Lettres Persanes*, c'est une façon de mettre en expérience le modèle tyrannique, et de le montrer insoutenable à la longue. On trouve cette phrase dans le dossier de l'*Esprit des Lois*, qui résume sèchement, mais fortement, le résultat de l'expérience : « Il ne faut pas que les rois d'Europe s'exposent au despotisme de l'Asie ; ce petit bonheur d'avoir des volontés irrévocables s'y achète si cher, qu'un homme sensé ne le peut envier. »

Dans ses registres si variés, ses lettres discontinues, ses renversements, le livre de Montesquieu n'a finalement qu'un seul thème et ne développe qu'une interrogation générale : si l'homme ne veut imposer ni souffrir nulle séparation, et si, tout en refusant le désordre et la violence qui suivent nécessairement l'émancipation de l'appétit individuel, il rejette également un ordre oppressif qui s'établirait au prix d'une amputation de sa chair et de son intelligence, quelle organisation doit-il donner à sa vie et à ses institutions ? A quelle autorité doit-il en appeler s'il ne veut sacrifier ni son désir ni sa raison ? La réponse donnée par Usbek, dans ce livre où toutes les autorités extérieures sont mises au défi, est un acte de foi en une norme innée et universelle, qui s'oppose à toutes les injonctions imposées du dehors : la Justice est à la fois un « principe intérieur », et un « rapport de convenance » entre les choses. C'est le joug dont nous ne saurions nous affranchir à moins de renoncer à survivre. L'autorité réside dans la conscience de l'homme, juge qualifié du monde physique et du monde moral — s'il sait toutefois où s'arrêtent ses certitudes. Et, l'autorité fût-elle inséparable de l'idée que nous nous faisons d'un Dieu de justice, c'est encore en l'homme lui-même que cette idée prend naissance. C'est à l'homme qu'il appartient de calculer le jeu des forces qui assurent la perfection rationnelle d'un gouvernement, en lui permettant d'aller « à son but à moins de frais » (lettre LXXX).

Usbek, qui énonce ces principes, et qui sait que les hommes deviennent injustes sitôt qu'ils « préfèrent leur propre satisfaction à celle des autres », est lui-même incapable d'apercevoir sa propre injustice. Il est l'exemple d'une séparation persistante

entre le domaine de la réflexion et celui des actes. L'exemple est
gênant, et devrait le demeurer. On ne s'en délivrera pas en
déclarant que cette séparation est la tare d'une philosophie
« idéaliste », comme si le retard des actes sur les principes était
le travers du seul idéalisme. De fait, Montesquieu aperçoit fort
bien tous les facteurs matériels de l'histoire, et il sait que la
préférence que les hommes accordent à leur « propre satisfaction » est l'un de ces facteurs, et non des moindres. A travers
les voix joueuses et graves de son livre, à travers l'échec
d'Usbek, il nous engage à reconnaître une exigence que nous ne
sommes pas près encore de savoir satisfaire : l'accord des actes
et de la pensée dans une même raison libératrice, le refus des
tyrannies qui encagent les peuples et qui mutilent les individus.
De la réalisation de cette exigence, nous sommes aussi éloignés
que l'était Montesquieu. Il convient donc de relire attentivement les *Lettres Persanes*.

CHAPITRE IV

LE FUSIL A DEUX COUPS
DE VOLTAIRE

I. SUR LE STYLE PHILOSOPHIQUE DE *CANDIDE*

Un récit? Assurément. Mais davantage encore, le simulacre d'un récit. Je veux dire: sa parodie, son reflet allégé. Le romanesque, dans *Candide*, est la caricature du romanesque, sa version outrée, qui mêle toutes les conventions génériques — que ce soient celles du roman d'aventures (de provenance hellénistique), celles du roman picaresque, ou celles du conte, encore plus accueillantes à l'invraisemblable. S'il fallait absolument conférer à *Candide* une généalogie, choisissons celle qui part de Lucien et de Pétrone, en passant par Rabelais et Cyrano. Les événements, dans *Candide*, et surtout la façon dont ils se suivent, ne défient pas seulement toute vraisemblance: ils font savoir — par leur caractère disparate — qu'ils n'en appellent pas à la confiance du lecteur, qu'ils le laissent libre: morts apparentes, retrouvailles inespérées, enchaînements ultra-rapides, pays fabuleux, richesses sans bornes — tout nous avertit que nous ne devons pas attacher à l'histoire elle-même notre attention sérieuse, tout renvoie à des modèles littéraires archiconnus, dont la dérision dispose à son gré, en les déformant à tour de rôle, dans une parabole qui enseigne à se défier des enseignements.

Alors un jeu? Certes. Mais un jeu où, à travers la parodie, aucune des situations évoquées n'est en dehors de la réalité du moment présent : en Allemagne, on fait la guerre, on massacre, on viole ; au Portugal, on brûle les hérétiques ; chez les sauvages d'Amérique, on mange les prisonniers ; à Paris, on escroque au jeu ou à l'entôlage les voyageurs naïfs. Candide, à bien des égards, n'est que le nom d'emprunt, l'identité minimale qu'il est nécessaire de conférer à un personnage dont la fonction essentielle est de se heurter au monde comme il va, et par là de le révéler tel qu'il est.

La formule de *Candide* est donc le composite et le « pot-pourri » : je ne veux pas parler seulement de la succession kaléidoscopique des épisodes : je pense surtout au mélange de la fiction autodestructrice et de l'inesquivable vérité, au composé instable formé par l'arbitraire narratif et l'intrusion de la violence environnante. La liberté du contenu va de pair avec l'obsession du mal omniprésent ; où que l'individu se tourne, la violence absurde écrase toute liberté. Par son invraisemblable rapidité, le voyage de Candide devient une revue quasi générale des pays du monde ; l'économie du temps narratif assure le déplacement d'un lieu à l'autre, et rend ainsi possible un cumul d'expériences touchant la sottise, l'intolérance et les abus de pouvoir. L'irréalisme du récit rend l'espace terrestre parcourable en tous sens, et permet d'additionner les réalités horrifiantes, dont nulle n'est révocable en doute ni attribuable à la fantaisie de l'auteur.

Par l'usage systématique de la dérision, et grâce à l'invincibilité d'un héros qui échappe de justesse à tous les périls, Voltaire peut multiplier l'évocation des abus les plus atroces — au bénéfice d'une stratégie de la dénonciation réitérée. L'écriture de Voltaire procède par coupures, ellipses, litotes — par toutes les formes de la *soustraction* — alors que l'expression de l'émotion indignée eût enflé la phrase, allongé la plainte, occupé du temps pour laisser s'exhaler la « vérité » du sentiment : ainsi se réalise un raccourcissement du temps affectif, un effet d'accélération émotive. Par sa façon délibérée de *jouer faux*, Voltaire échappe aux dangers de l'outrance sentimentale et aux ratés de l'éloquence. La malfaisance du monde apparaît de façon d'autant plus nette, plus obstinée — dans un climat de sécheresse qui ne laisse place ni à l'attendrissement ni à la consolation. Dans *Candide*, rien de ce qui est atroce n'est inventé : Voltaire livre un documentaire, quelque peu simplifié et stylisé, mais qui constitue l'anthologie des atrocités que les gazettes portaient à la connaissance de tout Européen attentif. Peut-être rencontrons-nous dans *Candide*, sur le mode de la fiction, le premier exemple d'une attitude devenue aujourd'hui commune en Occident, en raison directe de l'essor des moyens d'information : la perception de toutes les plaies de l'humanité, par une sorte de sensibilité douloureuse qui étend son réseau nerveux à la surface entière du globe. Voltaire frémit des souffrances de la terre : il connaît, ou croit connaître tous les auteurs d'injustice, toutes les bannières couvrant l'exaction : il les dénombre, les confronte et les oppose. Car il est trop intelligent pour ne dénoncer que les torts d'un seul parti : il voit commettre les mêmes crimes par les princes rivaux, par les Églises antagonistes, par les peuples « civilisés » et par les « sauvages ».

Si la ligne sinueuse, avec ce qu'elle comporte de caprice inattendu, est l'une des figures types du goût rococo, les voyages de Candide, ceux de la vieille et de Cunégonde, en sont la transcription la plus nette sur la carte du globe : le hasard, le désir, les persécutions, provoquent des détours infinis, au point que rien ne paraît détour, et nulle direction ne reste privilégiée. Quant à l'appétit du nouveau, du « piquant » — autre trait du goût rococo — il est présent de façon superlative.

Le jeu, la parodie, la satire, la dénonciation de la violence dans le monde actuel, l'enquête philosophique : voilà qui forme non seulement une œuvre composite, mais un texte *sans précédent*, un texte qui ne veut avoir, avec ceux qui lui sont antérieurs, que des rapports polémiques. Par sa diversité, par l'imprévu et le scabreux des aventures, par l'imprévu de l'itinéraire, par la succession des surprises, par la brièveté efficace de chaque épisode, *Candide* associe toutes les recettes du « piquant » et produit cet excitant par excellence qu'est la nouveauté. La visite de la bibliothèque de Pococurante (chap. XXV) passe en revue les modèles du passé, l'institution littéraire au grand complet: l'amateur dégoûté en parle avec dédain. La littérature paraît être arrivée à son terme. *Candide* est le livre supplémentaire, où l'on fait l'inventaire du passé, et qui vient après l'inventaire: le livre *hors littérature*, hors philosophie, qui se moque de la littérature et de la philosophie, et qui, bien entendu, ne peut faire autrement que de proposer, à son tour, une autre littérature, une autre philosophie. « C'est un très grand plaisir — dit Cacambo — de voir et de faire des choses nouvelles[1]. »

Pourtant, il n'est pas malaisé de ramener *Candide* à un type immémorial: celui de la narration bouffonne (ou de la pantomime), qui déploie les ressources de la plus haute virtuosité pour figurer le contraire de la virtuosité: la malchance et la gaucherie.

Point n'est besoin, ici, après tant d'autres commentateurs, d'insister sur la gaieté de cette écriture sans épaisseur et sans ombres, sur l'agilité de manœuvre qui ménage souverainement les répétitions, les contrastes, les ellipses; qui déplace à son gré la coupe syntaxique pour produire des effets d'équilibre ou de rupture d'équilibre. Cette domination qui se dissimule si peu, qui fait si directement étalage de ses ressources, n'est pas à elle seule génératrice de comique: elle le devient en prenant pour objet la non-domination; je veux dire: l'histoire d'un garçon sans malice qui ne peut rien maîtriser de ce qui lui arrive, et qui court d'infortune en infortune. Ses aventures, comme celles de

---

1. *Candide ou l'Optimisme*, éd. crit. par André Morize, Paris, 1913, chap. XIV, p. 79.

tant de pitres, commencent par les coups de pied au derrière ; nous rions, tandis qu'il pleure, qu'il soupire et désespère.

L'écriture du récit, souverainement *active*, calcule et gouverne tous ses effets ; et l'un de ses principaux effets est de représenter son contraire en vouant Candide, presque jusqu'à la fin de ses aventures, à la *passivité*[2] et à l'étonnement : Candide, qui d'abord ne parle et n'agit que sous la dépendance des autres, voit ses paroles et ses actes entraîner des conséquences disproportionnées : il est constamment déporté hors de tout ce qu'il avait espéré ou prévu. La rare malice que déploie le narrateur nous fait assister aux mésaventures d'un être facile à duper, qui n'a pas barre sur son propre destin — sauf à l'instant final, où paraît commencer le temps de la stabilité active. Il en va de même, sur la scène ou au cirque, pour celui qui subit les échecs en cascade, mais réglés comme des pas de ballet, et toujours terminés par un rétablissement éblouissant. Le spectateur éprouve un très plaisant vertige à voir une telle supériorité technique employée à mimer un destin de victime[3].

Disons mieux : un destin où le désir manque son objet, le perd, ne le trouve que dégradé, à jamais dissemblable à l'image gardée vive. Car si, passé la visite à l'Eldorado, Candide échappe aux brimades, il reste voué à une frustration essentielle ; Cunégonde lui manque, il ne pense qu'à la rejoindre. Et quand il l'atteint enfin, c'est pour la découvrir si enlaidie qu'il recule « trois pas saisi d'horreur ». C'est ainsi que Gilles ou Pierrot sont floués : tout conspire à leur dérober ce qu'ils se croient sur le point de posséder : ils demeurent les mains vides, le cœur lourd. Du premier paradis westphalien, il ne subsistera pour Candide que le souvenir d'une caresse furtive derrière un paravent (caresse goûtée à l'initiative de Cunégonde, sou-

2. Sur la passivité, voir les remarques pertinentes de Christopher Thacker, aux p. 10 *sq.* de l'introduction de son édition critique de *Candide*, Genève, 1968.
3. Nous avons décrit quelques aspects littéraires et picturaux de ce « thème » dans *Portrait de l'artiste en saltimbanque*, Genève, 1970 ; rééd. Paris, Flammarion, coll. « Champs », 1983.

lignons-le) ; ce fruit « appétissant », qui s'offrait sans résistance, sera resté défendu ; il aura passé entre toutes les mains, et
les plus brutales : violée, poignardée, vendue, entretenue, hu-
miliée, profanée de toutes les manières, Cunégonde, avant
d'être rachetée par Candide, aura reçu dans sa chair tous les
stigmates du « mal physique » et du « mal moral », l'empreinte d'un monde malfaisant et la marque du temps destructeur. L'être féminin dont Voltaire fait la *cause* de toutes les
pérégrinations de Candide — expulsion, errance et quête —
n'est qu'un leurre de fraîcheur et de jeunesse, qualités sujettes à
dégradation : désirable tant qu'elle manque et parce qu'elle
manque, Cunégonde retrouvée n'est plus qu'un laideron aca-
riâtre, avec lequel la vie serait intolérable, n'était la ressource du
jardin à cultiver, la fuite productive dans le travail. Candide est
dupé par l'amour : parmi les idéaux que le récit voue à la
destruction, le mythe de la passion figure en bonne place.
Candide, sujet d'expérience, est mû par une illusion qui prend
fin à l'instant précis où l'objet aimé, cessant d'être une image et
un nom, apparaît comme une personne « réelle ». La bouffonnerie consiste à faire de la possession si longuement différée
une déception redoublée.

Un écrivain clairvoyant, omniscient et libre ; un héros naïf,
maladroit, longtemps captif de l'illusion, et asservi à la loi des
violents. Ce rapport entre auteur et héros est celui de l'ironie. Il
se marque, d'emblée, par le recours fréquent à ce que la
rhétorique classique, dans une définition étroite, nomme *ironie* :
l'antiphrase destructrice, l'emploi des mots dans le sens opposé
à celui qu'on veut faire entendre : « un *bel* autodafé ».

Mais quelle est ici la fonction de l'ironie ? Elle n'est pas
d'assurer à l'auteur (et au lecteur) une trop facile victoire sur
l'ignorance d'un héros tout schématique. Elle n'est pas, non
plus, d'exalter, du côté de l'écrivain, la conscience d'une liberté
qui s'élève au-dessus de toute réalité finie : Voltaire n'aspire pas

à cette liberté dégagée par quoi, dans l'ironie « romantique », l'esprit tente de garantir son règne séparé. L'ironie, dans *Candide*, a fonction d'arme offensive; elle est orientée vers le dehors, elle mène le combat de la raison contre tout ce qui usurpe l'autorité que la pensée rationnelle devrait seule posséder.

Autorité usurpée: tels apparaissent le discours théologique et son succédané, le discours métaphysique, une fois démontrée la différence entre le monde comme il va et le monde de la théodicée optimiste. Autant qu'une critique de la réalité contemporaine, *Candide* est la critique des affirmations abstraites qu'une théorie satisfaite développe sur la totalité du monde. Les événements du voyage, dans leur singularité, dans le détail de leur succession, infligent à la leçon de Pangloss démenti sur démenti. Il est à peine besoin de donner la parole aux philosophies adverses: celles de l'anabaptiste Jacques et du manichéen Martin. Les *faits* se chargent de l'éducation de Candide; le résultat se marque par la différence entre le premier chapitre, où Candide écoute respectueusement son maître pérorant, et le dernier, où il lui coupe la parole. L'ironie du récit voltairien se fait complice de la riposte du monde à l'euphorie du système. La « pointe » et le « tranchant » de la diction ironique secondent allègrement la cruauté du réel et lui confèrent une férocité hyperbolique: la réfutation est conduite avec une énergie qui se confond avec la violence malfaisante dont Voltaire est en même temps l'accusateur. Mutilations, castrations, amputations viennent contredire, dans la chair même des individus, toutes les affirmations professant la perfection du Tout. Pangloss perd un œil et une oreille, la vieille une fesse, etc. Les dégâts que font la maladie, la guerre, l'inquisition sont narrés avec une verve où s'exprime le plaisir de mettre en pièces l'illusion optimiste: le corps des personnages est livré à l'entaille de l'imperfection et de la brutalité déraisonnable: dans son style même (style de la soustraction avons-nous dit), *Candide* mime la diminution physique que le mal inflige à l'intégrité des êtres, — partant, il mime la réplique du monde à ce que l'optimisme croit pouvoir en dire. Contre une métaphysique qui postule la présence éternelle (insuffisamment perçue par nous) d'un sens global de l'univers, Voltaire dresse une raison qui voit partout manquer la clarté requise, et qui, dans ce défaut même, dans ce déficit scandaleux du sens, trouve l'excitant de son activité militante.

Mais après s'être alliée à la férocité du monde pour réfuter le système préconçu, l'ironie se retourne contre la violence et l'injustice. En dépit de toute l'alacrité qu'il met à démontrer comment la vérole, la tempête, les héros bulgares, les pirates noirs, les inquisiteurs ont facilement gain de cause contre les articles de foi du leibnizianisme, Voltaire est scandalisé par la souffrance infligée. Et malgré l'accent de sadisme décelable dans la manière dont il évoque le triomphe de la cruauté et de l'intolérance, il ne croit pas comme Sade que le mal, dans toutes ses formes, soit l'expression de la loi naturelle, ou, pour dire mieux, il ne croit pas que la loi naturelle doive être célébrée comme bienfaisante. Le déterminisme qui produit la gravelle, la vérole ou les tremblements de terre n'atteste, dans la nature, aucune sollicitude pour l'homme. A ces maux inévitables, qu'on ne peut endurer sans gémir, s'ajoutent les maux superflus, que les individus se font les uns aux autres : comment les évoquer sans révolte ? Voltaire n'accepte pas : il ne donne pas son consentement aux misères que, d'un même mouvement, il fait si gaiement pleuvoir sur ses personnages.

Surenchère d'ironie ; redoublement de vivacité réactive. Ayant donné libre cours aux images du mal pour contredire le dogme optimiste, Voltaire contredit le mal, parce qu'il a horreur de l'injustice et du fanatisme. Le style de Voltaire — qualifié généralement comme « spirituel », « incisif », « sarcastique » — doit son caractère spécifique à la double visée agressive dont il est chargé. La plupart des événements narrés dans Candide sont *bivalents* : ils démontrent joyeusement l'inanité du système de Pangloss ; mais, ayant satisfait la verve

double denunc^n
of philo sys.   of sys. thro' events
of world sys.   of events

Le fusil à deux coups de Voltaire   131

polémique, ils prennent aussitôt un aspect insoutenable. Ces événements, qui dénoncent l'illusion optimiste, sont eux-mêmes dénoncés pour leur atrocité. Ils appartiennent à la catégorie des faits auxquels Voltaire ne peut penser sans « frémir d'horreur » (expression fréquente dans sa correspondance ou ses écrits d'histoire). Le *grincement*, que Flaubert a si justement discerné chez Voltaire, est l'effet composé dû à la simultanéité de la verve polémique et du frisson d'horreur : il est dû au fait que chacune des « réalités » exerçant sur le discours de Pangloss une action destructrice est à son tour prise sous le feu d'une critique sans indulgence. L'événement atroce, qui nie le dogme antécédent, est à son tour l'objet d'un refus — moral, esthétique et affectif.

Pour déployer de tels effets, il faut que l'acte d'écrire ait reçu le privilège du *dernier ressort*; la « moquerie » voltairienne implique l'*a posteriori*, l'expérience tout entière parvenue à son terme, le recul que donne la connaissance des aboutissements. Tout est joué : l'ironie s'exerce sur un monde rétrospectif. Au fond du passé, le premier discours de Pangloss est déjà ridicule ; tel qu'il est « rapporté », il est déjà stigmatisé par une dérision et une sagesse supérieures, lesquelles résultent des négations infligées à la métaphysique par la réalité, puis à la réalité par l'exigence de la raison pratique. Qui n'aura remarqué, dans *Candide*, le rôle que jouent, à la fin de tant d'épisodes, les commentaires réflexifs du héros ou de ses compagnons ? Ces commentaires, détachés du récit même, sont répertoriés dans la terminologie rhétorique sous le nom d'*épiphonèmes*. Leur fonction est d'imposer une sentence *générale*, expression d'un savoir sûr de soi, à la suite d'une série de faits ou de sentiments *particuliers*. N'hésitons pas à recourir ici à ce terme d'apparence pédante : l'épiphonème est l'exclamation finale qui, dégageant une leçon, la condense en une maxime ou une « moralité ». Toutes les fois qu'intervient cette figure de style, nous savons que sont à l'œuvre une faculté de jugement, une puissance rationnelle, capables de prendre leurs distances et de s'établir sur le plan de la généralité. L'exclamation finale de Candide — « mais il faut cultiver notre jardin » —, malgré le rapport qu'elle garde avec la situation particulière (la métairie sur le Bosphore), confère au récit tout entier une conclusion épiphonématique — conclusion « sage », découverte de portée universelle, où se trouve confirmé ce qui avait été dit du héros aux premières lignes (« il avait le jugement assez droit »), après que ses mésaventures et ses tribulations eurent également confirmé l'affirmation conjointe (« avec l'esprit le plus simple »). L'ironie peut s'exercer dès lors en direction rétrograde, selon la connaissance conquise et l'éducation achevée au point d'arrivée : l'errance et les illusions de l'aventurier naïf sont narrées à partir de la stabilité et de la sécurité garanties finalement par la conversion au travail rentable. On sait *a posteriori* (mais, en prenant la plume, Voltaire le sait *déjà*) qu'en dépit de toutes les pertes, déceptions, mutilations, etc., la ressource du travail reste toujours sauve. Au reste, la remarque que nous faisons sur la fonction de l'épiphonème et de l'ironie rétrospective dans le texte de *Candide* peut être intégralement reprise pour définir la fonction de *Candide* dans l'existence de Voltaire. Après la mort de Madame du Châtelet (dont la doctrine philosophique inclinait dans le sens de l'optimisme wolfien ou panglossien), après l'épisode prussien, après l'arrestation de Francfort, après la quête d'un asile et l'achat des terres de Genève et de Lausanne, *Candide* a la valeur d'un divertissement récapitulatif : d'une même haleine, il fabule, travestit, caricature, exprime une résolution ; de la sorte, Voltaire se délivre du passé par la magie d'une bouffonnerie qui le transmue en fiction[4]. Mais ce qui n'est pas fiction, ce sont les devoirs et les satisfactions du propriétaire foncier sur les rives du Léman, c'est-à-dire du

4. Sur le mouvement fabulateur, on consultera utilement Geoffrey Murray, *Voltaire's Candide : the Protean Gardener, 1755-1762*. Studies on Voltaire and the Eighteenth Century, vol. LXIX, Genève, 1970.

Bosphore : telle est la sagesse, tard venue, la maxime générale qui, définitive pierre de touche, vient discriminer le vrai et le faux, l'illusoire et le solide. *Candide* est l'épilogue, l'épiphonème, la profession de foi figurée de la sagesse pratique découverte sur le tard. La transposition des déboires personnels en fiction tragi-comique fait partie de la sagesse elle-même, et laisse le champ libre à l'activité productive.

A travers ce qui advient à Candide, on voit s'opérer un déplacement d'autorité qui, d'épisode en épisode, entraîne tout le mouvement du récit. L'autorité s'affirmant, puis mise au défi, puis réaffirmée sous un autre aspect, puis à nouveau défiée, etc. : telle est, dans une formulation tout abstraite, la dynamique dominante du conte. Toute analyse doit nécessairement se référer au concept d'autorité, si elle veut saisir non seulement le style de *Candide*, mais aussi son enjeu.

Au début, dans l'univers clos de la petite baronnie westphalienne, l'autorité ne fait pas de doute pour le héros : c'est la personne du chef de maison, c'est la hiérarchie nobiliaire, c'est le système de Pangloss, affirmant que le monde a un sens et que l'homme en est le bénéficiaire. Au départ, la métaphysique panglossienne apparaît solidaire de l'état de fait : elle justifie, elle renforce l'autorité du maître. Mais, d'emblée, la malice du narrateur, qui en sait plus long, sape l'autorité alléguée. En sa qualité de bâtard, Candide est la preuve vivante des entorses que l'amour fait subir aux impératifs nobiliaires. Par sa naissance même, Candide atteste la fragilité de l'ordre conventionnel : le quartier de noblesse qui lui manque est une lacune originelle, un vide insinué au cœur de la règle imposée. D'emblée aussi, le narrateur dénonce l'artifice verbal grâce auquel le ménage campagnard du baron prétend au statut d'une véritable cour : une permutation nominale a changé en « meute » des « chiens de basse-cour », transformé des « palefreniers » en « piqueurs », un « vicaire du village » en « grand aumônier ».

De même, en affectant la science panglossienne du suffixe de *nigologie*, Voltaire la dévalue instantanément : il lui accroche le grelot de son mépris. Le discours du précepteur, qui prétend célébrer l'ordre compréhensible du monde, se déroule dans le pire désordre logique ; dans l'instant même où elle s'énonce, l'autorité intellectuelle est sabotée (pour qui sait lire). Mais Candide, lui, admire.

Le baiser derrière le paravent allégorise l'intrusion furtive du rival obstiné de l'autorité traditionnelle : le sentiment, le désir. Cunégonde est prête à renouveler, avec son cousin, la dérogation à laquelle celui-ci doit le jour. Brève éclipse de l'autorité : les coups de pied, les soufflets rétablissent promptement l'ordre : c'est aussi la première manifestation de la violence. Or sur ce plan-là, les petits potentats, les États minuscules ne sont pas assurés de conserver la haute main. Les titres de propriété nobiliaires, vestiges d'un ancien ordre militaire, ne *tiennent* pas contre les princes qui ont plus de troupes, et qui leur font faire tous les jours l'exercice. Au sein d'un monde régi par un même principe d'autorité politique — la souveraineté princière — le rapport quantitatif des forces joue un rôle décisif : ainsi se relativisent promptement la province, le château, le baron, que, dans sa naïveté et dans sa docilité aux leçons du précepteur, Candide tenait d'abord pour des absolus. Les faits — ruines et massacres — se chargent d'en apporter la preuve. Si rien de ce qui existe ne manque de *raison suffisante*, quiconque détient la meilleure armée peut se réclamer de la raison suffisante. Et le pouvoir change rapidement de mains. Quand commence le recours à la force, une « chaîne d'événements » prend naissance, dont on ne sait où elle s'arrêtera. Voltaire se plaît à livrer les violents à la violence, à faire périr les tyrans par une tyrannie adverse ou par une rébellion victorieuse. Le baron qui a chassé Candide disparaît dans les désastres de la guerre ; le Bulgare qui a violé Cunégonde est tué sur-le-champ par son capitaine ; les ravisseurs de la fille d'Urbain X sont massacrés par une faction rivale, le Grand Inquisiteur qui détient Cunégonde et qui a fait pendre Pangloss est tué par Candide; le Hollandais qui a volé Candide est envoyé par le fond, etc. Vicissitudes trop irrégulières, trop aveugles pour qu'elles aient le sens d'une justice immanente: la violence ne s'exerce pas seulement entre violents; des innocents périssent; des brutes restent impunies. Pis encore, des êtres sincères et bons, comme Candide, se trouvent entraînés malgré eux dans le cercle de la violence. Il n'est pas aisé de s'y retrouver: dans ce jeu de massacre, le pouvoir effectif n'est jamais détenu pour longtemps, et, à voir successivement tomber le baron, le Grand Inquisiteur, le Révérend Père Commandant, l'amiral anglais, le récit prend le sens d'une *destitution* générale, qui atteint non seulement les détenteurs de l'autorité civile et religieuse, mais l'autorité comme telle, c'est-à-dire ce qui fonde en légitimité l'exercice du pouvoir. Ni l'Église, ni même la monarchie ne restent indemnes: lorsque Candide est de passage à Paris, on vient d'attenter à la vie du roi, et on arrête tous les étrangers. Sauf en Eldorado, nul représentant du pouvoir suprême n'est hors du péril: le dîner des rois déchus, à Venise, avec son extraordinaire comique de répétition, met le comble à cette frénésie de lèse-majesté. Il y va, on le sent bien, non seulement des vanités de la grandeur, des caprices du destin, mais davantage encore de l'impuissance définitive où sont précipités ceux qui ont détenu ou espéré détenir l'autorité souveraine. Nul besoin d'être grand clerc en psychanalyse pour constater que, tout au long de *Candide*, Voltaire s'acharne à infliger à l'image du père, indéfiniment multipliée, une humiliation variée avec raffinement: quelle satisfaction, quelle revanche, quand on peut se moquer de « sa misérable Hautesse »! Il ne serait pas malaisé de déceler un même attentat, mais à l'autorité littéraire cette fois, dans le jugement de Pococurante sur les grands auteurs: cet irrespect a beau venir d'un dilettante fatigué: il a pour effet de *destituer*, de refuser l'hommage traditionnel, d'amputer — encore une mutilation! — les œuvres illustres, en discréditant leurs parties faibles.

Quand enfin le jeune Baron, dernier représentant de l'autorité interdictrice, est renvoyé aux galères, la place est nette. Il n'y a plus en Propontide ni Inquisiteurs, ni Pères sourcilleux. Les rescapés sont des étrangers: ils possèdent une « petite métairie »: le pouvoir politique est lointain; on le suppose respectueux de la propriété du sol, peu soucieux d'intervenir par son administration. Où est maintenant l'autorité? Se réduit-elle à cette non-intervention, à ce laissez-faire, dont bénéficient ceux qui n'approchent pas la cour de trop près? Candide et ses amis, au bout de leurs épreuves, ont-ils simplement trouvé le lieu où l'autorité ne les concerne plus, n'a plus sur eux droit de regard? Ou vont-ils, eux-mêmes, instituer une autorité nouvelle, différente de celles qu'ils ont subies, qu'ils ont mises à l'épreuve, et qu'ils ont trouvées tantôt dérisoires, tantôt tyranniques, et parfois tout ensemble tyranniques et dérisoires?

Reconsidérons le problème dans sa dimension philosophique. La question initialement posée est celle de l'harmonie du monde, de la finalité discernable en toutes choses. L'optimisme consiste non seulement à affirmer qu'une finalité est clairement lisible, mais que lire cette finalité est notre principal devoir. Le débat sur la théodicée présuppose que l'homme donne la primauté à la recherche de la connaissance contemplative, à l'effort vers la saisie du sens: il importe de comprendre le monde et de reconnaître son ordre. La réponse optimiste croit avoir atteint le but de la recherche. Il n'y a plus rien d'autre à *faire*. La question de la théodicée n'a d'intérêt que si l'homme, selon une injonction de provenance antique, trouve le bonheur dans la *theoria*, dans la saisie contemplative du sens. L'autorité, selon le postulat panglossien, réside alors dans la raison inhérente au monde lui-même et déployée à travers la série entière des événements. Une volonté, une intelligence, une puissance absolues (celles de Dieu, dont Pangloss ne parle guère, mais qui est toujours implicite dans ses arguments) ont choisi pour le Tout la plus haute perfection ; la tâche de l'homme n'est pas d'intervenir dans le cours des événements (Pangloss se contente de les interpréter) mais de déchiffrer, jusque dans les maux qui le frappent, le cheminement du sens en voie de réalisation. Le mal, avant même d'être combattu, doit être compris comme l'un des moyens transitoires dont un Créateur juste a besoin pour aller à ses fins : le bien général et, dans le futur, le bonheur universel. L'optimisme panglossien est enclin à oublier l'argumentation de Leibniz contre le « sophisme paresseux ».

Le procédé de la critique voltairienne consistera à retrancher, dans l'enchaînement des causes alléguées, tout ce qui n'est pas accessible à un regard *candide* : la source divine et la finalité harmonieuse. La méthode polémique de Voltaire dénonce comme chimérique toute velléité de remonter à une cause première et toute présomption de statuer sur les causes finales. C'est un vain bavardage que de prétendre assigner la place de chaque événement dans le plan divin : la perfection du tout n'est qu'une consolation trompeuse, obstinément sourde aux démentis, rebelle au « principe de réalité ».

L'histoire de Candide se développe en épisodes brefs où fonctionne une causalité *courte*, tout à l'opposé des interminables enchaînements invoqués par Pangloss. Selon un parti pris d'empirisme radical, qui ne veut rien conjecturer de ce qui échappe à la constatation, l'on ne considère ici que la cause prochaine et l'effet subséquent. Ainsi la raison suffisante se réduit à la seule causalité efficiente. Ce rétrécissement du champ causal, Voltaire l'exagère à dessein : sa stratégie est d'isoler l'événement, de le détacher du projet qui lui eût donné un sens, de le faire exister pour lui-même. L'absurde alors éclate aux yeux. L'exemple en est donné par le chapitre de la bataille. Quels sont les desseins politiques des rois abares et bulgares ? Voltaire, délibérément, n'en souffle mot : l'ellipse des causes lointaines et des buts de la guerre ne laisse subsister que le *fait* de la guerre : les gestes meurtriers, les armes, les cadavres. La guerre apparaît d'autant plus horrible que Voltaire la fait se dérouler littéralement *pour rien*. Il ne reste que la mécanique et l'arithmétique du combat: « Les canons renversèrent d'abord à peu près six mille hommes de chaque côté »... Il y a là, assurément, cause et effet: cause instrumentale, effet meurtrier: mais l'on en reste au spectacle des « membres palpitants », à quoi toute « raison profonde » fait défaut. L'on n'a assisté qu'à une seule journée de bataille. (Il n'en allait pas de même dans le *Poème de Fontenoy*, quand Voltaire s'était fait le chantre officiel du roi et de sa victoire ; la bataille était alors justifiée par un haut dessein politique: le roi vainqueur « va régler l'Europe, il va calmer l'Empire ».) Et ce qui révolte le plus Voltaire, c'est la façon dont les hommes excusent l'inconséquence et la brutalité de leurs actions, en les attribuant à une volonté providentielle qui veille sur le destin des hommes: la bataille (effet de causalité courte) est une sottise, mais les deux rois font dire des *Te Deum*, comme si l'événement trouvait place dans la causalité longue du plan divin. Quand la religion cautionne ainsi l'absurdité, la fureur de Voltaire ne se dissimule plus.

Afin d'accentuer l'effet critique produit par la fragmentation de la chaîne causale, Voltaire recourt, sporadiquement, aux vocables de la philosophie systématique. Il les introduit dans le récit pour les mettre à l'épreuve de la réalité limitée. Ainsi dépaysés, détachés de leurs connexions systématiques, et placés dans un contexte trivial, les concepts (« physique expérimentale », « effets et causes », « raison suffisante », « meilleur des mondes ») ne peuvent que dépérir: leur incongruité dans le nouveau contexte qui leur est donné entraîne leur disqualification globale. Ils sont désormais radicalement inadéquats, vides d'autorité. La chaîne infinie, la « grande chaîne des êtres et des événements » n'existe donc pas. Pour dire plus précisément: la chaîne se déploie en se ramifiant, et les branches interrompues, les rameaux stériles sont nombreux et imprévus. Tout n'est donc pas cause de tout. Qu'on se reporte au mot *Chaîne* dans le *Dictionnaire Philosophique*: Voltaire y expose parfaitement ses

causal chain

arguments. « Entendons-nous : tout effet a évidemment sa cause, à remonter de cause en cause dans l'abîme de l'éternité ; mais toute cause n'a pas son effet, à descendre jusqu'à la fin des siècles. Tous les événements sont produits les uns par les autres, je l'avoue ; si le passé est accouché du présent, le présent accouche du futur ; tout a des pères, mais tout n'a pas toujours des enfants. Il en est ici précisément comme d'un arbre généalogique : chaque maison remonte, comme on sait, à Adam ; mais dans la famille, il y a bien des gens qui sont morts sans laisser de postérité. » Le cul-de-sac causal, s'il oblige quantité d'événements à rester sans descendance, les prive de toute fonction médiatrice et nous interdit de les invoquer comme chaînons nécessaires d'un « bien à venir ».

Ce qui prévaut finalement, dans *Candide*, ce n'est pas l'enchaînement, mais le *défilé*, et ce qui défile, ce sont les misères et les ridicules qui se succèdent au gré du hasard : c'est la généalogie de la vérole, ou la liste des rois assassinés — séquences où rien ne progresse, et où le mal, tant moral que physique, ne fait que se répéter, dans un inlassable et stérile recommencement. Pangloss, qui voudrait justifier la providence, ne fait que rabâcher. L'une des dernières images du défilé est celle qui, dans l'ultime chapitre, fait voguer sous les yeux de Candide, en un va-et-vient incessant, les vaisseaux qui emmènent les « Effendis », « Bachas » et « Cadis » disgraciés, les têtes coupées, etc. Enchaînement dérisoire, circuit insensé où l'arbitraire tyrannique se répète indéfiniment : face à ce spectacle (« il y a horriblement de mal sur la terre ») le dernier représentant de l'autorité religieuse, le Derviche, refuse toute réponse ; il enjoint au Système, en la personne de Pangloss, de se taire... Le dernier *maître* extérieur abdique, ou du moins renonce à interpréter la volonté de Dieu. Dès lors, Dieu recule dans un lointain insondable, et l'homme est laissé à lui-même, seul, sans le réconfort de l'ordre universel, exposé aux « convulsions de l'inquiétude » ou à la « léthargie de l'ennui ». Le monde n'est plus gouverné par une Raison rectrice : on y voit s'exercer une

procession > goal

loi sans bienveillance qui détermine la régularité des effets naturels. Que reste-t-il ? Il reste à *connaître* cette loi impitoyable, non pour la célébrer avec résignation mais pour lui commander en lui obéissant, selon le conseil de Bacon. Les individus, dans leur espace restreint, dans leur étroit jardin, découvrent en eux-mêmes et au vu du résultat chiffrable de leur effort productif, l'autorité nouvelle qui occupera la place laissée vide par l'autorité ancienne. « La petite terre rapporta beaucoup. » Quand Martin s'exclame : « Travaillons sans raisonner », il formule l'injonction du nouvel ordre humain et il la lie étroitement au refus de l'activité raisonnante (si peu raisonnable) qui, auparavant, cherchait à construire de l'univers une image offerte à notre contemplation approbative. L'autorité n'est désormais rien d'extérieur à l'homme : elle se réduit à cet *il faut* qui donne la primauté absolue à l'activité laborieuse. Il n'y a plus d'ordre à contempler ; il y a un sol à travailler.

S'agit-il seulement de l'avènement symbolisé de la morale bourgeoise du travail et du rendement ? Les choses sont moins simples que ne le voudrait la sociologie littéraire courante. Dans l'impératif du travail, tel que Candide le formule, l'on reconnaît encore l'un des grands préceptes que les moralistes chrétiens avaient prêchés pour guérir l'ennui des reclus : l'activité manuelle est indispensable à celui qui ressent l'*acedia*, le *taedium vitae* : et tel est bien l'état psychologique des rescapés en terre turque : « Quand on ne disputait pas, l'ennui était si excessif »... Le travail, à la fin de *Candide*, est un remède psychologique.

Il se trouve qu'il répond en même temps à une nécessité économique. Voltaire s'est amusé à attribuer à Candide, successivement, l'extrême dénuement (au sortir du premier « paradis ») et l'extrême richesse (au sortir de l'Eldorado). Candide a perdu tous ses trésors, moitié par la friponnerie des hommes, moitié par sa propre générosité, pour avoir racheté d'esclavage presque tous ses compagnons. Le moment vient où s'épuise la réserve de la « boue jaune » et des cailloux ramassés sans effort. Il faut subsister.

Dans l'extrême dénuement, Candide avait constaté que tout n'est pas pour le mieux sur la terre ; au moment où il se trouve devenu richissime, il commence à poser une autre question : qui est heureux ? Comment être heureux ? Car l'argent, sans Cunégonde, ne fait pas le bonheur. Et Cunégonde, trop tard atteinte, ne fait pas non plus le bonheur. Le travail, en dernier ressort, masque l'absence de bonheur, lui substitue d'autres biens — sans doute moins précieux, mais sans lesquels le vide prévaudrait : « Cunégonde était à la vérité bien laide ; mais elle devint une excellente pâtissière. »

Ce serait, je crois, une manière plus précise encore d'observer le *transfert d'autorité*, que de remarquer comment, dans *Candide*, l'accent d'abord mis sur la question de l'*ordre* du monde se déplace finalement sur la question du *bonheur* de l'homme. Par le lien que Voltaire établit entre le bonheur et le travail, il esquisse déjà, en traits légers, la leçon que Goethe proposera dans le second *Faust*. Cet âge qui commence est insuffisamment défini si l'on recourt au concept courant de « bourgeoisie » : de fait, l'on voit poindre et s'affirmer le moment où l'homme, cessant d'être le spectateur admiratif d'une totalité qui l'englobe, se fait le producteur de *son* monde propre, monde partiel, ponctuel, provisoire.

Mais rien encore ne vient préfigurer la révolution industrielle et la domination technique de la nature. Ce que Voltaire dessine en miniature, c'est une société agraire, qui retire de la terre l'essentiel de son revenu, à quoi s'ajoute le modeste luxe de la broderie. Au reste, s'agit-il d'une *société* ? N'avons-nous pas là, plutôt, l'exemple du repli sur l'existence privée ? Le groupe, autour de Candide, ne forme ni un État, ni même une famille : pour le mieux, c'est une menue enclave, dans un monde abandonné au mal ; un refuge, un « asile » (comme on disait à l'époque), pour des estropiés que le hasard et les « infortunes » ont associés. Aucun des habitants de la métairie n'y est dans sa terre natale : une micro-patrie se reconstitue où il fait mieux vivre — et il fait mieux vivre où l'on ne relève directement ni du pouvoir religieux, ni du pouvoir politique. Il importe de remarquer que le groupe d'exilés est cosmopolite : aux Westphaliens (Candide, Cunégonde, Pangloss, Paquette) s'ajoutent des Italiens (la Vieille, frère Giroflée), un Hollandais ou tout comme (Martin) et le métis Cacambo. Peu s'en faut que ce ne soit là un symbole d'humanité totale, avec les *nuances* individuelles de couleurs et d'opinions que Voltaire tient pour précieuses et que, dans tous ses appels à la tolérance, il ne cessera de vouloir sauvegarder. Le groupe est marginal ; il est si restreint qu'il se trouve dispensé de poser les problèmes de l'organisation politique : aussi Voltaire refrène-t-il tout « utopisme » quand il évoque la productivité du travail. La petite société n'a rien d'un modèle. « La petite terre rapporta beaucoup. » C'est tout. C'est peu, penseront certains. Il n'en faut pas plus à Voltaire. (Rousseau, lui, offre plus de richesses sentimentales et sociales, dans l'image de Clarens.) Les variations sur le thème utopique, Voltaire les a réservées au royaume d'Eldorado, laissant peut-être entendre que la meilleure des organisations politiques n'est pensable que comme l'attribut d'un lieu qui n'existe pas. En Propontide, au terme de l'odyssée décevante, l'on est loin de toute perfection. C'est un bâtard, entouré d'une prostituée, d'un prêtre renégat, d'un pédant vérolé, d'une baronnette profanée et enlaidie, d'un valet métis — bref des êtres *impurs*, coupables, tarés ou tenus pour tels par la morale traditionnelle — qui prennent en charge leur destin, et qui, par ce qu'ils entreprennent, par ce qu'ils *font* de leurs mains, tentent en fin de course d'être moins malheureux. Il s'accommodent d'un pis-aller, qui n'annulera jamais l'usure de la vie. Une lecture politique de *Candide* ira jusqu'à demander si le territoire exigu de la métairie est mieux assuré de durer que ne l'était la minuscule baronnie — cet Éden de poche qui, au début du récit, était balayé par la violence : alors que les petites terres féodales ont été englouties dans le conflit des Etats-nations, que penser du sort d'un domaine privé dans un Etat despotique ? Le pis-aller a-t-il lui-même un avenir ? Peut-être Voltaire entend-il nous faire éprouver la fragilité, l'*excentricité* constitutive de tout ce qui offrirait l'apparence d'une stabilité retrouvée.

C'est là, sans doute, trop *raisonner* autour d'un texte qui déconseille l'excès du raisonnement. On peut gloser sur l'aspect parabolique de *Candide*. Mais ce livre n'est une parabole que dans sa trame générale, et dans quelques-unes des questions ou des sentences qui le ponctuent. Alentour foisonnent le caprice, et même la *folie*, non sans quelque secret rapport avec la leçon centrale. Comment interpréter, entre autres, les figures couplées, le ballet des comparses qui entrent et sortent *par deux* ? Le jeu des paires est indéfiniment répété : deux racoleurs, deux rois ennemis (l'Abare et le Bulgare), le Familier de l'Inquisition et son estafier, le Grand Inquisiteur et Don Issachar, Cunégonde et la Vieille, deux filles poursuivies par deux singes, Giroflée et Paquette, deux filles au service de Pococurante, le jeune Baron enchaîné aux côtés de Pangloss, les deux fils et les deux filles du « bon Vieillard », etc. Ce n'est encore là que l'inventaire sommaire de la dualité *simultanée* ; on pourrait la repérer, derechef, dans l'ordre successif : le prédicant protestant, puis le bon Jacques ; le royaume espagnol, puis le royaume jésuite ; l'expérience parisienne, puis l'expérience anglaise ; le derviche, puis le « bon Vieillard »... Les jeux de paires permettent à Voltaire de recourir tantôt aux effets cocasses de la *symétrie* (lorsqu'il s'agit de comparses), tantôt aux effets troublants de la *disparité* (lorsqu'il s'agit de personnages plus importants, et lorsque intervient la succession des épisodes). Et la disparité, le contraste, la différence, ainsi montés en figures couplées, font prévaloir l'image d'un monde irrégulier dans sa régularité (qu'on songe à Pangloss borgne, à la fesse coupée de la Vieille), livré à la loi géométrique mais aussitôt rebelle à cette loi : rien n'est assorti, rien ne réalise *l'arrangement* harmonieux dont parlent les métaphysiciens et les théologiens. Pour le dire, Voltaire doit se livrer à l'excès, au délire : le Grand Inquisiteur, qui livre les marranes au feu, partage sa maîtresse avec un Juif ; les prêtres, sévères jusqu'à faire pendre ou brûler, paillardent avec filles ou garçons ; pas une femme qui ne soit catin de gré ou de force. Non, *Candide* n'est pas, même de loin, une *représentation* du monde. Les éléments de « réalité » qu'il contient sont portés à une dimension caricaturale excluant toute commune mesure. Mais ici intervient à nouveau le *principe de disparité: Candide* porte sens par la paire qu'il forme avec le monde — paire délibérément asymétrique, où l'image fictive, sommaire et folle, oblige à mieux apercevoir le mauvais sérieux, la rigidité, la pesanteur méchante, l'intolérance dogmatique que les hommes acceptent comme l'ordre obligé de leur existence.

C as satire of optimism needs the world it denounces

II. L'INGÉNU SUR LA PLAGE

(A la mémoire de Leo Spitzer.)

Le Huron a couru chez celle qu'il aime. Il a tenté ingénument d'épouser, dans l'acception physique du terme, « la belle Saint-Yves ». Satisfaction que les institutions du monde civilisé n'accordent pas si aisément: bien qu'éprise de l'Ingénu, Mlle de Saint-Yves s'est « débattue avec toute l'honnêteté d'une personne qui a de l'éducation ». Autre obstacle: elle a été la marraine du Huron, lors de son récent baptême. Or « il est défendu d'épouser sa marraine », à moins d'une « dispense de notre Saint Père le Pape ». Pour mettre « la belle Saint-Yves » à l'abri des entreprises du Huron, son frère aîné, « qui était aussi son tuteur », l'a fait enfermer dans un couvent. L'Ingénu est au désespoir.

L'Ingénu plongé dans une sombre et profonde mélancolie se promena vers le bord de la mer, son fusil à deux coups sur l'épaule, son grand coutelas au côté, tirant de temps en temps sur quelques oiseaux, et souvent tenté de tirer sur lui-même ; mais il aimait encore la vie à cause de Mlle de Saint-Yves. Tantôt il maudissait son

oncle, sa tante, et toute la basse Bretagne et son baptême. Tantôt il
les bénissait, puisqu'ils lui avaient fait connaître celle qu'il aimait. Il
prenait sa résolution d'aller brûler le couvent, et il s'arrêtait tout
court de peur de brûler sa maîtresse. Les flots de la Manche ne sont
pas plus agités par les vents d'Est et d'Ouest que son cœur l'était par
tant de mouvements contraires.

Il marchait à grands pas sans savoir où, lorsqu'il entendit le son
du tambour. Il vit de loin tout un peuple dont une moitié courait au
rivage, et l'autre s'enfuyait.

Mille cris s'élèvent de tous côtés ; la curiosité et le courage le
précipitent à l'instant vers l'endroit d'où partaient ces clameurs ; il y
vole en quatre bonds. Le Commandant de la milice qui avait soupé
avec lui chez le Prieur, le reconnut aussitôt ; il court à lui les bras
ouverts : Ah ! c'est l'Ingénu, il combattra pour nous. Et les milices
qui mouraient de peur se rassurèrent, et crièrent aussi : C'est
l'Ingénu, c'est l'Ingénu.

Ces trois paragraphes, qui ouvrent le chapitre VII, présentent
des caractères stylistiques si nets, un tracé si typique, une forme
si chargée de signification, qu'il ne sera pas inutile d'y prêter la
plus grande attention : *L'Ingénu* est le dernier récit de Voltaire,
et nous pouvons nous attendre à y trouver la quintessence de
son esprit, — l'état final de sa philosophie.

La première phrase est coupée asymétriquement. La première partie se développe par poussées successives, d'ampleur
croissante, comme si elle mimait le mouvement de la promenade évoquée. La seconde partie est d'une étonnante simplicité :
point de subdivision interne, si ce n'est la légère pause « respi-
ratoire » (sans signe de ponctuation), après le mot *vie*. On
remarquera, de plus, dans cette seconde partie, que l'énoncé de
la cause *(Mademoiselle de Saint-Yves)* vient après l'énoncé de
l'effet *(il aimait la vie)*. Nous verrons plus tard, sur des
exemples plus manifestes, la portée qu'il faut attribuer à cette
interversion de la cause et de l'effet.

L'asymétrie que nous venons de souligner dans la morpholo-
gie de la phrase correspond à une différence de contenu. Dans la
multiplicité de ses éléments, la première partie est orientée vers
la mort, par une gradation qui part du sentiment confus, puis

passe par l'évocation de deux armes meurtrières très exactement spécifiées, pour culminer dans la tentation du suicide et
dans la mention fort précise du geste qui pourrait accomplir ce
dessein. La seconde partie, dans sa brièveté, réprime le sombre
dessein et affirme l'attachement à la vie. L'importance de
Mlle de Saint-Yves est si grande pour l'Ingénu, que sa simple
idée suffit à annuler ou du moins à compenser provisoirement
le désir de mourir. Dans l'asymétrie que nous avons soulignée,
un équilibre trouve le moyen de se rétablir ; à partir du *mais*, le
bref énoncé fait contrepoids. Sa concision révèle l'intensité de
l'énergie passionnelle associée au souvenir de Mlle de Saint-
Yves. L'oreille découvre, dans la syllabe *Yves*, l'image en
miroir de la syllabe *vie*. Ce sont des synonymes secrets qui se
confortent l'un l'autre. Le rapport asymétrique des deux parties
de la phrase est donc le moyen stylistique à travers lequel
Voltaire nous apprend que la belle prisonnière est tour à tour le
prétexte d'une *série* de mouvements désespérés, et l'*unique*
raison pour l'Ingénu de rester attaché à la vie. La coupe est des
plus nettes, le revirement se fait brusquement, trop brusquement pour qu'il n'ait pas à nos yeux un aspect mécanique. La
phrase a basculé de façon soudaine ; elle a joué prestement avec
l'antithèse de la mort et de la vie. Quand nous lirons le début de
la phrase suivante, nous retomberons dans la mélancolie initiale : *Tantôt il maudissait...* Puis vient la bénédiction. Nous
sommes emportés dans un va-et-vient qui n'a aucune raison de
s'arrêter.

Revenons à la partie initiale de la première phrase. Elle se
subdivise en éléments distincts. Nous y apercevons des re-
doublements de diverses sortes : vocables couplés au même
niveau syntaxique, répétitions de termes, structures syntaxiques parallèles ; dans sa portée sémantique, le redoublement
exprime successivement l'identité, la différence, la contradiction : la fonction de contraste va croissant.

Nous sommes d'abord en présence du doublement redon-
dant, quasi pléonastique, de l'épithète antéposée (*sombre et*

profonde mélancolie) : les qualificatifs couplés sont une formule reçue. Puis dans des segments dont les dimensions diffèrent à peine (9 et 8 syllabes), Voltaire évoque symétriquement les deux armes dont le Huron est équipé : le *fusil à deux coups* et le *grand coutelas.* Suivent deux segments de 11 syllabes chacun, où le même verbe (tirer) se retrouve dans deux emplois différents, l'un se rapportant à l'action *(tirant)*, l'autre à l'intention *(tenté de tirer)* ; chacun de ces verbes est escorté d'un adverbe ou d'une locution adverbiale, l'une postposée *(de temps en temps)*, l'autre antéposé *(souvent)* ; les compléments du verbe sont placés symétriquement en fin de proposition *(sur quelques oiseaux... sur lui-même).*

Si les épithètes accouplées n'établissent entre elles aucun heurt sémantique, il n'en va pas de même des noms d'armes. Le fusil à deux coups est l'arme de l'homme « civilisé » ; le coutelas est celle du « sauvage ». Les noms de ces deux objets, placés au même niveau grammatical, n'établissent de contraste que par la vertu des connotations. La réunion du fusil et du coutelas sur la personne de l'Ingénu est le symbole de sa double appartenance : il est issu d'un couple de parents bas-bretons, mais élevé parmi les sauvages ; il est un Huron, mais ayant reçu le baptême. Toutefois, le fusil et le coutelas sont deux espèces d'un genre commun : arme meurtrière. Si les civilisés se font la guerre, les sauvages ont aussi leur férocité belliqueuse : seuls les moyens techniques diffèrent. Voltaire, on le sait, ne croit pas que le sauvage soit un être pacifique ; il se moque de Rousseau, qui voit dans l'état de guerre une conséquence de la vie en société. Les deux armes différentes, nommées dans des segments syntaxiques de fonction équivalente, nous font éprouver le comique de la paire qui ne fait pas la paire, de la disparité dissimulée derrière ce qui semble n'être qu'innocente répétition. Mais elles nous font aussi pressentir l'identité de la nature humaine — de la violence essentielle de l'homme — derrière ses expressions culturelles variables... Dans les deux propositions participiales qui se développent ensuite *(tirant de temps en temps... et souvent tenté de tirer...)* l'égalité métrique, l'apparente équivalence, marquée par la répétition du verbe *tirer*, sont aussitôt ruinées par l'opposition de l'acte extériorisé *(tirant)* et de l'intention demeurée intérieure *(tenté de...)* ; l'opposition est marquée davantage encore par la différence qualitative radicale affectant les compléments placés symétriquement en fin de proposition *(sur quelques oiseaux... sur lui-même)* ; Voltaire maintient le plus longtemps possible l'identité des vocables et des fonctions grammaticales, pour mieux mettre en évidence, à l'instant final, l'absence de commune mesure entre les cibles réelles *(quelques oiseaux)* et le sujet tenté de se prendre lui-même pour cible. L'orientation du coup de feu se renverse diamétralement et, par la modification du complément, le verbe *tirer* pivote, pour ainsi dire, de cent quatre-vingts degrés... Ainsi, dans la première partie de la phrase, Voltaire a multiplié les structures couplées, en leur conférant un coefficient d'antinomie variable et progressivement croissant. Or après le renversement suicidaire de la direction possible du tir, nous assistons à un nouveau renversement : c'est le revirement vers l'amour de la vie, revirement qui nous semble plus vif et plus brusque, puisqu'il part du point extrême où le désespoir a entraîné l'Ingénu. Cette fois, l'antinomie du sens n'est plus insinuée dans la symétrie trompeuse des expressions ; elle se veut *manifeste*, elle engendre le contraste morphologique, la proposition unique et brève qui contrebalance tout le déploiement qui la précédait. L'*asymétrie* vient, pour ainsi dire, expliciter la contradiction qui jusqu'alors s'était inscrite dans la *fausse symétrie*. Du même coup, Voltaire satisfait à l'exigence esthétique de la variété : après tant de régularité formelle, il fallait un segment de dimension franchement différente, qui entraînât la phrase entière dans une dissymétrie définitive. On ne s'étonne pas que Voltaire obéisse presque d'instinct à l'une des « lois » qui caractérisent le style rococo. Notre amusement tient à ce que l'équilibre se rétablit, pour un court instant, sous les apparences du déséquilibre.

Rien donc de plus certain: la dualité règne sous toutes les formes où elle peut se manifester, dans toutes les combinaisons auxquelles se prêtent les différents niveaux du langage (forme, sens, etc.). Nous ne nous livrerons pas ici à une classification systématique des moyens mis en œuvre par Voltaire. Qu'il nous suffise de souligner que la dualité ne se limite pas aux jeux couplés de l'égalité ou de l'inégalité morphologiques, ni aux binômes sémantiques associés selon des degrés de contraste variables (allant du pléonasme à l'antithèse). Nous pouvons également parler de dualité lorsque s'opposent si nettement l'implicite et l'explicite, la litote et l'hyperbole. Elle règne encore dans l'opposition du dedans (mélancolie) et du dehors (bord de la mer, accoutrement, oiseaux); du paysage « en gros » (bord de la mer) et du menu détail (fusil, coutelas); de l'acte (tirant) et de l'intention (tenté de tirer); du pluriel indéterminé (quelques oiseaux) et du singulier déterminé (lui-même).

Un texte aussi nettement construit s'offrirait sans difficulté à une mise en diagramme, qui conférerait une claire structure spatiale, sur la page d'analyse structurale, à ce qui se laisse percevoir au fil de la lecture. (La tentation du tableau noir est fort séduisante: mais ce n'est qu'un subterfuge récapitulatif.)

Quelles seront les conséquences du recours à la dualité? On le sait bien, des propositions parallèles, symétriques dans leur disposition, mais opposées dans leur signification, sont d'un sûr effet comique, surtout si certains vocables sont repris en écho dans des acceptions différentes. Pourtant des expressions comme *plongé dans une sombre et profonde mélancolie, tenté de tirer sur lui-même* sont indéniablement pathétiques. Isolées, elles ne feraient sourire personne (du moins parmi les lecteurs du XVIIIe siècle; *sombre et profonde mélancolie* a pris plus tard valeur de cliché; mais sommes-nous sûrs que Voltaire veuille nous égayer par la redondance des épithètes?). Une fois mises « en parallèle », introduites dans des systèmes couplés, ces propositions amuseront: leur signification pathétique n'est pas abolie, mais elle est comme confisquée par la signification comique résultant du redoublement. Plus exactement: le pathos est refroidi par la disparité qui s'exprime dans le jumelage incongru. Ainsi s'établit un battement entre le pathétique de certains éléments, et la plaisanterie qui les enveloppe et les allège. C'est le résultat du rythme que Voltaire imprime à la narration, de l'allure si contrastée où se complaît l'*esprit* du conteur. Le tragique momentané de certaines propositions est indéniable, mais cet élan de sensibilité, limité à un bref instant, est aussitôt repris et volatilisé dans la libre ironie d'une composition qui joue avec toutes les ressources des *systèmes binaires*. Ce que les témoins nous apprennent de l'extraordinaire mobilité psychique de Voltaire à l'époque où il écrit *L'Ingénu* — oscillant de l'attendrissement larmoyant à l'indignation, de l'indignation au sarcasme — est de nature à confirmer ce battement perpétuel entre les brefs accès de sensibilité et les saillies de l'ironie.

Ce battement, plus généralement, nous fait osciller entre notre intérêt pour les mésaventures du héros et notre attention pour les tours de l'écrivain. Le narrateur ne se fait jamais oublier au profit de son personnage. Voltaire impose partout sa présence; nous sommes en sa compagnie bien plus qu'avec le Huron. Le récit a beau concerner l'Ingénu et la belle Saint-Yves: la mécanique si bien réglée de l'écriture nous renvoie au dieu horloger qui l'a agencée. Car c'est la vigilante ingéniosité de l'écrivain qui distribue les contrastes sémantiques dans des positions grammaticales ou syntaxiques parallèles. Le narrateur ne cherche pas à faire illusion: ces alternances comiques sont un jeu de sa plume, et non des mouvements qui appartiendraient à la conscience de son improbable héros. Le schématisme des contrastes marque bien l'indifférence de Voltaire pour la vraisemblance psychologique. Un exemple, emprunté toujours à la première phrase, le prouve d'emblée: « Mais il aimait encore la vie *à cause de* Mlle de Saint-Yves. » Est-ce là une explication que se donne le héros? Est-ce plutôt une explication que nous souffle Voltaire? Nous hésitons, et cette hésitation est significative. Si l'amour de la vie peut être sans doute attribué à la conscience du Huron, l'énoncé si succinct de la cause nous rapproche de Voltaire (omniscient comme il est omniprésent) plus que de son héros. Ce n'est plus le Huron qui pâtit, c'est Voltaire qui commente. La dualité se déploie donc ici comme le jeu de l'écrivain et de son personnage, entre le plan du récit (où nous faisons attention à la destinée du héros) et le plan de l'écriture (où nous admirons la dextérité de l'écrivain). Cette dualité domine le conte tout entier : c'est en fait l'une des lois du conte philosophique.

La suite du texte ne fera que confirmer ce que nous avons relevé dans la première phrase. La dualité est reprise sur le mode temporel de l'alternance, du parallélisme morphologique *(tantôt il maudissait... tantôt il bénissait)*, de l'antithèse parfaite exprimée par des antonymes *(maudissait... bénissait)*. Ces deux phrases de signification opposée sont de longueur sensiblement égale (23 et 21 syllabes). Nous retrouverons ensuite la dualité à l'intérieur d'une phrase unique, coupée par la virgule en deux parties parfaitement égales de quinze syllabes chacune *(il prenait sa résolution d'aller brûler le couvent — et il s'arrêtait tout court de peur de brûler sa maîtresse)*. Apparemment, les deux temps ne sont plus alternatifs, mais successifs : l'emploi de l'imparfait indique toutefois une répétition indéfinie des deux temps successifs, et transforme sourdement la succession en alternance. Nous constatons à nouveau l'opposition entre la pensée (il prenait sa *résolution...*) et l'acte (il *s'arrêtait*), entre l'hostilité des *choses* (le *couvent* est une prison) et la seule *personne* qui compte (sa *maîtresse*, prisonnière du couvent). La répétition du verbe brûler fait mieux éclater la nature contradictoire de l'acte héroïque et de ses effets désastreux *(brûler le couvent... brûler sa maîtresse)*, c'est-à-dire la discordance du moyen imaginé et du résultat catastrophique. Nous avons un exemple parfait d'inégalité dans la symétrie, inégalité dont toute l'inconséquence nous apparaît seulement à la fin de la phrase. Voltaire a l'adresse d'utiliser la conjonction *et* dans sa valeur d'opposition : l'effet ironique est préparé par cet effet de sourdine. Certes, l'emploi adversatif de la conjonction *et* n'a rien d'exceptionnel : Voltaire emploie à bon escient une ressource qui lui permet d'accentuer la disparité de la résolution et de son résultat, du couvent brûlé et de la maîtresse périssant dans l'incendie.

L'alinéa s'achève dans les deux temps d'une comparaison entre le *cœur* de l'Ingénu et *les flots de la Manche* : comparaison qui ménage entre les deux termes une légère inégalité d'ordre quantitatif ; en recourant à *pas plus que*, Voltaire laisse entendre que l'agitation du cœur pourrait l'emporter en intensité sur l'agitation des flots. Nous retrouvons, développés en une *figure*, et inversés selon un dispositif chiasmatique conforme à la dynamique des *mouvements contraires*, les deux temps de la proposition initiale de l'alinéa :

A	*L'Ingénu plongé dans une sombre et profonde mélancolie*	*se promena vers le bord de la mer*	B
B'	*Les flots de la Manche ne sont pas plus agités par les vents d'Est et d'Ouest*	*que son cœur l'était par tant de mouvements contraires*	A'

L'ordre de succession des termes psychologiques et géographiques a été interverti, si bien que l'alinéa commence et s'achève par l'évocation des sentiments et des mouvements affectifs alternants de l'Ingénu. Dans la dernière phrase, la principale et la subordonnée ont un verbe commun au passif *(être agité)* qui attribue une seule et même passion à l'univers physique et au cœur du héros. A peine est-il nécessaire de souligner l'impression comique qui résulte de la projection dans l'ordre psychologique de l'opposition géométrique et abstraite des points cardinaux *(Est et Ouest)*. S'il arrive fréquemment, dans la tradition classique, que les poètes comparent les conflits intérieurs aux violences de la nature, Voltaire applique à la métaphore une schématisation de cartographe : il évoque l'espace mesurable, non l'impression vivante d'une mer tumultueuse.

Un nouveau fait nous frappera si nous relisons encore le premier paragraphe: les termes placés en fin de phrase. L'expression finale *(mouvements contraires)* reprend et explicite dans une image d'ordre dynamique la dualité que nous avons vue régner à différents niveaux. Quant aux quatre phrases précédentes, elles se terminent toutes soit par le nom de Mlle de Saint-Yves, soit par une allusion assez directe à sa personne.

1re phrase: ... *Mlle de Saint-Yves.*
2e phrase: ... *son baptême.* (Mlle de Saint-Yves ayant été la marraine du Huron, elle ne peut désormais être son épouse.)
3e phrase: ... *celle qu'il aimait.*
4e phrase: ... *sa maîtresse.*

Jetons un coup d'œil sur les derniers mots de ce chapitre. Nous trouvons: ... *et se recommandant à sa maîtresse.*

On le voit, par une répétition insistante, qui a quelque chose d'une mécanique, Voltaire associe une *idée obsédante* au système de la dualité. Idée unique, idée fixe liée au désir frustré, elle traverse tout ce paragraphe. La dualité passionnelle est le résultat d'une situation de contrainte absurde, où le désir a dû renoncer à s'assouvir, en raison de la malice des hommes et des règles religieuses. Le désir a d'abord été un élan *simple* de la nature: la division intérieure n'est survenue pour le Huron qu'après la rencontre des obstacles sociaux. Il est vrai que cette division n'est que l'intériorisation d'un fait qui est la donnée primitive du roman: la présence sur le sol *français* d'un homme (d'origine bretonne!) élevé dans les coutumes des *Hurons*. Tout le roman est bâti sur le contraste d'un individu *isolé* et d'une *collectivité*, étrangers l'un à l'autre: l'inadéquation devient source de conflit pour le héros, mais aussi, au regard du narrateur, source de réflexion sur l'homme en général, sur le sauvage, et sur les abus de la société actuelle.

Le rythme binaire, le mouvement à deux temps ne se limitent pas à la seule évocation des fluctuations psychologiques du

dualité en Dieu

Huron. La suite du texte nous montrera que les dichotomies et les oppositions, qui auraient d'abord pu nous apparaître comme la formalisation schématique des sentiments contrastés du héros, correspondent en fait à la vision du monde que Voltaire veut inspirer.

Il marchait à grands pas sans savoir où, lorsqu'il entendit le son du tambour. L'action rebondit sur une phrase divisée en deux parties égales de dix syllabes chacune, et où la symétrie est accentuée encore par la rime assonancée... *où, -our.* Sur le *même* rivage, une *autre* action va se dérouler : celle-ci ne concerne plus l'*individu*, mais *tout un peuple.* Ce peuple est en mouvement, et, parce que la libre ironie de l'écrivain l'a ainsi décrété, la masse humaine se divise en *deux moitiés* égales, se dirigeant chacune dans un sens diamétralement opposé. Dans cette nouvelle action, nous retrouvons l'exacte répétition des *mouvements contraires* évoqués précédemment : c'est le même schéma dynamique, déplacé dans un autre registre, — un écho ou un reflet *formel,* dont le *contenu* toutefois aurait changé.

L'exigence du développement rapide de la narration oblige Voltaire à abandonner les phrases en binôme. Il va juxtaposer, dans la discontinuité, des moments ponctuels prélevés dans le cours de l'événement. Les intervalles sont allégrement franchis : *Mille cris s'élèvent de tous côtés...* Mais déjà l'Ingénu se trouve sur les lieux : *il y vole en quatre bonds.* Déjà l'Ingénu appartient à d'autres pouvoirs que ceux de la mélancolie ; ces pouvoirs sont évoqués par un couple de noms abstraits : *la curiosité et le courage.* Voltaire n'a cure de marquer les transitions affectives... N'allons pas jusqu'à présumer que dans la double hyperbole : 1° *voler,* 2° *en quatre bonds,* Voltaire ait choisi le nombre quatre parce que c'est deux à la puissance deux. Il suffira de souligner la répétition de l'exclamation : *Ah! c'est l'Ingénu :* les milices, moutonnières, font écho à leur commandant et se font écho à elles-mêmes. Ce refrain accompagne le renversement subit et complet du moral des milices : celles-ci passent en effet, sans transition, d'un sentiment à son contraire, de la peur à l'assurance. Voltaire exprime ce renversement dans une succession vertigineuse de verbes *(... qui mouraient de peur se rassurèrent, et crièrent...).* Le principe de *l'équilibre rétabli par un contrepoids inattendu* (principe de l'équivalence dans la dissymétrie) n'est pas oublié non plus. De même que la seule image de Mlle de Saint-Yves contrebalançait la multitude des mouvements mélancoliques de l'Ingénu, la seule présence du jeune sauvage suffit à arrêter la fuite de la moitié de ce peuple et à rendre le courage, incompréhensiblement, à l'ensemble de la milice. C'est l'*étranger* qui sauvera la *patrie*. Ce seront les gouvernants de la patrie (les hommes du *Château*!) qui persécuteront le courageux Huron.

Voici le moment venu de considérer plus attentivement une autre dichotomie: c'est la coupure que Voltaire fait intervenir entre l'énoncé de la cause et celui des effets. L'un des moyens constants de Voltaire pour mettre en évidence le ridicule et l'absurdité des choses humaines consiste à donner la priorité à l'évocation de l'effet (particulier, bizarre, parfois infime, et surtout dénué de justification): livré à la perception de façon inexpliquée, l'effet est un phénomène brut, dérisoire et vain, comme l'est ici l'agitation d'une foule. La cause du tumulte nous sera donnée après coup. « *Ne voyez-vous pas les Anglais qui abordent.* » Mais, par l'antécédence de l'effet ridicule, la cause, dernière nommée, se trouve éclaboussée par l'absurdité de ce que nous venons d'apercevoir. Comme Sartre l'a remarquablement souligné (dans son étude sur *L'Étranger* de Camus), l'humour dans le conte philosophique travaille à la décomposition d'une situation globale en une série d'actes ou d'états « discrets », séparés dans le temps. Le sens de l'événement total est comme « atomisé » en une série de petits faits concrets, parfaitement grotesques lorsqu'ils sont pris un à un. Étonnante efficacité de l'asyndète! Nous ne voyons plus qu'une poussière d'instants qu'aucun vecteur de signification, qu'aucune cohérence rationnelle ne semble entraîner ni associer: chaque instant s'isole comme un petit monde clos. Nous sommes en présence d'une absurdité grenue. Certes, les effets deviennent intelligibles à partir de l'énoncé tardif de leur cause. Tout s'élucide, mais c'est là une intelligibilité rétroactive, qui ne compense pas le rôle destructeur dévolu à la dissociation de la séquence logique. Constatons que, dans notre texte, cette dissociation met en évidence une *pluralité* de conséquences, tandis que la cause (les Anglais abordent) demeure relativement *simple*. La discontinuité des instants clos est donc l'expression d'une opposition du simple et du multiple, doublée d'une interversion de la séquence logique. Voltaire est coutumier de ce chassé-croisé de la cause et des conséquences. Il cherche à inspirer le sentiment d'une disproportion, d'une dissonance entre des événements qui, bien que dépendants et laissant apercevoir en dernière extrémité leur lien causal, attestent l'incohérence du monde comme il va. Ajoutons que Voltaire se donne toute liberté dans la façon dont il représente la relation cause-effet. Si le contraste de la cause et de l'effet est par lui-même assez considérable, il renoncera à inverser la séquence logique. L'opposition du simple et du multiple peut aussi se déplacer : au lieu d'une poussière d'effets dus à une cause unique, Voltaire nous suggérera qu'un effet considérable peut résulter du concours d'une multitude de circonstances légères ; ou que la cause immédiate est elle-même la conséquence grotesque d'une cause ancestrale.

Revenons à l'interversion de la cause et des effets dans le récit du débarquement des Anglais. Si le procédé narratif renverse l'ordre intelligible des événements, il respecte en revanche la chronologie de leur succession apparente. L'Ingénu, en l'occurrence, perçoit avant de comprendre. Il entend le son du tambour, il voit tout un peuple agité de « mouvements contraires », il s'en approche. Voltaire feint, à chaque instant, de n'en pas savoir davantage que son promeneur solitaire. Il n'y a rien là qui ne soit en accord avec la théorie sensualiste : la perception précède l'aperception, qui précède elle-même la

réflexion et la compréhension. Voltaire schématise l'expérience
« naturelle » de son héros. S'il inverse la séquence logique, c'est
en faveur de la séquence empirique et de l'ordre suivi selon les
étapes de l'expérience sensible. Mais l'ironie de Voltaire
s'amuse à distendre l'espace séparant le moment de la perception et celui de la compréhension. Les événements, qui vont si
bon train sur la plage, se multiplient pour retarder la révélation
de leur cause. Non seulement la « raison des effets » est
annoncée après coup, mais l'Ingénu doit se la faire expliquer *en
deux fois*. I: *Ne voyez-vous pas les Anglais qui abordent?* L'Ingénu
qui n'a pas appris à considérer les Anglais comme des ennemis
n'y voit rien d'alarmant et répond: *Ce sont de braves gens...* Il
faudra donc qu'en un deuxième temps le Commandant explicite la signification du débarquement. II: *Le Commandant lui fit
entendre que les Anglais venaient piller l'Abbaye de la Montagne,
boire le vin de son oncle, et peut-être enlever Mlle de Saint-Yves...* La
cause, on le voit, a besoin d'être éclairée par une multiplicité
d'effets *concrets* à brève échéance. L'événement est expliqué par
des motifs ponctuels, mais dans les limites où l'Ingénu pourrait
y perdre ce qu'il chérit. Il répond en invoquant un principe
abstrait: *Ah! si cela est, ils violent la loi naturelle ; laissez-moi faire ;
j'ai demeuré longtemps parmi eux, je sais leur langue, je leur parlerai.*
S'il a fallu deux explications pour rendre intelligible l'intention
des assaillants, l'Ingénu va réagir de deux façons successives,
témoignant la *même* bravoure dans deux actions radicalement
opposées: la parole, la violence... Le jeune sauvage, qui a pris à
la lettre les principes de la philosophie du droit, croit pouvoir
alléguer ces principes en allant *parler* à ceux qui les lui ont
appris. Il est assez naïf pour supposer que les Anglais se
conduisent conformément aux théories que professent leurs
livres. Mais il y a loin des principes aux actes. Quand il monte
sur le vaisseau amiral pour dissuader les agresseurs, on lui rit au
nez, on le tient pour un fou inoffensif: *L'amiral et tout son bord
firent de grands éclats de rire, lui firent boire du punch et le ren-
voyèrent.* Nouveau renversement des attitudes: le sauvage, bon

élève, croit aux pouvoirs de la parole ; les Anglais, professeurs de morale politique, font la guerre sans la déclarer. Il ne reste plus au Huron qu'à rejoindre les milices bretonnes, et, dans un second temps, à repousser victorieusement les Anglais. La loi des deux temps (ou, si l'on préfère l'image que Voltaire lui-même a proposée : la loi du fusil à deux coups) trouve sa pleine application : la parole échoue, la violence réussit.

Cette loi nous sera encore plus évidente si nous considérons le chapitre septième de *L'Ingénu* dans sa totalité. Entre un prélude *désespéré* (la promenade solitaire sur la plage) et une conclusion *remplie d'espoir* (le projet de voyage à Versailles, l'idée chimérique d'une récompense et d'une entrevue avec le roi), le chapitre raconte deux actions. La première est triomphale : c'est le combat contre les Anglais. La seconde, malgré son apparente facilité, est un piteux échec : c'est la tentative de délivrer Mlle de Saint-Yves :

> Le Bailli qui s'était caché dans sa cave pendant le combat, vint lui faire son compliment comme les autres. Mais il fut bien surpris quand il entendit Hercule l'Ingénu dire à une douzaine de jeunes gens de bonne volonté dont il était entouré, Mes amis, ce n'est rien d'avoir délivré l'Abbaye de la Montagne, il faut délivrer une fille. Toute cette bouillante jeunesse prit feu à ces seules paroles. On le suivait déjà en foule, on courait au Couvent. Si le Bailli n'avait pas sur-le-champ averti le Commandant, si on n'avait pas couru après la troupe joyeuse, c'en était fait.

Parler aux Anglais n'avait été d'aucune utilité pour l'Ingénu ; réduit à repousser la violence par la violence, il avait aisément pris le dessus. Maintenant, en revanche, la parole d'un lâche, mais qui a rang de bailli, est d'une efficacité extraordinaire. Le mot du bailli au commandant suffit à arrêter toute l'équipée : dans les deux temps si nettement marqués, la différence est complète. Non seulement l'épisode de la délivrance manquée est beaucoup plus bref, mais l'on découvre que la victoire sur le champ de bataille comporte infiniment moins de difficulté que la tentative d'arracher du couvent une victime des préjugés sociaux et religieux.

La structure si particulière qui caractérisait le style des premières phrases se retrouve donc au niveau de la composition du chapitre. Elle reparaît au chapitre suivant (VIII) : l'Ingénu, en route pour Versailles, s'arrête à Saumur dans une auberge. Il s'entretient librement, naïvement, avec des huguenots qui abandonnent la France (premier temps, cinq alinéas) ; *mais* il y a dans l'assemblée un jésuite espion qui enverra une lettre de dénonciation à Versailles (deuxième temps, un seul alinéa, le plus court de tous). C'est l'événement relaté au second temps qui pèsera le plus lourd : *L'Ingénu et la lettre arrivèrent en même temps à Versailles.* Double voyage, trajet parallèle d'un héros naïf et d'un méchant morceau de papier : cette dualité commandera la composition du chapitre suivant (IX). Son titre ironique se subdivise en deux phrases : *Arrivée de l'Ingénu à Versailles. Sa réception à la Cour.* Son contenu présente deux parties presque égales (quatre et cinq alinéas). La première partie retrace les démarches infructueuses de l'Ingénu, qui n'est reçu ni par le roi, ni par M. de Louvois, ni par le premier Commis, mais par le commis du premier Commis ; la seconde partie relate les effets, rapides et décisifs, de la lettre reçue par le confesseur du roi. L'on apprend, chemin faisant, que ce n'est pas une, mais *deux* lettres qui sont arrivées simultanément à Versailles : le bailli a écrit de son côté pour nuire à l'Ingénu. La double dénonciation conduit l'Ingénu à la Bastille.

Il faut s'y attendre : la Bastille réserve à l'Ingénu l'occasion d'un dialogue asymétrique. Il a dans sa cellule un compagnon d'infortune : le janséniste Gordon. L'homme de la nature partage la captivité d'un théologien qui réprouve la nature et lui oppose la grâce efficace. Point de contraste plus marqué. Mais cette antithèse comporte la possibilité d'une permutation. Gordon est entouré de livres, et il fera l'éducation intellectuelle de l'Ingénu : celui-ci passera de la spontanéité instinctive à la connaissance réfléchie, de l'individualité ignorante à l'universalité raisonnable. Mais tandis que le « sauvage » accède ainsi aux ressources de la culture, une conversion inverse s'opère chez son éducateur. Le dialogue pédagogique transforme aussi le pédagogue : de théologien fanatique, il se mue en adepte de la philosophie naturelle. L'on assiste à une *double* évolution, et l'emprisonnement prend le *double* sens de la contrainte tyrannique exercée par le pouvoir, et de la retraite mise à profit pour la studieuse conquête du savoir. Par une ironie qui n'est que la caricature d'un processus fondamental, l'*acquisition* des lumières est la contrepartie d'une *frustration* affectant la liberté de mouvement. Pour les *deux* prisonniers de la Bastille, le dialogue est donc l'occasion de passer d'une première à une *seconde* vue de la réalité : de la sorte, la prison, tout en infligeant la pire *séparation*, prendra la valeur inverse d'une expérience de la *communion* amicale.

Si nous considérons maintenant le roman dans sa totalité, il ne nous sera pas difficile de reconnaître la « loi du fusil à deux coups » que nous avons vue à l'œuvre dans la structure d'une phrase, puis d'un paragraphe, puis dans l'architecture d'une série de chapitres. Mlle de Saint-Yves est d'abord *enfermée* dans un Couvent, comme l'Ingénu le sera ensuite à la Bastille. L'Ingénu cherche à *délivrer* Mlle de Saint-Yves, comme elle s'y emploiera en faveur de son « amant ». L'Ingénu *échoue* dans sa tentative, mais il part plein d'espoir pour Versailles. Mlle de Saint-Yves *réussit*, mais au prix de son honneur, et elle meurt de désespoir. Situations analogues et inversées, qui n'excluent pas certains invariants : l'amour réciproque et inaltérable des jeunes gens, la friponnerie des hommes en place. Le crève-cœur, pour l'héroïne, c'est qu'elle n'ait pas été épousée (entendez : violée) sans cérémonie par le Huron, qu'elle aime ; et qu'elle ait dû se donner honteusement au ministre fort civilisé qu'elle n'aime pas.

Certes, dans une vue d'ensemble du roman, nous pourrions aussi bien mettre en évidence une *série* d'oscillations mineures, où s'opposent le bien et le mal, le bonheur et le malheur, les motifs clairs et les motifs sombres. L'Ingénu est reconnu par ses

parents, *mais,* à cause de son baptême, celle qu'il aime lui est
refusée. Il a vaincu les Anglais, *mais,* à cause de la dénonciation
du jésuite et du bailli, il est jeté en prison. Il est délivré par la
belle Saint-Yves, *mais* celle-ci, sur les conseils du père Tout-à-
tous (dont le nom se construit par un singulier redoublement),
s'est donnée au ministre Saint-Pouange (dont le nom juxtapose
le *pou* et l'*ange*) et mourra d'avoir consenti à son déshonneur.
Chaque fois, par la faute de la religion ou d'un prêtre — *idée
obsédante* qui s'insinue entre les deux temps — le bonheur que
l'Ingénu croyait assuré chavire, et le malheur prévaut. Ou
paraît prévaloir...

L'Ingénu est-il un roman pessimiste ? Pas plus que *Zadig* n'est
un roman optimiste. Certes, dans l'alternance des deux temps,
Zadig paraît à tout coup progresser du malheur apparent au
bonheur réel ; mais si le malheur est la condition nécessaire du
bonheur, il y a donc un prix assez lourd à payer pour être
heureux. A y regarder de plus près, *L'Ingénu* comporte aussi
cette leçon. Les parents de l'Ingénu ont été tués par les sauvages, *mais* ces mêmes sauvages ont élevé l'enfant avec affec-
tion. Mlle de Saint-Yves a été enfermée, l'Ingénu se promène
mélancoliquement, *mais* cette circonstance lui offre l'occasion
de témoigner sa bravoure. Il est incarcéré à la Bastille, *mais* il y
rencontre un Janséniste (le « bon Gordon », prêt à renoncer à
son fanatisme) en compagnie duquel il pourra achever de
s'instruire et de « développer son génie » (chapitre IX). Mlle de
Saint-Yves meurt, *mais,* le jour des funérailles, le hasard fait
apparaître Saint-Pouange, en qui l'amour s'est éveillé, et qui
s'attendrit : il s'emploiera désormais à réparer le malheur qu'il a
causé. L'Ingénu, devenu enfin officier, sera « à la fois un
guerrier et un philosophe intrépide ». Si le mal était l'œuvre de
la religion, des préjugés, de l'arbitraire, bref des institutions
abusives, le bien apparaît en revanche comme l'œuvre toujours
possible de l'homme qui a résolu de s'y employer : il peut
encore s'accomplir en dépit du malheur. Qu'on puisse lire le
roman simultanément dans les deux sens, Voltaire nous le laisse

entendre par les deux phrases finales qui obéissent une dernière fois à la loi du fusil à deux coups:

> Il [le bon Gordon] prit pour sa devise *malheur est bon à quelque chose*. Combien d'honnêtes gens dans le monde ont pu dire: *malheur n'est bon à rien!*

L'asymétrie accompagne, ici encore, la dualité. Le bon Gordon énonce un avis *singulier*; l'affirmation contraire, en revanche, est attribuée à un nombre indéterminé d'honnêtes gens. Quantitativement, tout au moins, le malheur prévaut. Le bonheur relatif accepté par le sage ne compense pas le malheur absolu des autres. On peut tout perdre. On peut jouer à qui perd gagne.

La loi du fusil à deux coups, on le voit, est l'expression d'une vision du monde. Il n'y a pas de bien sans mal, ni de mal sans bien, et cela dans des proportions inégales. Le monde cloche. Parce que les institutions sont absurdes, le mal paraît l'emporter. Mais cette victoire, qui paraît inévitable, est réversible. La preuve, c'est que dans l'état actuel des choses, il existe déjà des compensations pour les philosophes. Qu'y a-t-il à changer? Les malheurs de l'Ingénu et de la belle Saint-Yves n'étaient dus qu'à des causes fragiles et absurdes: un article du droit canonique, la lettre d'un espion, le caprice sensuel d'un sous-ministre. Écrasez l'infâme, diminuez l'arbitraire des gouvernants: la balance penchera peut-être du côté du bonheur. Non certes sans que persistent, sur l'autre plateau, bien des iniquités. Le bonheur même des hommes exige qu'il y ait des institutions, et il n'en est point qui ne se prêtent à des abus. Une chose est sûre: Candide, l'Ingénu n'auront pas trouvé le bonheur dans l'amour.

La logique n'y trouve pas son compte. Il est vrai que les hommes ne sont pas souvent heureux. Il est non moins vrai que les hommes peuvent être heureux. La pensée de Voltaire doit sa mobilité à la force répulsive et propulsive de l'adversatif *mais*... Saint-Pouange se conduit comme un monstre; mais « il n'était

pas né méchant ». Gordon est fanatique, mais il est capable de
se rendre à des idées plus raisonnables que la théorie de la grâce
efficace. Il y a des prêtres malfaisants, il y en a de bons. Mlle de
Saint-Yves meurt de douleur parce qu'elle se croit coupable ;
mais le Huron n'eût pas considéré son action comme une faute.
Cette touchante victime est peut-être une sotte... Les contraires
sont si bien des contraires qu'en se contredisant, ils contredisent
la règle du *tiers exclu*. Ainsi, par l'exaspération de la dualité
contrastée, c'est précisément le *tiers* qui l'emporte. Les propositions contradictoires sont vraies à tour de rôle, ou simultanément. Dans le rythme binaire de ce monde qui cloche et où la
parfaite cohérence est à jamais impossible, ce n'est ni le premier
ni le second temps qui représente la vérité définitive : l'ironie
philosophique constate que l'un ne va jamais sans l'autre, et que
si le monde ne clochait pas son mouvement s'arrêterait. Ne
méprisez pas les petits bonheurs qui s'offrent à la place du grand
bonheur. De ce mouvement incessant, le conte voltairien nous
propose l'image accélérée et caricaturale, oscillant de la nature à
la culture, du vice à la vertu, du rire aux larmes, du pessimisme
à l'optimisme — pour nous laisser dans le double sentiment de
la confusion générale et de la netteté du détail disparate. Et,
dernière dualité, tandis que l'ironie de Voltaire nous donne
l'impression de dominer le monde et d'en disposer à sa guise,
— sa passion, sa frénésie inquiète se laissent emporter et nous
emportent avec elles. Ainsi va le monde, dit la conscience
ironique, — libre, joueuse et dégagée. Ainsi allons-nous, car
nous sommes au monde, et la conscience ironique elle-même
n'échappe pas au cours du monde.

CHAPITRE V

LE REMÈDE DANS LE MAL:
LA PENSÉE DE ROUSSEAU

I. LA LANCE D'ACHILLE

Rousseau, parlant de son enfance, y découvre la maladie inscrite dès l'origine : « Je naquis infirme et malade ; je coûtai la vie à ma mère, et ma naissance fut le premier de mes malheurs[1]. » Cette blessure initiale (ou, si l'on préfère, la conviction et le récit de cette blessure) appelle et mobilise toutes les énergies réparatrices, toutes les facultés de compensation. Ce n'est pas trop de la vie entière pour tenter de trouver la guérison, quand le mal est inséparable de la venue au monde. Mal que Rousseau subit, mal qu'il provoque — mais sans l'avoir mérité et sans l'avoir voulu... Racontant sa vie, et soucieux de « tout dire », il la met d'emblée sous la dépendance de la lésion première, laquelle ne cessera jamais de faire sentir sa présence prioritaire, soit par ses effets aggravés, soit par son effacement inespéré dans les intervalles de santé. Il faut que le lecteur plaigne un homme sur qui le malheur s'abattit dès l'origine, mais qu'il s'étonne aussi de tout ce qui fut glorieusement accompli en dépit du mal, contre une adversité qui marqua l'existence de Jean-Jacques à son commencement même.

Presque immédiatement, dans le récit des *Confessions*, le

---

1. J.-J. Rousseau, *Œuvres complètes*, Paris, Bibliothèque de la Pléiade, 1959-1969 (*O.C.*), I, p. 7.

thème de la lésion primitive se conjugue avec celui de la
thérapeutique (au sens large du terme). Le mal et les soins qui le
combattent entrent en composition ; la possibilité même de
survivre a résulté d'une intervention salvatrice, — laquelle du
même coup a permis au mal de se perpétuer. Dans son récit,
Rousseau n'hésite pas à conjoindre les contraires, à les nouer
inextricablement : les soins de tante Suzon l'ont sauvé, mais le
mal initial n'a fait que se renforcer. Jean-Jacques a échappé de
justesse à la mort, sa survie est un miracle ; mais d'autre part sa
maladie n'a fait qu'empirer : double motif d'étonnement et de
compassion :

> J'étais né presque mourant ; on espérait peu de me conserver.
> J'apportai le germe d'une incommodité que les ans ont renforcée, et
> qui maintenant ne me donne quelquefois des relâches que pour me
> laisser souffrir plus cruellement d'une autre façon. Une sœur de
> mon père, fille aimable et sage, prit si grand soin de moi qu'elle me
> sauva[2].

Il importe à Rousseau de pouvoir dire dans un même souffle
le sauvetage initial, et le crescendo implacable du mal apporté
en naissant. Rousseau nous engage à considérer d'un seul
regard les images du mal, et celles des remèdes ou des tentatives
de guérison. Il faut donc essayer de saisir la manière dont il les
affronte, les confronte, les entremêle, dans une œuvre qui
apporte, sur le *guérissable* et *l'inguérissable*, l'un des plus éton-
nants témoignages qui soient.

Les maux de la civilisation

Le *Discours sur les sciences et les arts*, qui marque l'entrée de
Rousseau dans la carrière littéraire, est l'accusation du mal —
du poison — qui gagne les sociétés civilisées, à mesure que

---

2. *O.C.*, I, p. 7-8.

progressent les « funestes lumières », les « vaines sciences ». La progression du mal est-elle irrévocable ? Rousseau nous le laisse croire longtemps, mais c'est pour préparer un dernier effet : au moment de conclure, il évoque la possibilité d'extraire du mal lui-même un principe thérapeutique, et, puisqu'il brigue le prix de l'Académie de Dijon, il utilise cet argument pour justifier les académies. La forme complimenteuse ne doit pas masquer le sérieux de l'argument, que Rousseau reprendra souvent, pour justifier tout autre chose que les académies :

> Je l'avoue, cependant ; le mal n'est pas aussi grand qu'il aurait pu le devenir. La prévoyance éternelle, en plaçant à côté de diverses plantes nuisibles des simples salutaires, et dans la substance de plusieurs animaux malfaisants le remède à leurs blessures, a enseigné aux souverains qui sont ses ministres à imiter sa sagesse[3].

L'idée est formulée de façon large : le remède pourrait se trouver au voisinage *(à côté)* de la plante vénéneuse, ou à l'intérieur même *(dans la substance)* de l'animal dangereux. Dans le premier cas, le mal attire près de lui son antidote ; dans le second, il le contient. De surcroît, il faut qu'intervienne un thérapeute — en l'occurrence Louis XIV — qui sache *tirer* le remède à partir du mal lui-même. C'est à l'exemple de la Providence, affirme Rousseau, « que du sein même des sciences et des arts, sources de mille dérèglements, ce grand Monarque [...] tira ces sociétés célèbres chargées à la fois du dangereux dépôt des connaissances humaines et du dépôt sacré des mœurs[4] ». L'image du remède coïncide avec l'image d'une société restreinte, liée par l'exigence mutuelle de la pureté des mœurs, et par le souci de préserver un périlleux *dépôt*[5]. Le remède, c'est donc de confier l'ambigu privilège du savoir à un petit nombre d'hommes, qui veilleraient à le perpétuer, à

3. *O.C.*, III, p. 26.
4. *Ibid.*
5. Cf. F. Baker, « Remarques sur la notion de dépôt », *Annales Jean-Jacques Rousseau*, 1966-1968, XXXVII, p. 57-93.

l'accroître même, tout en limitant sa diffusion. On reconnaît l'idéal rousseauiste de la communauté fermée, qui parfois peut s'étendre jusqu'aux dimensions de l'Etat-cité, mais qui s'accommode aussi bien des bornes étroites d'une petite « société d'élite », confinée à quelques belles âmes. Le remède est le mal lui-même, mais tenu sous haute surveillance par des hommes exceptionnels qui ne se laisseront pas corrompre par sa puissance néfaste. Ainsi en ira-t-il dans la société de Clarens...

Le mal dont Rousseau accusait les sciences et les arts, c'était de dissoudre la *vérité* des rapports humains. Qu'une société, en revanche, réunissant des individus égaux et vertueux, s'adonne en cercle fermé à la « culture des sciences » ; que surtout chacun des membres de cette société soit un *véritable* savant : voilà qui reconstitue, au sein de la corruption générale, un îlot de transparence. Tels qu'il les idéalise, les membres des académies possèdent un savoir authentique et plein, radicalement différent de la « vaine science » qu'il a dénoncée, et que pratiquent les « charlatans » : celle-ci, illusoire et prétentieuse, n'a du savoir que l'apparence, et propage autour d'elle, comme une épidémie, la division entre l'être et le paraître. La vraie science des académiciens répare, entre ceux-ci tout au moins, la déchirure ontologique, surmonte l'aliénation, et restaure l'unité de l'apparence externe et de la réalité interne.

Mais le remède est-il sûr ? Aura-t-il le pouvoir d'annuler le mal ? Rousseau, qui ne veut pas affaiblir l'effet pathétique de son discours accusateur, laisse entendre que le résultat demeure incertain et limité. A une époque où la médecine n'avait guère d'armes efficaces, la métaphore du remède laissait le champ libre au scepticisme :

> [...] Tant de soins ne montrent que trop la nécessité de les prendre, et l'on ne cherche point de remèdes à des maux qui n'existent pas. Pourquoi faut-il que ceux-ci portent encore par leur insuffisance le caractère des remèdes ordinaires[6].

6. *O.C.*, III, p. 27.

En effet, le prestige des académies risque de rendre les sciences séduisantes, et, au lieu de les contenir à l'intérieur d'un espace protégé, il contribuera à les répandre dangereusement. D'où la rechute !

De fait, Rousseau ne renonce ni aux menaces accusatrices qu'il peut déployer en déclarant le mal irrémédiable, ni à l'empire séducteur qu'il peut exercer sur son lecteur, après l'avoir culpabilisé, en lui enseignant la voie difficile d'un salut possible, et le prix à payer. Lors de la longue polémique consécutive au premier *Discours*, Rousseau n'a jamais cessé de recourir à la métaphore du remède. Mais il l'a variée en tous sens, comme pour en éprouver les diverses virtualités. Dans l'un de ces écrits, il déclare d'abord qu'« il ne faut plus espérer de remèdes[7] » ; mais il laisse finalement la question ouverte, il l'abandonne à d'autres : « J'ai vu le mal et tâché d'en trouver les causes : d'autres plus hardis ou plus insensés pourront chercher le remède[8]. »

Dans les *Observations* (que Rousseau adresse au roi de Pologne qui s'était aventuré dans le débat), puis dans la préface de *Narcisse*, le remède est réduit au rang de palliatif. Le seul espoir qui soit laissé est celui d'un compromis avec le mal :

> J'ai loué les Académies et leurs illustres fondateurs, et j'en répéterai volontiers l'éloge. Quand le mal est incurable, le médecin applique des palliatifs, et proportionne les remèdes, moins aux besoins qu'au tempérament du malade[9].
> [...] Les mêmes causes qui ont corrompu les peuples servent quelquefois à prévenir une plus grande corruption ; c'est ainsi que celui qui s'est gâté le tempérament par un usage indiscret de la médecine, est forcé de recourir encore une fois aux médecins pour se maintenir en vie ; et c'est ainsi que les arts et les sciences, après avoir fait éclore les vices, sont nécessaires pour les empêcher de se tourner en crimes ; elles les couvrent au moins d'un vernis qui ne

7. *O.C.*, III, p. 76.
8. *O.C.*, III, p. 95.
9. *O.C.*, III, p. 56.

permet pas au poison de s'exhaler aussi librement [...] Mon avis est donc [...] de laisser subsister et même d'entretenir avec soin les académies, les collèges, les universités, les bibliothèques, les spectacles, et tous les autres amusements qui peuvent faire quelque diversion à la méchanceté des hommes[10][...].

On aura noté au passage que le mal est assimilé au recours à la médecine (donc aux remèdes), si bien que le palliatif extrait du mal premier sera un redoublement de drogues. Mais, dans une autre mise en scène du rapport entre le mal et le remède, l'alternative sera proposée plus dramatiquement entre un mal devenu incurable et un remède héroïque — il a nom ici « révolution » — qui risque de changer le mal en un mal plus grave : est-ce ouvrir une perspective de guérison ? Ou est-ce une surenchère de pessimisme, l'échec du remède héroïque portant le mal à son comble ?

> On n'a jamais vu de peuple une fois corrompu revenir à la vertu. En vain vous prétendriez détruire les sources du mal [...] En vain vous ramèneriez les hommes à cette première égalité [...] leurs cœurs une fois gâtés le seront toujours ; il n'y a plus de remède, à moins de quelque grande révolution presque aussi à craindre que le mal qu'elle pourrait guérir, et qu'il est blâmable de désirer et impossible de prévoir[11].

Que de précautions rhétoriques pour évoquer, hypothétiquement, un remède qu'il est impossible de nommer autrement que par les sentiments ambigus qu'il inspire par avance ! Or, dans l'hypothèse d'une « révolution » qui pourrait avoir, par extraordinaire, une action réparatrice, Rousseau ne nous dit pas si le remède serait tiré de la substance du mal : il s'agira plutôt d'un de ces bouleversements qui surviennent quand les choses vont au plus mal, — renversement suscité par le mal, mais non pas de même nature que lui. Il n'importe. Rousseau voit le mal se réintroduire dans la « révolution », si bien qu'un rapport intime persiste entre le mal et ce qui lui riposte.

10. *O.C.*, II, p. 972.
11. *O.C.*, III, p. 56.

Il n'est pas indifférent, toutefois, que le remède soit imaginé selon le modèle homéopathique, *dans* le mal lui-même, ou qu'au contraire il survienne, *du dehors*, selon le modèle allopathique, pour combattre le mal par son contraire. Car, dans le cas favorable où, par un meilleur usage, le mal lui-même parvient à guérir le mal, la voie est ouverte pour une grande réconciliation, et rien de ce que les hommes ont acquis au cours de leur histoire ne doit être complètement rejeté ; dans l'hypothèse inverse, le comble du mal doit être atteint, pour qu'intervienne une rupture libératrice, et qu'un nouvel ordre de choses s'instaure à la place de celui qui avait atteint les limites de la corruption. Dans les deux éventualités, le mal aura servi, mais, dans le premier cas, il se sera montré apte à se laisser transformer en bien ; dans le second, il aura, par son excès même, appelé sa destruction, son remplacement par une puissance antagoniste.

La littérature justifiée

L'une des premières objections formulées par les adversaires de Rousseau — celle qui correspond à l'une des figures habituelles de la rhétorique du barreau : la rétorsion — consiste à lui demander comment il se fait qu'il écrit des discours, et avec tant d'éloquence, alors qu'il condamne les arts et les sciences. La défense de Rousseau consiste à reprendre à son bénéfice l'image du recours au mal en vue de combattre le mal, — combat dont il multiplie les équivalents métaphoriques :

> Je pourrais rapporter à ce sujet ce que disaient les Pères de l'Église des sciences mondaines qu'ils méprisaient, et dont pourtant ils se servaient pour combattre les philosophes païens. Je pourrais citer la comparaison qu'ils en faisaient avec les vases des Égyptiens volés par les Israélites : mais je me contenterai pour dernière réponse de proposer cette question : si quelqu'un venait pour me tuer et que j'eusse le bonheur de me saisir de son arme, me serait-il défendu, avant que de la jeter, de m'en servir pour le chasser de chez moi[12] ?

12. *O.C.*, III, p. 39.

Au moment où il publie la comédie de *Narcisse*, Rousseau ne peut esquiver le compte à rendre sur une activité qu'il avait condamnée si bruyamment. Parmi les motifs qu'il allègue, il en est deux au moins qui appartiennent au registre que nous avons évoqué. D'abord, il ne s'agit que de diversion, de palliatifs. Pour le dire, Rousseau renonce pour une fois aux métaphores médicales : « Il ne s'agit plus de porter les peuples à bien faire, il faut seulement les distraire de faire le mal ; il faut les occuper à des niaiseries pour les détourner des mauvaises actions ; il faut les amuser au lieu de les prêcher[13]. » Mais nous verrons reparaître la figure qui désigne le mal comme blessure, venin, poison, et qui appelle la réponse thérapeutique correspondante, par le poison même :

> Quoique ces choses aient fait beaucoup de mal à la société, il est très essentiel de s'en servir aujourd'hui comme d'une médecine au mal qu'elles ont causé, ou comme de ces animaux malfaisants qu'il faut écraser sur la morsure[14].

Et s'adressant à Voltaire :

> Mais il vient un temps où le mal est tel que les causes qui l'ont fait naître sont nécessaires pour l'empêcher d'augmenter ; c'est le fer qu'il faut laisser dans la plaie, de peur que le blessé n'expire en l'arrachant. Quant à moi, si j'avais suivi ma première vocation et que je n'eusse ni lu ni écrit, j'en aurais sans doute été plus heureux. Cependant, si les lettres étaient maintenant anéanties, je serais privé du seul plaisir qui me reste[15] [...].

13. *O.C.*, II, p. 972.
14. *O.C.*, II, p. 974 ; cf. Pline l'Ancien, *Naturalis Historia*, XXIX, 32. Dans l'ordre strictement médical, cette ressource homéopathique était couramment pratiquée au long des siècles. Montaigne y répugne : « Je n'ayme point à guarir le mal par le mal » (*Essais*, III, XIII). Le théoricien de la médecine homéopathique, Hahnemann, développe l'ancien principe. On lit au paragraphe 132 de l'*Organon* (1810) : après la première prise du médicament homéopathique, il se produit « une aggravation homéopathique de la maladie », car « la maladie causée par le médicament doit naturellement être, à un certain degré, plus forte que le mal qu'on veut guérir, si l'on veut par ce moyen le surpasser (*überstimmen*) et l'éteindre ».
15. *O.C.*, III, p. 227.

novel a disease
& a therapy

Dans la *Préface* dialoguée de *La Nouvelle Héloïse*, Rousseau fait dire par son interlocuteur : « Est-ce assez qu'elle [la morale de votre livre] aille à la source du mal ? Ne craignez-vous point qu'elle en fasse ? » Et Rousseau de répondre : « Du mal ? A qui ? Dans le temps d'épidémie et de contagion, faut-il empêcher le débit des drogues bonnes aux malades, sous prétexte qu'elles pourraient nuire aux gens sains[16] ? » <u>Le roman, en effet, c'est le mal</u> ; on lisait dans la première des deux *Préfaces* : « Jamais fille chaste n'a lu de romans [...] Celle qui, malgré ce titre, en osera lire une seule page, est une fille perdue[17]. » Toutefois Saint-Preux écrit à Julie : « Les romans sont la dernière instruction qu'il reste à donner à un peuple assez corrompu pour que toute autre lui soit inutile[18]. »

C'est la même casuistique que Rousseau développe lorsqu'il examine la valeur du *théâtre* pour les différentes sortes de sociétés. Pernicieux pour les États qui ont sauvegardé leur santé morale, les spectacles seront utiles dans les grandes villes, où ils interrompront le train des activités malfaisantes :

> La raison veut qu'on favorise les amusements des gens dont les occupations sont nuisibles, et qu'on détourne des mêmes amusements ceux dont les occupations sont utiles. Une autre considération générale est qu'il n'est pas bon de laisser à des hommes oisifs et corrompus le choix de leurs amusements, de peur qu'ils ne les imaginent conformes à leurs inclinations vicieuses et ne deviennent aussi malfaisants dans leurs plaisirs que dans leurs affaires[19].

Rousseau, à l'évidence, imagine une intervention des pouvoirs publics, dont il est difficile de dire si elle ressemble

---

16. *O.C.*, II, p. 25. Rousseau espère réussir là où il voit Richardson échouer. Écrivant à Duclos, le 19 septembre 1760, il lui dit : « Je persiste à croire cette lecture très dangereuse aux filles. Je pense même que Richardson s'est lourdement trompé en voulant les instruire par des romans ; c'est mettre le feu à la maison pour faire jouer les pompes. »

17. *O.C.*, II, p. 6.

18. *O.C.*, II, p. 227.

19. *Lettre à d'Alembert*, Paris, 1967, p. 130.

davantage à la vieille censure ecclésiastique ou aux politiques culturelles dirigistes de notre époque. Mais cette conception volontariste est elle-même la conséquence (ou le corollaire) d'une représentation du cours de l'histoire comme sénescence ou comme progrès du mal. La métaphore (plus ou moins constante) du remède que le thérapeute doit savoir administrer s'enchaîne à la métaphore qui assimile le changement social au déclin et aux atteintes que subit un corps vivant. Les « mœurs » d'un peuple sont sujettes aux « accidents inévitables qui les attaquent », à « la pente naturelle qui les altère[20] ». L'action salutaire, lorsqu'elle est possible, est essentiellement interdictrice ou retardatrice: « Tout ce que la sagesse humaine peut faire est de prévenir les changements, d'arrêter de loin tout ce qui les amène[21]. » Si le mal n'est pas trop avancé, les mesures recommandées seront préventives. Mais dans les « grandes villes » quand la corruption aura progressé, il n'y aura d'autre ressource que la diversion, conduite de façon délibérée par un gouvernement avisé:

> [...] La police ne saurait trop multiplier les plaisirs permis, ni trop s'appliquer à les rendre agréables, pour ôter aux particuliers la tentation d'en chercher de plus dangereux[22].
> [...]En certains lieux, ils [les spectacles] seront utiles pour attirer les étrangers; pour augmenter la circulation des espèces; pour exciter les artistes; pour varier les modes; pour occuper les gens trop riches ou aspirant à l'être; pour les rendre moins malfaisants; pour distraire le peuple de ses misères; pour lui faire oublier ses chefs en voyant ses baladins; pour maintenir et perfectionner le goût quand l'honnêteté est perdue; pour couvrir d'un vernis de procédés la laideur du vice; pour empêcher, en un mot, que les mauvaises mœurs ne dégénèrent en brigandage[23].

Ainsi, après avoir déclaré que « l'effet moral du spectacle et

20. *Ibid.*, p. 155.
21. *Ibid.*
22. *Ibid.*, p. 131.
23. *Ibid.*, p. 139.

des théâtres ne saurait jamais être bon ni salutaire en lui-même », Rousseau en vient à admettre que « quand le peuple est corrompu, les spectacles lui sont bons[24] ». En ce qui regarde Genève, Rousseau, dans les pages conclusives de sa *Lettre à d'Alembert*, commence par une condamnation apparemment sans appel : « Tout ce que les pièces de théâtre peuvent avoir d'utile à ceux pour qui elles ont été faites nous deviendra préjudiciable[25]. » Mais au moment où nous croyons que Rousseau exclut irrévocablement l'institution théâtrale pour le peuple genevois (lequel, ayant encore des « mœurs », se perdrait s'il tolérait ce ferment de corruption) un surprenant *remède* nous est proposé, qui recourt à la dramaturgie, c'est-à-dire au mal lui-même. La manœuvre médicatrice consiste à accepter le mal inhérent au théâtre (qui est altération, aliénation, *séparation des consciences*), pour le mettre au service d'un *retour* à soi :

> Je ne vois qu'un *remède* à tant d'inconvénients : c'est que, pour nous approprier les drames de notre théâtre, nous le composions nous-mêmes, et que nous ayons des auteurs avant des comédiens. Car il n'est pas bon qu'on nous montre toutes sortes d'imitations, mais seulement celles des choses honnêtes et qui conviennent à des hommes libres. Il est sûr que des pièces tirées comme celles des Grecs des malheurs passés de la patrie, ou des défauts présents du peuple, pourraient offrir aux spectateurs des leçons utiles[26].

Mais il sera difficile, convient Rousseau, de construire un grand théâtre national, puisque les héros qu'il célébrerait seraient des hommes obscurs, portant des « noms communs »... Si bien que Rousseau, à bout de ressource, en vient à s'adresser à Voltaire (qui est pourtant l'ennemi implicitement visé dans toute la *Lettre à d'Alembert*) pour lui demander de nouvelles tragédies sur des thèmes romains et républicains. Voltaire est donc invoqué contre Voltaire lui-même. Ces lignes ne sont pas

24. *Ibid.*, p. 140.
25. *Ibid.*, p. 223.
26. *Ibid.*, p. 225.

simplement destinées à ménager la susceptibilité du grand homme: elles appliquent la règle du remède tiré du mal:

> Mais que M. de Voltaire daigne nous composer des tragédies sur le modèle de *La mort de César*, du premier acte de *Brutus*, et s'il nous faut absolument un théâtre, qu'il s'engage à le remplir toujours de son génie, et à vivre autant que ses pièces[27].

Finalement, Rousseau optera pour d'autres spectacles: les fêtes populaires en plein air (pour l'été), les bals (pour l'hiver); on peut se demander toutefois si la fête est réellement la négation du théâtre: n'en serait-elle pas plutôt la généralisation, l'extension à la communauté entière? Ne cherche-t-on pas à conjurer ainsi le mal que constituent les spectacles *exclusifs*, non par la suppression du spectacle mais par une métamorphose qui le rend *inclusif*? Il va ainsi englober toute la population de la cité, et chacun deviendra simultanément acteur et spectateur. La fête est la version théâtralisée du geste d'aliénation volontaire accompli par l'universalité des contractants du *Contrat social*: l'obéissance, la soumission, qui sont le mal si elles restent partielles, deviennent le fondement de la légitimité quand elles n'exceptent aucun individu. On peut supprimer l'effet séparateur du théâtre, en transportant le théâtre au niveau du « groupe en fusion ». Le jeu d'apparence et d'imitation pouvait être dénoncé comme corrupteur lorsqu'il impliquait la solitude des consciences. Mais, comme par un coup de baguette magique, le paraître devient bénéfique lorsqu'il s'accompagne de l'échange universel des regards.

On constate que les termes du problème n'ont fait que se déplacer, et que le mal — le *véritable* mal — se fait mieux connaître sous les espèces de la non-réciprocité. De fait, dans le mouvement de la pensée de Rousseau, la non-réciprocité s'évanouit au moment où le théâtre, d'abord stigmatisé comme un

---

27. *Ibid.*, p. 227. Sur l'histoire des rapports entre Rousseau et Voltaire, cf. Henri Gouhier, *Rousseau et Voltaire. Portraits dans deux miroirs*, Paris, Vrin, 1983; Jean Starobinski, « Rousseau et Voltaire », *Critique*, n° 449, Paris, Minuit, octobre 1984.

divertissement pervers, se généralise dans le partage universel. En d'autres termes, la valeur médicatrice du remède réside dans le mouvement du retour à soi (bien exprimé quand Rousseau parle de « nous approprier les drames de notre théâtre ») et dans la généralisation égalitaire : la perspective qui s'ouvre alors évacue radicalement le mal. Qu'on relise l'exhortation célèbre qui inspirera Robespierre, et bien d'autres plus près de nous : « Faites mieux encore : donnez les spectateurs en spectacle ; rendez-les acteurs eux-mêmes, faites que chacun se voie et s'aime dans les autres, afin que tous en soient mieux unis... Toutes les sociétés n'en font qu'une, tout devient commun à tous[28] »... Une comparaison s'impose avec les doctrines attribuées aux gnostiques, qui invitent à étendre le mal, à le pousser à la limite, pour mieux s'en délivrer. On lit dans le *De pudicitia* de Tertullien : « L'incontinence est nécessaire à la continence, l'incendie s'éteint au moyen du feu »(I, 16).

Extension du système

On ne s'étonnera donc pas qu'à deux reprises, en des termes presque identiques — dans les *Fragments politiques* et dans le manuscrit de Genève du *Contrat social* — Rousseau ait repris la métaphore du remède-dans-le-mal pour formuler l'intuition fondamentale de sa philosophie politique :

[...] Efforçons-nous de tirer du mal même le remède qui doit le guérir. Par de nouvelles associations, corrigeons, s'il se peut, le défaut de l'association générale [...]. Montrons [...] dans l'art perfectionné la réparation des maux que l'art commencé fit à la nature[29].

Après avoir accusé les puissances séparatrices développées en

28. *Ibid.*, p. 234.
29. *O.C.*, III, p. 288 et p. 479.

l'homme au cours de son histoire — réflexion, amour-propre, faculté d'abstraction, imagination, dépendance et aliénation des consciences — Rousseau décourage expressément toute tentation de rétrograder. Il faut pousser plus loin encore le développement qui nous a rendus malheureux: perfectionner la réflexion, mettre en œuvre l'amour-propre, diriger l'imagination, rendre l'aliénation réciproque et complète. C'est la seule chance de retrouver, sous une nouvelle forme (politique, morale), la plénitude première (naturelle, animale) que l'intrusion du mal avait décomposée. On lira dans l'*Émile*: « Il faut employer beaucoup d'art pour empêcher l'homme social d'être tout à fait artificiel[30] »; ou encore: « On n'a de prise sur les passions que par les passions; c'est par leur empire qu'il faut combattre leur tyrannie[31]. » Le nom qui désigne le mal désigne, répétitivement, la puissance antagoniste.

L'imagination, dont l'intrusion est redoutée à un âge trop précoce, change de valeur au moment où elle peut servir à détourner Émile des « objets réels », c'est-à-dire des femmes rencontrées « dans le monde ». Au livre IV de l'*Émile*, on voit Rousseau recommander d'abord d'étouffer « le premier feu de l'imagination »; mais pour que son élève adolescent ne cède pas aux séductions corruptrices, il en appellera à l'imagination pour inventer un « modèle » idéal. L'imagination, dont on s'était défié parce qu'elle « éveille les sens », se voit attribuer le pouvoir de « réprimer les sens ». Il n'y a point là de contradiction: par un raisonnement emprunté pour une large part au modèle thérapeutique, une substance active cesse d'être dangereuse selon la personne, le moment, les périls à combattre, etc.

---

30. *O.C.*, IV, p. 640.
31. *O.C.*, IV, p. 654. Madame de Staël, en 1798, se montre une bonne élève de Rousseau: « Le même être, le même arbre porte souvent le poison et le remède et, pour corriger le caractère d'un homme, c'est dans la passion qui l'égare qu'on trouve des ressources pour le conduire, et les moralistes comme les législateurs se tromperont toujours s'ils cherchent des remèdes dans les contraires, au lieu de les chercher dans le principe même qui a été dénaturé par les circonstances » (Germaine de Staël, *Des circonstances* [...], Genève, Droz, 1979, p. 273).

A y regarder de près, tout le programme éthique qui, au livre IV de l'*Émile*, précède immédiatement l'éducation religieuse, vise à conférer à *l'amour-propre* la fonction positive qui lui avait été absolument déniée au début de ce même livre IV. On avait lu : « L'amour de soi, qui ne regarde qu'à nous, est content quand nos vrais besoins sont satisfaits ; mais l'amour-propre, qui se compare, n'est jamais content et ne saurait l'être, parce que ce sentiment, en nous préférant aux autres, exige aussi que les autres nous préfèrent à eux, ce qui est impossible. Voilà comment les passions douces et affectueuses naissent de l'amour de soi, et comment les passions haineuses et irascibles naissent de l'amour-propre[32]. » Mais on ne pourra éviter qu'Émile ne se compare, et que l'amour-propre ne s'éveille en lui. Le lecteur apprend alors, non sans quelque surprise, que les passions qui tiennent à l'amour-propre ne sont pas toutes haineuses et irascibles ; il en est qui peuvent être « humaines et douces », et qui se développeront dans le sens de la « bienfaisance » et de la « commisération[33] ». Il y aura donc un nouveau temps d'éducation qui fera appel à l'amour-propre, à charge de l'orienter favorablement. Et c'est alors que l'activité qui avait été présentée comme néfaste à une étape antérieure peut intervenir de façon utile : faire appel à l'« expérience d'autrui[34] » par la lecture des historiens ; laisser Émile s'attribuer la première place, se préférer, et ainsi s'exposer aux flatteurs (ce qui justifie maintenant la lecture des fables, considérée d'abord au livre II comme inutile et pernicieuse). Émile éprouvera la pitié, non plus par l'identification spontanée aux êtres souffrants, comme le faisait l'homme de la nature, mais désormais en prenant ses distances, en contemplant de haut et de loin le spectacle de l'existence humaine. Tout en demeurant à certains égards un « sauvage », Émile met en œuvre savoir et jugement pour se mettre « à la place » des autres ; il a besoin de recourir à la

---

32. *Émile*, livre IV, *O.C.*, IV, p. 493.
33. *Ibid.*, p. 523.
34. *Ibid.*, p. 535.

réflexion, si néfaste quand elle intervenait prématurément, pour prendre en compassion leurs misères. Comme c'est le cas pour le prestige du paraître théâtral, c'est par la *généralisation* que l'amour-propre perd ses caractères néfastes:

> [...] Ceux qui ne traitent jamais que de leurs propres affaires se passionnent trop pour juger sainement des choses. Rapportant tout à eux seuls et réglant sur leur seul intérêt les idées du bien et du mal, ils se remplissent l'esprit de mille préjugés ridicules, et dans tout ce qui porte atteinte à leur moindre avantage ils voient aussitôt le bouleversement de tout l'univers.
>
> *Étendons l'amour-propre sur les autres êtres, nous le transformerons en vertu*, et il n'y a point de cœur d'homme dans lequel cette vertu n'ait sa racine. Moins l'objet de nos soins tient immédiatement à nous-même, moins l'illusion de l'intérêt particulier est à craindre, plus on généralise cet intérêt, plus il devient équitable [...][35].

La transmutation du mal en remède, de ce qui était source de vices et de conflits en « vertu », s'opère grâce à un déplacement du point d'application, grâce à un changement qui affecte l'économie et la redistribution d'un même sentiment.

Dans le domaine socio-politique, la métaphore du mal entraîne, en conformité avec le modèle médical, la nécessité de choisir le temps opportun pour l'application du remède. Celui-ci doit conforter le corps souffrant dans le moment où le mal, porté à sa limite naturelle, *se juge* en évoluant soit vers la mort, soit vers la guérison: la puissance médicatrice se manifeste lors du combat entre la nature et la maladie, c'est-à-dire au moment de la *crise*. La crise est toujours une alternative: la santé retrouvée n'est que la plus favorable des deux éventualités. On notera, au point de vue lexicologique et sémantique, le rapprochement du concept de *crise* et de celui de *révolution*, parfois associés[36].

Évoquant le progrès de l'inégalité, Rousseau résume le deve-

---

35. *Ibid.*, p. 547.
36. *Émile*, livre III, *O.C.*, IV, p. 187. La notion de *crise*, on le sait, remonte au langage hippocratique.

nir des sociétés jusqu'au « terme » où « de nouvelles révolutions dissolvent tout à fait le gouvernement, ou le rapprochent
de l'institution légitime ». Cette alternative est une *crise*, analogue à celles qu'évoque le *Contrat social*, en associant étroitement et ouvertement, cette fois, les deux termes homologues :

> Ce n'est pas que, comme quelques maladies bouleversent la tête
> des hommes et leur ôtent le souvenir du passé, il ne se trouve
> quelquefois dans la durée des États des époques violentes où les
> *révolutions* font sur les peuples ce que certaines *crises* font sur les
> individus, où l'horreur du passé tient lieu d'oubli et où l'État,
> embrasé par les guerres civiles, renaît pour ainsi dire de sa cendre et
> reprend la vigueur de la jeunesse en sortant des bras de la mort[37].

On retrouve la même idée dans le *Jugement sur la polysynodie*,
où Rousseau parle du « moment d'anarchie et de crise qui
précède nécessairement un établissement nouveau[38] ». Dans la
neuvième des *Lettres de la montagne*, Rousseau compare le
gouvernement légitime de Genève, et le gouvernement arbitraire tel qu'il est exercé par l'oligarchie patricienne :

> Mais comparez, et vous trouverez d'un côté des maux sûrs, des
> maux terribles, sans borne et sans fin, de l'autre l'abus même
> difficile, qui s'il est grand sera passager, et tel que quand il a lieu *il
> porte toujours avec lui son remède*. [...] Il y aura toujours cette
> différence entre l'un et l'autre, que l'abus de la liberté tourne au
> préjudice du peuple qui en abuse, et le punissant de son propre tort
> *le force à en chercher le remède* ; ainsi de ce côté le *mal n'est jamais qu'une
> crise*, il ne peut faire un état permanent[39].

Si redoutables que soient les maux du gouvernement arbitraire — Rousseau mettant les choses au pire — il reste, dans
l'excès même du mal, une raison d'espérer : « Cet état le pire où
l'on puisse tomber n'a qu'un avantage ; c'est qu'il ne saurait

---

37. *Contrat social*, II, 8, *O.C.*, III, p. 385.
38. *O.C.*, III, p. 638.
39. *O.C.*, III, p. 891.

changer qu'en mieux. C'est l'unique ressource des maux ex-trêmes[40]. [...] » (Rousseau, à la fin de sa vie, parlera de sa propre situation dans les mêmes termes!) Une page des *Considérations sur le gouvernement de Pologne* atteste la permanence de ce type de raisonnement:

> [...] Il est des *maux* extrêmes qui rendent les *remèdes* violents nécessaires, et dont il faut tâcher de *guérir* à tout prix [...] Tout état libre où les grandes crises n'ont pas été prévues est à chaque orage en danger de périr. Il n'y a que les Polonais qui *de ces crises mêmes* aient su tirer un nouveau moyen de maintenir la Constitution[41].

Il n'est pas jusqu'au *despotisme oriental* qui ne contienne en lui de quoi remédier à son propre vice: « Le despotisme oriental se soutient parce qu'il est plus sévère sur les grands que sur le peuple: il tire ainsi de lui-même son propre remède[42]. » Mais de telles affirmations, même si elles sont frappantes, ne prévalent pas. Elles ne font que tempérer la vision pessimiste qui domine chez Rousseau, quant à l'évolution des sociétés humaines. Les crises, les révolutions sont elles aussi chargées d'un risque mortel! L'on précipite les choses à leur perte, en croyant apporter remède au désordre:

> Quand les hommes sentiront-ils qu'il n'y a point de désordre aussi funeste que le pouvoir arbitraire avec lequel ils pensent y remédier? Ce pouvoir est lui-même le pire de tous les désordres: employer un tel moyen pour les prévenir, c'est tuer les gens afin qu'ils n'aient pas la fièvre[43].

Rousseau retrouve la tradition antimédicale à laquelle il a maintes fois fait appel: le pire mal est dans l'emploi des remèdes. C'est la nature qui offre le remède dans le mal, ou bien c'est l'art *perfectionné*. L'art imparfait ne sait que nuire en recourant aux drogues.

40. *O.C.*, III, p. 895.
41. *O.C.*, III, p. 998.
42. *O.C.*, III, p. 843.
43. *O.C.*, III, p. 828.

theory & imag.

Guérisons imaginées

L'*Émile*, le *Contrat* sont les grand projets théoriques relevant des principes qui invitent à retourner le mal contre lui-même. Mais il faut reconnaître que ces principes sont aussi ceux qui guident l'imagination affective de Rousseau, et même, nous le verrons, son comportement. Il vaut donc la peine d'examiner quelques-unes des fictions auxquelles il s'est complu.

Narcisse est un « petit maître » qui passe trop d'heures à son miroir. Le jour de son mariage, sa sœur veut le « *guérir* d'un faible qui l'expose à la raillerie[44] ». Commnt s'y prend-elle ? En faisant peindre le portrait de son frère en atours féminins, en travestissant « en femme » cette image. Narcisse s'éprendra de l'inconnue, voudra différer son mariage. Le mal est ainsi poussé à son comble. Détrompé, Narcisse se dira « guéri d'un ridicule qui faisait la honte de sa jeunesse[45] ».

Le Devin du village, à tout prendre, est aussi l'histoire d'une guérison. La méthode du devin, selon la recette traditionnelle des comédies, c'est de conseiller à Colette de feindre l'inconstance : elle devra déclarer qu'elle aime « un monsieur de la ville ». L'inconstant Colin sera saisi de jalousie ; il quittera « la dame du château » et viendra demander pardon. Colette comprend aussitôt : « Je feindrai d'imiter l'exemple qu'il me donne. » Les infidélités, à peu près symétriques et de sens inverse, s'annulent, et la fête peut commencer...

Pour guérir de ses caprices la Reine Fantasque, le Roi Phénix reçoit, d'une fée bien intentionnée, le conseil suivant : « Le meilleur moyen que vous ayez de guérir les extravagances de votre femme est d'extravaguer avec elle[46]. » Il se trouve que Rousseau donne aux précepteurs le même conseil, ou presque : « Montrez vos faiblesses à votre élève si vous voulez le guérir

44. *O.C.*, II, p. 980.
45. *O.C.*, II, p. 1018.
46. *O.C.*, II, p. 1181.

des siennes; qu'il voie en vous les mêmes combats qu'il éprouve[47]. »

La Nouvelle Héloïse, vaste déploiement fantasmatique, est le roman où les consciences, jamais assez guéries de leur tourment, sont vouées, de proche en proche, à imaginer d'*autres* remèdes — de meilleurs remèdes. Toute guérison que l'on croit proche ou certaine est en fait illusoire, imparfaite, provisoire. Julie annonce mystérieusement sa grossesse à Saint-Preux en ces termes: « L'amour qui fit nos maux, doit nous en donner le remède » (Lettre XXXIII de la première partie). Cet espoir est destiné à s'évanouir. La réparation eût été obtenue à trop bon compte: l'imagination de Rousseau exige de plus grands sacrifices, et renforce la figure de l'interdiction.

Parmi les personnages, M. de Wolmar représente la raison maîtresse d'elle-même et capable de manœuvrer les autres pour leur bien: il est le thérapeute clairvoyant (jusqu'au domaine religieux exclusivement), et il exerce les fonctions du surmoi exigeant. Devenu le mari de Julie, il accueille à Clarens celui qu'elle avait aimé passionnément quelques années auparavant. Le projet de Wolmar est d'*achever de guérir* les anciens amants. Il a constaté qu'ils « sont plus amoureux que jamais[48] » et toutefois « qu'ils sont parfaitement guéris ». Situation contradictoire, qu'il veut modifier en faisant disparaître ce qui reste d'amour. Or, pour l'œil perspicace de Wolmar, il est évident que Saint-Preux aime Julie « dans le temps passé ». Et il précise: « Leur imagination vivement émue les a sans cesse offerts l'un à l'autre tels qu'ils étaient lors de leur séparation. » Il faut par conséquent *substituer* pour eux la *réalité* présente à l'imaginaire qui les subjugue. (Notons que cette « méthode » est l'inverse de celle que pratique généralement Rousseau, quand il invente un monde imaginaire pour « suppléer » aux

---

47. *O.C.*, IV, p. 664.
48. *O.C.*, II, p. 508 (lettre 14 de la IVe partie). Étienne Gilson l'a commentée dans une étude minutieuse: « La méthode de M. de Wolmar », in *Les idées et les lettres*, Paris, 1955, p. 275-298.

insuffisances des objets réels ; ce n'est que lorsque la puissance imaginative tarira en lui qu'il cherchera à fixer son esprit sur les détails objectifs du monde végétal[49] ; mais alors le retour au réel a pour but de préserver un champ d'activité, de perpétuer un travail mental qui se veut innocent, et non pas d'exorciser un imaginaire coupable.) Saint-Preux se laisse persuader : « Les explications de M. de Wolmar m'ont entièrement rassuré sur le véritable état de mon cœur. Ce cœur trop faible est guéri tout autant qu'il peut l'être... La paix est au fond de mon âme comme dans le séjour que j'habite... Si je n'y prends pas tout à fait l'autorité d'un maître, je sens plus de plaisir encore à me regarder comme l'enfant de la maison » (V, 2). Wolmar aura su « donner le change à l'imagination » de Saint-Preux. « A la place de sa maîtresse je le force de voir toujours l'épouse d'un honnête homme et la mère de mes enfants ; j'efface un tableau par l'autre, et couvre le passé du présent. » Wolmar, en s'absentant, aura cessé de s'interposer entre les deux anciens amants. « Plus ils se verront seul à seul, plus ils comprendront aisément leur erreur en comparant ce qu'ils sentiront avec ce qu'ils auraient autrefois senti dans une situation pareille. » C'est accentuer le péril, pour mieux le surmonter. Si le mal (aux yeux de la morale conventionnelle) a été précédemment la « réunion » de Julie et de Saint-Preux, le remède choisi par Wolmar consistait à réitérer cette « réunion » pour en annuler les effets passionnels : Wolmar s'est éloigné pour que les anciens amants intériorisent son image et acceptent la réalité d'un présent où ils ne s'appartiennent plus. Mais nous sommes dans l'univers de l'amour-passion, et ce serait sortir de son cercle enchanté que de supposer réussie la tentative de guérison rationnelle. En amour, c'est l'inguérissable qui fascine. Jusqu'au terme du roman, Julie restera « vertueuse », mais non « guérie[50] ». Elle avouera la

49. « Plus la solitude où je vis est profonde, plus il faut que quelque objet en remplisse le vide, et ceux que mon imagination me refuse ou que ma mémoire repousse sont suppléés par les productions spontanées que la terre non forcée par les hommes offre à mes yeux de toutes parts » (VII, *Rêverie, O.C.,* I, p. 1070).
50. Rousseau aime à évoquer les guérisons imparfaites. Lui-même, il n'a jamais pu « bien se guérir » de la tentation des menus larcins (*O.C.,* I, p. 32), ni de la masturbation

persistance de l'amour au seuil de la mort, à un moment où l'aveu ne peut plus tirer à conséquence : « Je me suis longtemps fait illusion. Cette illusion me fut salutaire ; elle se détruit au moment que je n'en ai plus besoin. Vous m'avez cru guérie, et j'ai cru l'être. Rendons grâce à celui qui fit durer cette erreur autant qu'elle était utile ; qui sait si me voyant si près de l'abîme, la tête ne m'eût point tourné[51] ? » Mais au moment où l'imminence de la mort fait apparaître l'échec du combat volontaire contre la passion mal guérie, elle révèle un ordre supérieur, où règne la loi de la passion sublimée, et où le mal que fut la *séparation* des amants va trouver sa guérison définitive. Ainsi la non-guérison de l'amour illégitime (selon la loi de la raison et de la société) peut-elle correspondre à la guérison de la séparation (selon la loi de la passion). Et la vertu, qui fut en ce monde l'auxiliaire de l'interdit social, le principe séparateur, sera dans l'autre monde le principe de la réunion éternelle : « La vertu qui nous sépara sur la terre, nous réunira dans le séjour éternel[52]. » La guérison entreprise et à demi manquée par Wolmar avait laissé subsister le mal (en l'occurrence : la passion coupable, réprimée mais non supprimée par la vertu) ; et voici que les rôles s'inversent, le mal d'aimer est désormais le bien suprême, moyennant franchissement d'une frontière ontologique. Dans le jeu complexe où s'est engagée l'imagination de Rousseau, les forces de frustration sont converties en puissances réparatrices. Être vertueux, mourir, ne sont plus la négation de jouir : ç'en sont les conditions. La pire infortune qui puisse advenir au désir est capable de recevoir valeur d'antidote. Allons jusqu'à dire que la foi en l'autre monde, chez Rousseau, est moins un acte de la croyance désintéressée que l'ouverture d'un espace à l'intérieur duquel pourra s'opérer la transmutation du mal en remède. Ce qui prime, c'est la volonté de consolation : elle exige un au-delà.

(*O.C.*, I, p. 594-595 et variante p. 1569). Le vertueux vicaire savoyard n'est « pas trop bien corrigé » des tentations de la chair (*O.C.*, IV, p. 563).

51. *O.C.*, II, p. 740.

52. *O.C.*, II, p. 743.

Une thérapeutique épistolaire

Une inconnue, qui signe Henriette, écrit à Rousseau, comme le font tant d'autres, pour lui confier ses peines et lui demander conseil. Rousseau, on le sait, a accepté, après le succès de ses grands ouvrages, un rôle de confesseur et de « guide » ; il fait de son mieux pour répondre à l'attente des innombrables lecteurs qui lui écrivent parce qu'ils n'ont pas trouvé le bonheur[53]. Non sans agacement ni parfois sans défiance, Rousseau assume la figure du maître de félicité, du guérisseur des âmes, du dispensateur des vrais remèdes. A lire ses réponses, l'on s'aperçoit que cette figure de thérapeute n'est pas pour lui déplaire. D'instinct, dirait-on, il allègue ses propres maux, à la fois pour se protéger contre des solliciteurs abusifs, et pour accroître son pouvoir charismatique : les grands modèles mythico-religieux sont assez présents à son esprit pour qu'il n'ignore pas le prestige qui s'attache à la figure du guérisseur souffrant. L'homme-remède saura plus sûrement dispenser la guérison s'il a lui-même été touché par le mal. En d'autres termes : il peut être le guide, parce qu'il a lui-même erré.

Henriette commence sa lettre par une protestation féministe. Elle ne peut approuver les sarcasmes de Rousseau contre les femmes savantes. Car pour elle, vieillissante, appauvrie, accablée de chagrins, l'étude des lettres est désormais la seule ressource. C'est la meilleure façon de fuir ses peines. A l'écouter décrire ses réveils (en des termes qui n'imitent personne), on ne peut mettre en doute la réalité de sa souffrance :

> Depuis longtemps j'ignore le bonheur de me réveiller avec cette douce tranquillité qui donne la satisfaction d'exister à la vue d'une journée paisible et agréable qui s'ouvre devant soi. Le moment du réveil est le moment le plus affreux de mon existence ; je sens que c'est un vif serrement de cœur qui m'arrache au sommeil, que c'est

---

53. Nous avons évoqué cet aspect dans *Rousseau en 1764*, in *Écriture 13*, Vevey, 1977, p. 123-131. Texte repris dans *Questions sur l'autorité*, Lausanne, L'Age d'Homme, 1989.

le trait perçant de la douleur qui détruit l'engourdissement de mes sens, et que la crainte et l'effroi du réveil est ce qui l'achève.

Rendue au jour et à la vie par des sentiments aussi pénibles, je me trouve isolée dans toute la nature, mille idées tristes et confuses s'assemblent, elles forment un nuage épais qui semble m'envelopper : je cherche à l'éloigner, je me débats, je regarde autour de moi, je considère tout ce qui m'environne, et je ne vois rien qui me console, j'appelle la raison, je la vois, je l'entends, mais rien ne me parle au cœur ; et le regret de ne pouvoir prolonger le sommeil autant que ma triste durée ajoute encore à mes maux. Quel travail, Monsieur, pour finir avec plus de sécurité des journées commencées dans de pareilles ombres ! [...] Ce que je puis faire est d'essayer de l'endormir [le cœur], en fixant l'esprit sur les objets les plus capables de retenir son attention. L'intérêt d'abord pourra être faible, mais l'habitude, mais la curiosité qui se réveillera, mais la vanité qui s'y mêlera, tout cela pourra former avec le temps une passion qui aura son effet, et ne serai-je pas trop heureuse si j'acquiers quelque tranquillité, même au prix d'un ridicule [...].

Et quel soulagement, déjà, dans le fait d'avoir pris la plume, d'avoir mis toutes ces choses sur le papier !

Depuis que j'ai cédé à l'envie de vous écrire et que j'ai pris la plume qui m'est si étrangère, j'ai éprouvé que je passais des heures plus douces. Toujours occupée de ce que je veux vous écrire, voulant en dire assez et craignant d'en dire trop, inquiète de l'impression que vous donnera de moi cette démarche, partagée entre la crainte de paraître ridicule et l'espérance de trouver un guide sûr et indulgent, osant et n'osant plus, constante seulement dans les sentiments d'estime et d'admiration que la lecture de vos ouvrages m'a inspirés, mon imagination varie dans la forme dont elle vous revêt ; quand elle ne me laisse voir que le philosophe, je suis effrayée, je déchire, je brûle tout ; quand elle le pare de tous les traits aimables de la bonté et de l'humanité, je reprends confiance, je me remets à l'aise, et j'écris. Enfin, tout cela m'a formé une occupation d'esprit, assez vive et assez forte pour faire diversion à mes idées ordinaires, et à ce sentiment intérieur qu'il me serait si heureux de perdre[54].

---

54. C'est la lettre n° 3192, au t. XIX de la *Correspondance complète de Rousseau* (éd. crit. par R.A. Leigh), Genève et Oxford, 1965-1989.

La réponse de Rousseau est singulière. Il n'a pu méconnaître l'accent de la souffrance mélancolique, mais il est bizarrement persuadé que sa correspondante se présente à lui sous un travestissement, et qu'il a affaire à Suzanne Curchod (une « belle penseuse », une « femme qui s'affiche[55] » ; elle a été courtisée par Gibbon, elle épousera Necker, tiendra salon à Paris...). Et l'on voit Rousseau, dès le début de sa lettre, prendre l'attitude de celui qui ne se laisse pas duper, qui n'accepte pas de « prendre le change ». D'où l'incrimination de l'amour-propre, de la vanité, du bel esprit : cela porte à faux, mais, en dépit de l'erreur sur la personne, cette rudesse de ton n'est peut-être pas tout à fait inopportune. D'une façon qui fait penser à une procédure psychanalytique assez habituelle, Rousseau cherche à remonter du message explicite à son intention implicite :

> Sur chacune de vos lignes je lis ces mots écrits en gros caractères : *Voyons si vous aurez le front de condamner à ne plus penser ni lire quelqu'un qui pense et écrit ainsi.* Cette interprétation n'est assurément pas un reproche et je ne puis que vous savoir gré de me mettre au nombre de ceux dont le jugement vous importe.

Quant à l'essentiel, Rousseau répète — dans une tentative de direction individuelle — tous les arguments qu'il a déployés dans sa philosophie de l'histoire :

> L'on ne revient pas plus à la simplicité qu'à l'enfance ; l'esprit une fois en effervescence y reste toujours, et quiconque a pensé pensera toute sa vie. C'est là le plus grand malheur de l'état de réflexion, plus on en sent les maux plus on les augmente et tous nos efforts pour en sortir ne font que nous y embourber plus profondément.
> Ne parlons pas de changer d'état, mais du parti que vous pouvez tirer du vôtre. Cet état est malheureux, il doit toujours l'être. Vos

---

55. Ce sont les termes employés par Rousseau dans sa réponse du 7 mai 1764. *Correspondance complète*, éd. cit., XX, p. 18-24. L'éditeur R.A. Leigh signale les affinités de cette lettre avec les analyses qu'on trouve dans le *Discours de l'inégalité*.

maux sont grands et sans remèdes... Et pour les rendre suppor-
tables vous y cherchez du moins un palliatif. N'est-ce pas là l'objet
que vous vous proposez dans vos plans d'études et d'occupations?

Rousseau commence par établir le caractère irréversible du
mal présent: la rétrogradation n'est pas possible. Il aggrave le
constat du malheur, sans offrir la moindre raison d'espérer, —
comme s'il savait d'instinct qu'il convient d'être rude avec les
déprimés, et que le fait de *répondre* à la lettre-demande est déjà
un *don* suffisant. Ce qu'il entreprend, c'est de remonter le cours
du mal, d'aller à sa source (mais dans l'aveuglement, puisqu'il
se représente, à l'autre bout de l'échange, Suzanne Curchod):
« Mais qu'est-ce que cette sensibilité si vantée? Voulez-vous le
savoir, Henriette? C'est en dernière analyse un amour-propre
qui se compare. J'ai mis le doigt sur le siège du mal. » Rousseau
adopte la tactique qu'il avait pratiquée dès le premier *Discours*:
le remède choisi par Henriette, dit-il d'abord, n'est qu'une
forme plus aiguë du mal:

> Sous prétexte de travailler pour l'indépendance, vous travaillez
> pour la domination. C'est ainsi que loin d'alléger le poids de
> l'opinion qui vous rend malheureuse, vous en aggravez le joug. Ce
> n'est pas le moyen de vous procurer des réveils plus sereins.

Mais en un second temps, qu'il a fait attendre, Rousseau
approuve la décision d'Henriette. L'étude, qui est le mal, peut
devenir le remède au mal. A une condition: qu'elle ne soit pas
distraction, diversion, mais retour à soi:

> Cependant, quoique mes idées en ceci diffèrent beaucoup des
> vôtres, nous sommes à peu près d'accord sur ce que vous devez
> faire. L'étude est désormais pour vous la lance d'Achille qui doit
> guérir la blessure qu'elle a faite. Mais vous ne voulez qu'anéantir la
> douleur, et je voudrais ôter la cause du mal. Vous voulez vous
> distraire de vous par la philosophie. Moi, je voudrais qu'elle vous
> détachât de tout et vous rendît à vous-même [...]. C'est alors que
> contente de vous sans pouvoir être mécontente des autres vous
> aurez un sommeil paisible et un réveil délicieux.

La lance d'Achille, ou: pour introduire le téléphisme

Au début du *Remède d'amour*, Ovide joue avec la même allusion légendaire:

> Déjà je vous appris l'art d'aimer; apprenez de moi maintenant l'art de n'aimer plus. La main qui vous blessa saura vous guérir. Souvent le même sol produit des herbes salutaires et des herbes nuisibles; près de la rose croît l'ortie, et la lance d'Achille cicatrisa la blessure qu'elle-même avait faite au fils d'Hercule[56].

Dans les *Métamorphoses*, Ovide fait dire par Achille:

> Télèphe a deux fois senti la vertu de ma lance[57].

Et dans les *Tristes*, il mentionne une fois encore le même héros:

> Télèphe eût péri dévoré par un incurable ulcère, si la main qui le blessa ne l'eût guéri[58].

Le nom de Télèphe, guéri par la lance qui l'avait blessé, était

---

56. Ovide, *Remède d'amour*, vers 43-48; *Amours*, IX. Autres exemples latins: Horace, *Épodes*, 17, 8; Properce, II, 1, 63-64. Le héros était connu par des tragédies d'Eschyle, d'Euripide, d'Ennius, etc. aujourd'hui perdues. A la Renaissance, la légende fait partie des connaissances communes. Jusqu'au milieu du XIXe siècle, la formule reste proverbiale. Je cite au hasard quelques exemples: « Le grand remède de la licence de la presse est dans la liberté de la presse; c'est cette lance d'Achille qui guérit les plaies qu'elle a faites » (Camille Desmoulins, *Le Vieux Cordelier*, n° 7, texte édité et présenté par Pierre Pachet, Paris, Belin, 1987, p. 131). Balzac pensait-il au texte de Desmoulins quand il fait dire par Lucien de Rubempré, dans *Illusions perdues*: « Décidément le journal est comme la lance d'Achille qui guérissait les blessures qu'elle avait faites » (Balzac, *La Comédie humaine*, éd. par P.-G. Castex. Pléiade, Paris, Gallimard, t. V, 1977, p. 462)? Benjamin Constant, dans un article de 1815, écrit: « La violence n'est pas comme la lance d'Achille; elle ne guérit pas les maux qu'elle a faits » (B. Constant, *Recueil d'articles, 1795-1817*, éd. par E. Harpaz, Genève, Droz, 1978).
57. *Métamorphoses*, XII, 112.
58. *Tristes*, V, 2, 15.

devenu, dans le monde antique, le représentant proverbial du concept de « guérison par l'arme qui a porté la blessure ». On en imagine aisément l'application dans le registre érotique : l'objet du désir inflige une blessure qui ne peut guérir que par la possession de ce même objet. A titre d'exemple, ces deux épigrammes de l'*Anthologie grecque* :

> Je porte mon amour comme une blessure ; de ma blessure, en fait de sang, coulent mes larmes et jamais la plaie ne se sèche. C'est que mon mal me laisse sans recours et Machaon lui-même ne peut appliquer à ma détresse un baume qui la calme. Je suis Télèphe, ô jeune fille ; sois quant à toi un loyal Achille : que ta beauté apaise mon désir, ainsi qu'elle m'en a frappé[59].

> Si le présent que tu m'as fait [une couple de pommes] est un symbole de tes seins, j'apprécie fort une telle faveur ; mais si tu en restes là, quelle iniquité d'avoir allumé un feu aussi violent, et de refuser de l'éteindre ! Celui qui blessa Télèphe le guérit aussi : ne va pas toi-même, petite, être envers moi plus cruelle qu'un ennemi[60].

Mais les emplois du mythologème pour désigner l'ambiguïté de la parole littéraire sont plus frappants encore. Nous venons de voir l'usage qu'en a fait Ovide, pour désigner le double pouvoir — érotique et anti-érotique — de sa poésie. En un sens plus édifiant, Plutarque reprend l'image de Télèphe pour définir l'effet de la parole philosophique :

> Pourquoi, lorsqu'une parole sage vous a mordu, vous a fait souffrir, ne pas recueillir l'utilité qu'elle contient ? Ce n'est pas seulement la blessure de Télèphe, comme dans Euripide, que « guérit le fer raclé qui tombe de la lance » ; les blessures que le discours incisif de la philosophie imprime sur l'âme des jeunes gens bien nés, c'est la parole même qui doit les guérir, comme c'est elle qui les a faites. Il faut accepter ces souffrances, ces morsures, sans

---

59. De Makedonios, *Anthologie grecque*, V, 225. Nous citons d'après la traduction de P. Waltz (« Les Belles-Lettres »).
60. De Paul le Silentiaire, *Anthologie grecque*, V, 291.

que les reproches nous écrasent et nous découragent [...]. Supportons les premières purifications, les premiers troubles, dans l'espérance que ces tourments et ces épreuves amèneront des dédommagements aussi doux que glorieux[61].

Mais il convient de rappeler — car elle n'est pas indifférente — la légende de Télèphe, telle qu'on la connaît par les mythographes et par les fragments subsistants de la tragédie qu'Euripide lui avait consacrée.

L'enfance de Télèphe peut se lire comme une variante du mythe œdipien (Rank[62] l'inclut dans sa collection), variante où l'intervention divine empêche l'union incestueuse alors qu'elle est sur le point de s'accomplir. L'histoire peut se résumer ainsi:

Télèphe, fils d'Hercule et d'Augé, avait été exposé aussitôt après sa naissance et nourri par une biche [...]. Devenu grand, il se rendit à la cour de Mysie, par ordre de l'oracle, pour y chercher ses parents. Teuthras, roi de Mysie, était alors engagé dans une guerre étrangère qui devenait fâcheuse pour lui: il fit publier qu'il donnerait sa fille adoptive Augé et sa couronne à celui qui le délivrerait de ses ennemis. Télèphe se mit à la tête des Mysiens; et, ayant obtenu une victoire complète, il fut reconnu l'héritier du royaume de Mysie[63]. Teuthras lui accorda Augé; mais lorsqu'il entra dans sa chambre, elle le menaça de le tuer, s'il ne se retirait pas sur-le-champ. Comme Télèphe voulut employer la force, les dieux envoyèrent un dragon qui, passant entre eux, les sépara, et fit à Augé une telle peur qu'elle jeta l'épée qu'elle tenait à la main. Télèphe insista de nouveau; Augé invoqua le secours d'Hercule, son amant, ce qui fit qu'ils se reconnurent[64][...].

Il est difficile d'assurer qu'il existe un lien nécessaire entre la légende de l'enfance de Télèphe et l'histoire du héros adulte. Mais l'on peut évidemment rêver sur cette interposition du

---

61. Plutarque, *Comment il faut écouter*, 16.
62. Otto Rank, *Der Mythus von der Geburt des Helden*, Deuticke 1909, p. 21-22. On trouvera les renseignements essentiels dans Carl Robert, *Die griechische Heldensage*, Berlin, 1923, p. 1138-1160.
63. F. Noël, *Dictionnaire de la Fable*, 3ᵉ éd., Paris, 1810.
64. Chompré, *Dictionnaire portatif de la Fable*, nouv. éd., Paris, 1801.

dragon, sur l'apparition du père musclé, précédant l'histoire d'une blessure qui mettra du temps à guérir.

L'histoire se poursuit ainsi, selon la vulgate codifiée par Chompré:

> Les Grecs, en allant à Troie, ayant voulu aborder dans les états de Télèphe, celui-ci leur opposa la force des armes: il en vint à un combat opiniâtre [...]. Télèphe fut blessé à la hanche par Achille [...]. L'oracle qu'il avait consulté avait répondu qu'il ne pouvait être guéri que par la même main qui l'avait blessé. Comme il n'y avait pas d'apparence qu'Achille, son ennemi, voulût le servir, Clytemnestre, selon Hygin, lui conseilla d'enlever Oreste, pour obliger Agamemnon de faire consentir Achille à sa guérison; mais ce héros étant inexorable, Ulysse dit que le sens de l'oracle était que la lance qui avait fait le mal devait servir de remède. Ainsi, ayant pris de la rouille de la pointe de cette lance, et en ayant composé un emplâtre, il l'envoya à Télèphe qui fut bientôt guéri[65][...].

La rouille de la lance! Pline l'Ancien y voit, au sens le plus littéral, l'illustration des pouvoirs hémostatiques et cicatrisants des raclures métalliques. On aurait pu méditer (au sens allégorique) sur le fait que la substance médicatrice n'est pas tout à fait identique à la substance vulnérante: dans l'intervalle, son métal a été altéré, le temps a travaillé, et, appliqué la seconde fois, le fer n'est plus qu'une poudre: la répétition n'est remède que parce que l'arme a subi à son tour l'atteinte d'un mal...

Le mythe prête à plus large réflexion encore. Le *téléphisme* ne pourrait-il pas désigner un redoublement d'ambivalence, une ambiguïté surajoutée à l'intérieur de l'organisation sado-masochique? Brièvement, en reprenant le schème proposé par Freud pour le sado-masochisme[66], nous distinguerions trois variantes du téléphisme:

a) Variante active, sadique (achilléenne): blesser, puis consentir à soigner; de façon plus marquée: investir une charge libidinale intense dans les soins prodigués à l'objet qu'on a

---

65. *Ibid.*
66. Freud, *Gesammelte Werke, X, Triebe und Triebschicksale*, p. 210-232.

préalablement blessé. Battre, puis, cajoler; incendier, puis, selon l'expression de Rousseau, « faire jouer les pompes ». La notion kleinienne de *réparation* correspond à cette série d'attitudes.

b) Variante conjuguée à la voix moyenne, réfléchie: se faire souffrir, afin de s'engager, par la suite, dans une activité gratifiante d'autoconsolation, de réintégration narcissique du moi blessé. L'obsessionnalité a ici l'occasion de se manifester de façon redoublée, d'abord dans la recherche de la souffrance, puis dans le travail réparateur.

c) Variante passive: s'exposer à la blessure, afin d'être ensuite réconforté, si possible par ceux dont on a été blessé. Se faire battre, pour appeler sur soi la compassion active du persécuteur lui-même. Provoquer la haine d'autrui, mais en lui demandant de se retourner en amour.

Le mythe de Télèphe me paraît important, parce qu'il permet d'organiser un schème psychologique homologue à certains thèmes théocosmologiques (gnostiques, chrétiens, révolutionnaires) où la cause assignée au mal est réinterprétable comme cause d'un bien futur, où la violence infligée (ou subie) se veut annonciatrice de guérison. *Felix culpa!* Heureux mal, d'où sortira une réparation universelle[67]. Le sang du Graal, qui coule de la lance de Longin qui a percé le flanc du Christ, guérira le Roi Méhaigné. Les théodicées les plus diverses peuvent en appeler aux paroles de l'oracle annonçant à Télèphe que celui qui infligea la blessure la guérira: *bo trôsas iassetai*. Rousseau nous propose sans doute le plus parfait exemple d'une philosophie de l'histoire téléphienne et d'un téléphisme de l'existence

---

67. Dans le *De doctrina christiana*, Augustin voit dans la Sagesse divine une thérapeutique agissant tantôt par voie contraire, tantôt par l'effet du semblable sur le semblable... *Morte mortuos liberavit* (I, XIV, 13). Pascal en fait l'un des arguments de la *Prière pour le bon usage des maladies*. Fénelon, dans un « Sermon du mercredi des Cendres », écrit: « Cette cendre... quoique elle représente la mort [...] est un remède qui donne l'immortalité. » Baudelaire, traduisant Quincey *(Un mangeur d'opium)*, ajoute au texte anglais décrivant les tourments du « mauvais sommeil »: [...] « Jusqu'à ce que, *trouvant un remède dans l'intensité même de la douleur,* la nature humaine fasse explosion dans un grand cri » (chap. II).

individuelle, à la fois spontanément vécu et clairement professé. D'où l'intérêt exceptionnel de l'échange épistolaire entre Henriette et Rousseau. On y voit la philosophie de Rousseau offrir la guérison à la destinataire inconnue : or Rousseau parle à cette correspondante lointaine comme il se parlera à lui-même dans les *Rêveries*. Sa méthode est celle même qui commandera le passage des écrits de doctrine aux écrits autobiographiques. Et nous ne devons pas oublier que Rousseau en est venu à considérer son œuvre de philosophe comme un mal dans lequel il s'est laissé entraîner, mal dont il doit, pour le reste de ses jours subir les conséquences, mais en tentant de le réparer par de nouveaux écrits.

Henriette écrivit deux fois, et chaque fois Rousseau répondit. Ce large matériel nous permet de discerner un double téléphisme ; l'un, sur le plan intellectuel, à propos des dangers et des vertus curatives de l'étude ; l'autre à un niveau beaucoup plus profond.

Quand Rousseau écrit à Henriette que « quiconque a pensé pensera toute sa vie » ; que pour elle « l'étude est désormais la lance d'Achille », il applique à une destinée individuelle ce qu'il a affirmé de l'histoire collective, ce qu'il a dit des bonnes institutions sociales, qui sont « celles qui savent le mieux dénaturer l'homme[68] ». C'est le mal même de la culture qui, poussé à sa *perfection*, sera le nouveau bien, la guérison.

Mais Rousseau dit autre chose encore, qui concerne plus directement le domaine affectif. Henriette doit accepter de perdre les autres, de rompre avec eux, de n'avoir « plus besoin d'eux ». Elle devra « se suffire » elle-même :

> Vous convenez d'avoir passé des heures très douces en m'écrivant et me parlant de vous. Il est étonnant que cette expérience ne vous mette pas sur la voie et ne vous apprenne pas où vous devez chercher sinon le bonheur au moins la paix[69].

68. *O.C.*, IV, p. 249.
69. *Correspondance complète*, cit., XX, p. 21.

La ressource salvatrice, aux yeux de Rousseau, est donc le monologue de l'âme qui, toutes attaches rompues, s'entretient intérieurement d'elle-même. Ce n'est pas ce qu'Henriette avait voulu dire : elle n'avait pas renoncé à la communication avec autrui ; elle n'avait pas aboli cette espérance. C'est pourquoi, dans sa seconde lettre, elle résiste à l'interprétation de Rousseau : si elle lui a écrit, ce n'était pas pour s'observer et se consoler elle-même, mais pour obtenir son intérêt, pour être écoutée. Pourquoi les heures passées à écrire ont-elles été si douces ? « Ce n'est point, comme vous le croyez, parce que je vous parlais de moi ; c'est parce que je parlais à vous et que j'étais fort occupée de ce que je vous disais[70]. » On ne peut mieux exprimer le désir de rejoindre un destinataire. Elle y est d'ailleurs parvenue, puisque Rousseau termine sa première lettre en lui disant : « Ce qu'il fallait, avant toute chose, était de vous faire sentir combien vous m'intéressez[71] », et il lui dira encore : « Ce que je vous promets et que je tiendrai bien, c'est de m'occuper beaucoup de vous et de ne vous oublier de ma vie[72]. Mais Henriette exprime son désir de communication comme un désir de se fuir, de s'oublier, et c'est par là qu'elle s'expose à la réprimande de Rousseau. Elle déclarait vouloir « se distraire de ce sentiment pénible et profond qui la suit partout » ; elle craignait tout ce qui la ramenait « trop près d'elle-même » ; elle aurait voulu « s'arracher » à elle-même, « s'étourdir sur ce sentiment intérieur », « y faire distraction »... Rousseau répond qu'il ne faut pas s'arracher à soi, mais s'y attacher, en s'arrachant aux choses et aux êtres. Aux élans centrifuges d'une âme qui s'enfuit au-dehors, qui se détourne, il oppose la leçon traditionnelle (stoïcienne et chrétienne) du *redi in te ipsum*. Observons sa tactique. D'abord, il fait intervenir le sentiment de l'impasse, de l'échec du rapport thérapeutique, de l'incurabilité :

70. *Correspondance complète*, cit., XXI, p. 123.
71. *Correspondance complète*, cit., XX, p. 22.
72. *Correspondance complète*, cit., XXII, p. 10.

[...] Je croyais entrevoir un projet à suivre pour vous tirer des angoisses que vous décriviez, sans recourir aux distractions qui selon vous en sont le seul remède, et qui selon moi ne sont pas même un palliatif. Vous m'apprenez que je me suis trompé, et que je n'ai rien vu de ce que je croyais voir. Comment trouverais-je un remède à votre état, puisque cet état m'est inconcevable ? Vous m'êtes une énigme affligeante et humiliante. Je croyais connaître le cœur humain et je ne connais rien au vôtre. Vous souffrez et je ne puis vous soulager[73].

A ce nouveau refus de traitement (qu'on peut interpréter comme une agression, comme une volonté de blesser) va succéder, d'abord sur le mode interrogatif, l'exposé du remède agréé par Rousseau. On le verrait mieux encore par la confrontation avec d'autres exemples similaires : la pratique thérapeutique de Rousseau commence par blesser, par frustrer, pour offrir ensuite la caresse, le conseil salutaire. Il y a plus : le remède, une fois que Rousseau a consenti à le prescrire, consiste à pratiquer la forme neutre (ou partiellement passive) du téléphisme : rompre avec les autres, ou accepter le fait affligeant de leur « insensibilité », pour goûter en soi-même, à partir de soi-même, le plaisir du *dédommagement* :

Quoi, parce que rien d'étranger à vous ne vous contente, vous voulez vous fuir, et parce que vous avez à vous plaindre des autres, parce que vous les méprisez, qu'ils vous en ont donné le droit, que vous sentez en vous une âme digne d'estime, vous ne voulez pas vous consoler avec elle du mépris que vous inspirent celles qui ne lui ressemblent pas ? Non, je n'entends rien à cette bizarrerie, elle me passe.

Cette sensibilité qui vous rend mécontente de tout ne devait-elle pas se replier sur elle-même, ne devait-elle pas nourrir votre cœur d'un sentiment sublime et délicieux d'amour-propre, n'a-t-on pas toujours en lui la ressource contre l'injustice et le dédommagement de l'insensibilité ? Il est si rare, dites-vous, de rencontrer une âme ; il est vrai, mais comment peut-on en avoir une et ne pas se complaire

73. *Correspondance complète*, cit., XXII, p. 8-9.

en elle? Si l'on sent à la sonde les autres étroites et resserrées, on s'en rebute, on s'en détache, mais après s'être si mal trouvé chez autrui, quel plaisir n'a-t-on pas de rentrer dans sa maison? Je sais combien le besoin d'attachement rend affligeante aux cœurs sensibles l'impossibilité d'en former. Je sais combien cet état est triste, mais je sais qu'il a pourtant des douceurs; il fait verser des ruisseaux de larmes, il donne une mélancolie qui nous rend témoignage de nous-mêmes et qu'on ne voudrait pas ne pas avoir. Il fait chercher la solitude comme le seul asile où l'on se retrouve avec tout ce qu'on a raison d'aimer. Je ne puis trop vous le redire, je ne connais ni bonheur ni repos dans l'éloignement de soi-même et au contraire je sens mieux de jour en jour qu'on ne peut être heureux sur la terre qu'à proportion qu'on s'éloigne des choses et qu'on se rapproche de soi[74].

Rousseau prêche d'exemple pour sa correspondante, comme il fera, plus tard, pour la postérité, dans les *Rêveries...* Une question reste mal décidable: s'agit-il d'accepter la blessure infligée par l'insensibilité des autres? S'agit-il de se blesser soi-même en rompant avec « les choses »? Il importe à Rousseau d'entretenir la confusion à ce sujet. Ce qui est certain, c'est qu'à partir de cette perte, la seule ressource est de s'attacher amoureusement à soi, d'élaborer longuement les consolations que l'on tire de son fonds propre, d'investir la plus grande énergie passionnelle dans la cicatrisation d'une blessure que l'on ne cesse d'autre part d'entretenir. Si le remède est dans l'exercice de notre sensibilité, sa vertu apaisante vient de ce qu'il peut *interpréter* la souffrance comme la conséquence de la supériorité qui caractérise l'âme sensible. Le mal procède certes de l'incompréhension des autres, de leur hostilité même, mais ces sentiments haineux s'expliquent aussitôt par des raisons consolantes et flatteuses. Par une telle explication, la victime détient aussitôt la preuve de sa valeur. Le mal est désormais la garantie d'une différence qui privilégie l'individu: l'excès du mal a servi de condition nécessaire pour que le sujet jouisse pleinement de lui-même, en s'exceptant d'un mal devenu universel. En tout

74. *Ibid.*

ceci, nous l'avons vu, Rousseau préfère ignorer qu'il a pu être lui-même l'agent du mal, qu'il a pu y prêter la main. Sur le mode réfléchi, Télèphe se blesse lui-même pour se « dédommager » lui-même. Mais pour qui aime les blessures profondes, la ruse consiste à se faire croire que le trait est venu d'Achille. Rousseau, rappelons-le, a constamment besoin de construire une généalogie externe, *disculpante*, du mal[75]. C'est pourquoi il a besoin de se convaincre que le travail réparateur de la rêverie est l'*opposé* intégral du mal. Même si la conscience rêveuse n'ignore pas qu'elle prend appui sur le mal et sur les « ténèbres » pour produire la certitude de sa propre transparence, elle ne se considère pas impliquée dans le mal auquel elle réplique. Le mécanisme projectif fait qu'elle se croit blessée par *les autres* et guérie par elle-même. La blessure est accusée comme venant du dehors, et la guérison saluée comme surgie du dedans. Comment pourrait-il en être autrement ? L'activité dédommageante ne peut exercer toute sa vertu apaisante que dans la conviction d'avoir à faire front à une puissance inconnue. S'il était trop clair que la blessure est venue du sujet lui-même, le travail réparateur se trouverait entravé à sa source même. Ceci permet de mieux comprendre l'assertion inlassablement répétée du « bonheur en dépit d'eux », par quoi Rousseau tente de se convaincre du plein succès du dédommagement, du « supplément », de l'activité substitutive.

Textes à l'appui

Deux fois, dans les *Confessions*, Rousseau recourt à une même phrase : « Ce qui devait me perdre me sauva » (ou « me conserva »). Les occasions n'en sont pas négligeables.

La première fois, c'est à propos de la fessée administrée par Mlle Lambercier et de la découverte du plaisir masochique :

---

75. C'est ce que nous avons montré dans « Le dîner de Turin », in *La Relation critique*, Paris, 1970.

[...] Mais quand enfin le progrès des ans m'eut fait homme, c'est ainsi que *ce qui devait me perdre me conserva*. Mon ancien goût d'enfant, au lieu de s'évanouir s'associa tellement à l'autre que je ne pus jamais l'écarter des désirs allumés par mes sens[76].

Dans la première version de ce texte, on lisait :

Ce qui devait me perdre me sauva longtemps de moi-même. Dans l'âge de puberté l'objet dont j'étais occupé fit diversion à celui que j'avais à craindre. Une idée donnant le change à l'autre m'échauffait sans me corrompre[77] [...].

La même phrase revient presque textuellement quand Rousseau raconte le début de son séjour dans la maison de Mme de Warens, et son recours au « dangereux supplément qui trompe la nature » :

Que de stimulants ! Tel lecteur qui se les représente me regarde déjà comme à demi mort. Tout au contraire ; *ce qui devait me perdre me sauva*, du moins pour un temps[78].

Le mal (la tendance perverse, l'auto-érotisme) se trouve donc porteur de virtualités salvatrices : le « vice » trouve en lui-même son propre antidote — selon une interprétation dictée par la conscience morale, qui stigmatise le commerce charnel comme le mal superlatif, en regard duquel toute diversion, toute perversion réfléchie sur le moi, sont bénéfiques.

Le souvenir de Mlle Lambercier est étroitement associé à la notion que nous cherchons à mettre en évidence. L'épisode du

76. *O.C.*, I, p. 17.
77. *O.C.*, I, p. 1156. Cf. Philippe Lejeune, « La punition des enfants, lecture d'un aveu de Rousseau », in *Le Pacte autobiographique*, Paris, p. 49-85, et « Le peigne cassé », *Poétique*, 25, 1976, p. 1-30.
78. *O.C.*, I, p. 109 ; cf. Philippe Lejeune « Le "dangereux supplément", lecture d'un aveu de Rousseau », *Annales Économies, Sociétés, Civilisations*, 1974, IV, p. 1009-1022 ; et le chapitre intitulé « Ce dangereux supplément... », in J. Derrida, *De la grammatologie*, Paris, 1967, p. 203-234.

peigne cassé parachève l'effet « salutaire » que Rousseau attribue à l'expérience de la fessée : « Qui croirait, par exemple, qu'un des ressorts les plus vigoureux de mon âme fut trempé *dans la même source* d'où la luxure et la mollesse ont coulé dans mon sang ? » Et, parlant de l'« exécution », administrée cette fois par l'oncle Bernard, Rousseau ajoute : « Elle fut terrible. Quand, *cherchant le remède dans le mal même*, on eût voulu pour jamais amortir mes sens dépravés, on n'aurait pu mieux s'y prendre. »

Parfois, l'effervescence amoureuse étant comparée à la maladie, la valeur curative est paradoxalement attribuée aux malheurs qui en découlent. Quel curieux rapport s'établit entre le malheur et la guérison, dans ces lignes qui parlent de la genèse de *La Nouvelle Héloïse* : « L'ivresse dont je fus saisi, quoique si prompte et si folle, fut si durable et si forte, qu'il n'a pas moins fallu pour m'en *guérir* que la *crise* imprévue et terrible des *malheurs* où elle m'a précipité[79]. »

A première vue, ces vers juvéniles, composés à Chambéry, ne font que reprendre un lieu commun : le profit spirituel que l'âme peut tirer de la maladie en lui résistant ; en terminologie psychanalytique : le bénéfice secondaire :

> Et le mal dont mon corps se sent presque abattu
> N'est pour moi qu'un sujet d'affermir ma vertu[80].

Le plaisir des larmes — quand gagné par la fièvre Jean-Jacques va se réfugier dans la chambre de Mme de Warens — est marqué de la même efficacité thérapeutique : « Comme si les pleurs étaient ma nourriture et mon *remède*, je me *fortifiais* de ceux que je versais auprès d'elle, avec elle, assis sur son lit et tenant ses mains dans les miennes[81]. »

Mais qu'on relise le récit que fait Rousseau, au sixième livre

79. *Confessions*, IX, *O.C.*, I, p. 427.
80. *O.C.*, II, p. 1129.
81. *Confessions*, V, *O.C.*, I, p. 222.

des *Confessions*, de l'état de dépérissement et d'anxiété qu'il traversa, et qui se termina par l'irruption soudaine d'un violent trouble auditif :

> On peut juger de ma surprise et de mon effroi. Je me crus mort ; je me mis au lit ; le médecin fut appelé ; je lui contai mon cas en frémissant et le jugeant sans remède [...]. Cet accident qui devait tuer mon corps ne tua que mes passions, et j'en bénis le ciel chaque jour par l'heureux effet qu'il produisit sur mon âme. Je puis bien dire que je ne commençai de vivre que quand je me regardai comme un homme mort [...]. Enfin je me sentis entraîné peu à peu malgré mon état, ou plutôt par mon état vers l'étude avec une force irrésistible, et tout en regardant chaque jour comme le dernier de mes jours j'étudiais avec autant d'ardeur que si j'avais dû toujours vivre. On disait que cela me faisait du mal ; je crois, moi, que cela me fit du bien[82].

Il est frappant de voir Rousseau hésiter ici entre deux expressions — « malgré mon état », « par mon état » — où les bienfaits de l'étude, d'abord considérés dans leur opposition au mal, sont comptabilisés, après immédiate rectification, comme un bénéfice direct et paradoxal du mal. Notons de surcroît l'indice de la passivité — le participe *entraîné* — qui désigne d'abord l'étude comme une passion subie au même titre que la maladie qui la précède. Mais l'on passe ensuite à l'actif intransitif : « J'étudiais... » On saisit sur le vif l'un de ces renversements que signale J.-B. Pontalis, où Rousseau redresse en action volontaire une situation d'abandon ou de rejet. Et l'on peut dire que l'attitude de Rousseau face à ce qu'il croit être sa mort imminente ressemble à celle qui fut la sienne, le soir de sa fugue décisive, lorsque se refermèrent les portes de Genève : « Aussitôt s'opère le retournement : c'est *lui* qui s'en va, anticipant et comme conjurant tout rejet[83]. » A preuve notamment cette

---

82. *O.C.*, I, p. 227 à 232. Sur cet épisode, comme sur les problèmes précédemment évoqués, on lira l'excellent commentaire de Pierre-Paul Clément : *Jean-Jacques Rousseau, de l'éros coupable à l'éros glorieux*, Neuchâtel, 1976, notamment aux p. 188-202.

83. J.-B. Pontalis, *Entre le rêve et la douleur*, Paris, 1977, p. 150.

phrase singulière où la mort, le rejet hors de la vie, au moment
où semblent se relever les ponts-levis de l'existence terrestre,
sont traités comme l'espace d'un voyage : « Soit qu'il me parût
beau d'apprendre jusqu'à ma dernière heure, soit qu'un reste
d'espoir de vivre se cachât au fond de mon cœur, l'attente de la
mort loin de ralentir mon goût pour l'étude semblait l'animer,
et je me pressais d'amasser un peu d'acquis pour l'autre monde,
comme si j'avais cru n'y avoir que celui que j'aurais emporté[84]. » Le sentiment de la mort prochaine (qui sature l'appel de
punition) libère une intense activité d'enrichissement narcissique, dans un domaine désexualisé, donc moins chargé d'an-
goisse.

Le service que la conviction de la mort prochaine rend à
l'apprentissage intellectuel de Jean-Jacques trouve son homologue dans le service que la conviction du complot universel
rendra à la rêverie réparatrice. Là encore, le mal extrême
devient l'occasion d'une « perlaboration » heureuse : l'excès du
malheur met Rousseau en position de ne redouter aucune
aggravation de son état, si bien qu'il peut se vouer entièrement
au travail du *dédommagement*. Ce mot revient presque à chaque
page des *Rêveries*, non plus dans le sens religieux, d'abord
utilisé par Rousseau dans l'*Émile*, d'une compensation accordée
par Dieu, mais dans le sens d'une substitution, d'un « supplément », que le moi produit de sa propre substance. La politique
du pire est souvent chez Rousseau une attitude consciente,
pleinement avouée. Préfaçant *La Nouvelle Héloïse*, il avait écrit :
« Je me suis accusé d'avance plus fortement peut-être que
personne ne m'accusera[85]. » Dans une lettre à son éditeur, il
avait reconnu : « Je sens bien qu'en tout je suis porté à mettre les
choses au pis » (13 septembre 1758).

Dans les *Dialogues*, par la bouche du Français, Rousseau dit
de lui-même le pis qui se puisse dire. Il plonge dans sa chair
l'arme la plus aiguë. Dans quel but ? Rousseau le dit dans le

84. *O.C.*, I, p. 232-233.
85. *O.C.*, II, p. 27.

texte liminaire : « J'ai pris le seul parti qui me restait à prendre pour m'expliquer : c'était, entre toutes les suppositions possibles, de choisir la pire pour moi, la meilleure pour mes adversaires [...]. Épuiser tout ce qui se pouvait dire en leur faveur était le seul moyen que j'eusse de trouver ce qu'ils disent en effet[86]... » Dans ce texte trop rarement lu, on voit Rousseau devenir son propre bourreau afin de mimer au plus juste le discours accusateur qu'il ignore, mais que lui annoncent mystérieusement tous les signes qu'il lit sur les visages. Il a hâte de pouvoir déclarer que le mal est à son comble, et que par la suite, il n'a, lui, plus rien à perdre, plus rien à redouter. Et la conséquence qu'il ne manque pas d'en tirer est encore une fois bivalente : ses persécuteurs, en croyant lui faire du mal, lui ont fait du bien. La forme du dialogue permet de faire alterner ainsi le discours blessant (du Français) et le discours réparateur (de Rousseau).

Il ne s'agit parfois que d'une interprétation que Rousseau modifie. L'événement, tour à tour, reçoit deux sens. Le jour où il a voulu déposer le manuscrit des *Dialogues* sur l'autel de Notre-Dame, il a cru voir « concourir le ciel même à l'œuvre d'iniquité des hommes[87] ». Mais le sens attribué à l'événement va s'inverser : « Revenu peu à peu de ce premier saisissement je commençai à réfléchir plus posément à ce qui m'était arrivé, et par ce tour d'esprit qui m'est propre, aussi prompt à me consoler d'un malheur arrivé qu'à m'effrayer d'un malheur à craindre, je ne tardai pas d'envisager d'un autre œil le mauvais succès de ma tentative. [...] Enfin le mauvais succès de mon projet dont je m'étais si fort affecté me parut à force d'y réfléchir un bienfait du ciel qui m'avait empêché d'accomplir un dessein si contraire à mes intérêts[88]. »

De façon systématique Rousseau accepte le mal comme irrévocable, pour faire le compte des bienfaits qui en résultent ;

86. *O.C.*, I, p. 662-663.
87. *O.C.*, I, p. 980.
88. *O.C.*, I, p. 981.

on l'a « délivré de l'inquiétude de l'espérance[89] » ; on l'a réduit à
se suffire à lui-même, et il ne demandait que cela: dans la
solitude où il se trouve confiné, plus rien ne peut troubler sa
tranquillité, il peut « se forger des consolations[90] » à n'en plus
finir. Parachevant le rejet dont il se sent l'objet, il se met en
posture de prendre la plus complète des revanches narcissiques.
Si l'« édifice de ténèbres » ne l'environnait pas, il ne pourrait
s'attribuer « la transparence du cristal ». L'exclusion par les
méchants devient la preuve irréfutable d'une bonté native et
non perdue.

> Qu'ai-je encore à craindre d'eux puisque tout est fait? Ne
> pouvant plus empirer mon état ils ne sauraient plus m'inspirer
> d'alarmes. L'inquiétude et l'effroi sont des maux dont ils m'ont
> pour jamais délivré [...]. Voilà le bien que m'ont fait mes persé-
> cuteurs en épuisant sans mesure tous les traits de leur animosité. Ils
> se sont ôté sur moi tout empire, et je puis désormais me moquer
> d'eux[91] [...]. Apprenons à prendre donc ces avantages en compen-
> sation des maux qu'ils me font. En me rendant insensible à
> l'adversité ils m'ont fait plus de bien que s'ils m'eussent épargné ses
> atteintes. [...] Livré par mes penchants aux affections qui m'at-
> tirent, mon cœur se nourrit encore des sentiments pour lesquels il
> était né et j'en jouis avec les êtres imaginaires qui les produisent et
> qui les partagent comme si ces êtres existaient réellement[92].

Dans le texte liminaire des *Dialogues*, Rousseau, nous l'avons
vu, décidait d'« *épuiser* tout ce qui se pouvait dire » en la faveur
de ses persécuteurs. Maintenant, il assure qu'*ils* ont *épuisé* « sans
mesure tous les traits de leur animosité ». Ces traits hostiles,
c'est le premier coup de lance d'Achille. Mais le Rousseau des
Rêveries ignore (ou feint d'ignorer) ce que savait le Rousseau
des *Dialogues*: que c'est lui qui a forgé et lancé les traits qui
l'accablent; qu'il a imaginé ce discours accusateur pour remon-

89. *O.C.,* I, p. 986, répété p. 997.
90. *O.C.,* I, p. 132.
91. *O.C.,* I, p. 997.
92. *O.C.,* I, p. 1081.

ter à la cause plausible des signes d'hostilité qui s'accumulent sur son passage. « Qu'on m'apprenne quels sont mes crimes, et comment et par qui j'ai été jugé[93]! » Rousseau écrit cela dans un « billet circulaire » qu'il a tenté de distribuer dans la rue, après avoir achevé les *Dialogues*. Tout se passe comme s'il avait aussitôt oublié qu'il a lui-même reconstruit et mimé le discours supposé de ses accusateurs. Mais cet oubli paranoïaque, qui transforme le mal infligé par soi-même en un mal infligé par autrui, fait sans doute partie du processus médicateur. Il ouvre à l'écriture un espace où celle-ci peut croire qu'elle ne travaille, purement, qu'à réparer le mal, alors que c'est elle-même, dans un premier coup de lance maintenant occulté, qui a ouvert la plaie.

Au livre II de l'*Émile*, Rousseau évoque sa frayeur enfantine des ténèbres. Il entend bien qu'Émile s'en délivre, par l'entraînement et l'habitude. « La cause du mal trouvée indique le *remède* [...]. Ne raisonnez donc pas avec celui que vous voulez *guérir* de l'horreur des ténèbres ; menez-l'y souvent, et soyez sûr que tous les arguments de la philosophie ne vaudront pas cet usage[94]. » Face aux ténèbres du complot, Rousseau a procédé de la même façon, mais sans jamais s'y familiariser.

C'est un Télèphe blessé et guéri par lui-même qui interrompt, dans la dixième *Rêverie*, l'évocation à peine commencée de la rencontre avec Mme de Warens. La dernière image, purement élégiaque, est celle de « l'unique et court temps » de sa vie où il fut « aimé d'une femme pleine de complaisance et de douceur ». L'une des notions directrices guidant la pensée dans cette page est celle de la *plénitude* — d'une plénitude certes finie, menacée par l'insuffisance, et bientôt troublée par l'inquiétude, mais que la mémoire retrouve entière.

La rêverie de Pâques 1778, dominée par la présence de « maman », ne parle plus du mal, et ne célèbre plus de dédommagement. Rousseau meurt quelques semaines plus tard. Sou-

93. *O.C.*, I, p. 990.
94. *O.C.*, IV, p. 384.

venons-nous : « J'étais né presque mourant. » On est tenté d'opérer le renversement et de dire : il meurt presque guéri, il meurt dans la résurrection de son premier grand bonheur. Faut-il chercher un lien entre cette rêverie enfin paisible (et non plus seulement, comme les précédentes, consacrée à dire le projet de retrouver la paix) et la mort qui la suit de si près ? Le sens, s'il en est un, serait celui-ci : lorsque s'effacent la présence du mal et la poursuite corrélative du remède, c'est que les énergies de la vie sont près d'être épuisées. Cette sérénité, cette paix, cette apparente guérison, sont les signes annonciateurs de la mort.

II. SOCIALITÉ DE LA MUSIQUE

A Jacek Woźniakowski.

« Toute matière est colorée ; mais les sons annoncent le mouvement, la voix annonce un être sensible ; il n'y a que des corps animés qui chantent. » La remarque, parmi d'autres, est révélatrice. Cette distinction entre couleurs, sons et voix, au chapitre XVI de l'*Essai sur l'origine des langues*, montre bien que Rousseau fait de la musique un art de l'expression et de la communication vivantes. Les implications en sont considérables : la théorie musicale s'élargit afin de prendre en considération toutes les autres modalités de la communication : parole, organisation des familles, des peuples, des gouvernements. Le système cohérent qui se dégage des écrits de Rousseau met en étroite corrélation la musique, la politique et l'histoire du langage. On peut en suivre le développement en examinant les images du *rassemblement* des individus que Rousseau dispose au long de son œuvre.

Le *Discours de l'inégalité*, sur le problème que j'évoque, offre les données fondamentales. Toute commence par la solitude et le silence, au sein de la nature protectrice. La dispersion initiale, imaginée par Rousseau, constitue l'exact contraire du rassemblement. Mais l'homme de la nature n'est pas voué à la solitude absolue : il rencontre occasionnellement ses semblables, pour de brèves luttes ou de courtes amours. A ces rencontres instantanées correspond un signe vocal également instantané et ponctuel : le cri, qui coupe le silence originel par intermittence. Quand Rousseau nous en parle, c'est aussitôt pour en signaler le rôle préliminaire, antérieur au moment où la parole articulée sera nécessaire pour remplir une fonction sociale devenue inéluctable :

> Le premier langage de l'homme, le langage le plus universel, le plus énergique, et le seul dont il eut besoin, avant qu'il fallût persuader des hommes assemblés, est le cri de la nature. Comme ce cri n'était arraché que par une sorte d'instinct dans des occasions pressantes, pour implorer du secours dans les grand dangers, ou du soulagement dans les maux violents, il n'était pas d'un grand usage dans le cours ordinaire de la vie, où règnent des sentiments plus modérés[95].

Le contraste est aussi marqué que possible, entre un prélangage passif et passionnel (le cri *arraché*) et une parole perfectionnée qui manifeste son pouvoir dans l'acte oratoire, c'est-à-dire dans l'acte politique par excellence (« *persuader* des hommes assemblés »). Le développement de ce texte, dans une succession de conjectures, envisage les obstacles qui retardent l'essor du langage articulé ; mais Rousseau laisse entendre que la langue, dans le cours des siècles, deviendra ce que nous savons bien qu'elle est : un système de signes possédant « une forme constante », permettant de « parler en public » et d'« influer sur la société ».

La seconde partie du *Discours de l'inégalité*, après avoir esquissé les progrès de la vie en commun et du langage, fait survenir

95. *Discours de l'inégalité*, in *Œuvres complètes*, t. III, p. 148, in *Œuvres complètes*, Paris, Pléiade, t. I-IV, 1959-1969.

le chant, lors des fêtes où s'actualise le bonheur de l'« état de
société commencée ». Ces fêtes contiennent en germe les maux
futurs, car elles permettent le jeu des comparaisons et des
préférences, l'éveil de l'amour-propre, d'où naîtront les passions « repoussantes et cruelles », et l'inégalité sous son premier aspect :

> A mesure que les idées et les sentiments se succèdent, que l'esprit
> et le cœur s'exercent, le genre humain continue à s'apprivoiser, les
> liaisons s'étendent et les liens se resserrent. On s'accoutuma à
> s'assembler devant les cabanes ou autour d'un grand arbre : le chant
> et la danse, vrais enfants de l'amour et du loisir, devinrent l'amuse-
> ment ou plutôt l'occupation des hommes et des femmes oisifs et
> attroupés. Chacun commença à regarder les autres et à vouloir être
> regardé soi-même, et l'estime publique eut un prix. Celui qui
> chantait ou dansait le mieux ; le plus beau, le plus fort, le plus adroit
> ou le plus éloquent devint le plus considéré, et ce fut là le premier
> pas vers l'inégalité[96]...

L'*Essai sur l'origine des langues* présente cette même scène de
fête, mais selon une autre stratégie démonstrative. Il s'agit d'en
faire « l'origine des sociétés et des langues dans les pays
chauds[97] ». On y voit naître simultanément chant, accent,
parole, sentiments amoureux, liens familiaux exogamiques.
Aucune ombre suspecte, contrairement à ce que nous avons lu
dans le second *Discours*, ne vient s'insinuer dans cette pastorale à
la manière de Claude Lorrain. La rencontre des bergers et des
jeunes filles autour des points d'eau constitue, dans une prose
qui s'élève elle-même à la musicalité lyrique, un point d'origine
multivalent :

> Là se formèrent les premiers liens des familles ; là furent les
> premiers rendez-vous des deux sexes. Les jeunes filles venaient
> chercher de l'eau pour le ménage, les jeunes hommes venaient

---

96. *O.C.,* III, p. 169. Orthographe modernisée.
97. *Essai sur l'origine des langues,* chap. IX, in *Écrits sur la musique. (E.M.)* Paris, Stock,
1979, p. 211-212. Les langues du Nord ont une autre origine (chap. X).

abreuver leurs troupeaux. Là des yeux accoutumés aux mêmes objets dès l'enfance commencèrent d'en voir de plus doux. Le cœur s'émut à ces nouveaux objets, un attrait inconnu le rendit moins sauvage, il sentit le plaisir de n'être pas seul. L'eau devint insensiblement plus nécessaire, le bétail eut soif plus souvent; on arrivait en hâte et l'on partait à regret. Dans cet âge heureux où rien ne marquait les heures, rien n'obligeait à les compter; le temps n'avait d'autre mesure que l'amusement et l'ennui. Sous de vieux chênes vainqueurs des ans une ardente jeunesse oubliait par degrés sa férocité, on s'apprivoisait peu à peu les uns avec les autres; en s'efforçant de se faire entendre on apprit à s'expliquer[98].

Nous interrompons un long paragraphe d'une seule coulée, où le retour anaphorique du *là* marque avec insistance un lieu de bonheur (comme un pied prenant élan sur le sol), et un temps indéfiniment recommencé. Qu'il est long, ici, le prélude qui ne comporte d'abord que la pantomime muette des arrivées, des regards, des départs, des retours! Rousseau a soigneusement retardé l'apparition du besoin de « s'expliquer ». C'est pour mieux mettre en évidence une simultanéité des sentiments — un « à la fois » — où éclosent toutes les puissances expressives, aussitôt couronnées par un plaisir qui n'entraîne pas, comme pour les civilisés corrompus, la mort du désir; le paragraphe s'achève en transmuant l'eau en feu, le travail en fête:

Là se firent les premières fêtes, les pieds bondissaient de joie, le geste empressé ne suffisait plus, la voix l'accompagnait d'accents passionnés, le plaisir et le désir confondus ensemble se faisaient sentir à la fois. Là fut enfin le vrai berceau des peuples, et du pur cristal des fontaines sortirent les premiers feux de l'amour[99].

Cette page, souvent citée, mériterait d'être analysée de près pour sa structure rythmique, phonique, accentuelle; pour son très habile dosage, aussi, des passés inchoatifs et des imparfaits itératifs, qui font commencer le langage et sa longue histoire par des instants élargis où le temps n'est pas compté.

98. *Op. cit.,* p. 212.
99. *Essai* [...], chap II, *E.M.,* p. 169.

Le modèle est ainsi donné d'une primitive parole qui est tout ensemble une première et pure mélodie. « Les premières langues furent chantantes et passionnées avant d'être simples et méthodiques. » Rousseau le répète en variant le même énoncé : « L'on chanterait au lieu de parler[100]... » Un chant-langage indivis, des signes qui ne se distinguent pas des sentiments qu'ils expriment, une communication qui imprime infaillible- ment en autrui le message qui lui est destiné : l'unité, la fusion chaleureuse se manifestent à tous les niveaux.

Mais l'unité est fragile. L'histoire ultérieure la voit dispa- raître, en même temps que s'affaiblissent l'accent, la mélodie, la chaleur passionnée. L'unité une fois brisée, musique et parole, toutes deux dégénérant, deviennent étrangères l'une à l'autre. Gagnée par le froid, la langue ne sert plus qu'aux actes du pouvoir tyrannique et à la communication indirecte. S'assour- dissant à mesure qu'elle fait davantage de place aux « articula- tions » (c'est-à-dire aux consonnes), la *parole* des nations civili- sées est privée de l'accent et de la sonorité qui seules permettent de « persuader un peuple assemblé ». Dévoyée par les re- cherches des harmonistes, privée de sa plénitude mélodique, la *musique*, si elle plaît encore superficiellement aux oreilles, ne sait plus atteindre les cœurs. Ainsi disparaissent les « effets mo- raux » de ce qui fut la langue primitive : le refroidissement de la langue accompagne la perte de la liberté ; et l'invasion de la musique par le « bruit » fait échec à toute communication des sentiments.

Au cours de son débat avec Rameau, on le sait, Rousseau a progressivement mis au point ses arguments contre le primat de l'harmonie — qu'il considère comme une invention « bar- bare ». Rousseau, lors de ses débuts parisiens et de ses pre- mières tentatives musicales, avait été assez « brutalement » traité, en 1744, par le compositeur qu'il avait jusqu'alors admiré, et dont il avait lu attentivement les ouvrages théo-

---

100. *Essai* [...], chap. IV, *E.M.*, p. 172.

riques. Assurément, Rousseau avait lieu d'éprouver du ressentiment. Et ce ressentiment pouvait se fortifier en se doublant d'un antagonisme théorique. Rousseau va trouver l'occasion de formuler des principes anti-ramistes en prenant parti pour les bouffons italiens contre le « vacarme » de la musique française, ou en attaquant Rameau dans les articles que Diderot lui demande d'écrire pour l'*Encyclopédie* ; il reviendra à la charge dans *La Nouvelle Héloïse*, puis dans l'*Essai sur l'origine des langues* (réservé à une publication posthume), et enfin dans le *Dictionnaire de musique*. Mais si le grief personnel a joué un rôle considérable, il faut se demander ce qui était en jeu dans le tort que Rousseau estimait avoir subi. En lui déniant l'originalité et la valeur de sa musique, Rameau barrait à Rousseau l'accès à la société parisienne, dans laquelle celui-ci essayait de « se faire un nom ». Rameau s'interposait au moment même où Rousseau se croyait, par ses talents de musicien, sur le point de sortir de la marginalité et de réussir son intégration sociale. Jean-Jacques espérait obtenir l'approbation des connaisseurs, tout en préservant sa propre « indépendance ». Pour acquérir notoriété et considération, il joua toute sa mise, en 1744, lorsqu'il tenta de faire accepter son opéra des *Muses galantes* : « Mon opéra fait, il s'agit d'en tirer parti : c'était un autre opéra bien plus difficile. On ne vient à bout de rien à Paris quand on y vit isolé. Je pensais à me faire jour par M. de la Poplinière [...]. M. de la Poplinière était le Mécène de Rameau[101] »... On ne s'étonnera donc pas qu'aux yeux de Rousseau, le rival qui l'avait renvoyé à son isolement soit devenu le tenant d'un art de la non-communication, l'incarnation d'une musique-obstacle.

La revanche de Rousseau figure en bonne place au livre suivant des *Confessions* : c'est le récit de la représentation à Fontainebleau, devant le roi et la cour, du *Devin du village*[102]. Il y retrace la pleine réparation de la mise à l'écart qui l'avait humilié. Cette réparation, telle qu'il s'en donne le spectacle

---

101. *Confessions*, livre VII, *O.C.*, I, p. 333.
102. *Confessions*, livre VIII, *O.C.*, I, p. 378-379.

dans l'écriture autobiographique, lui est apportée par le murmure approbateur qui, de la salle entière, monte à lui en s'amplifiant : un seul murmure se compose de toutes les émotions rassemblées :

> Dès la première scène, qui véritablement est d'une naïveté touchante j'entendis s'élever dans les loges un murmure de surprise et d'applaudissement jusqu'alors inouï dans ce genre de pièces. La fermentation croissant alla bientôt au point d'être sensible dans toute l'assemblée, et, pour parler à la Montesquieu, d'augmenter son effet par son effet même. A la scène des deux petites bonnes gens cet effet fut à son comble. On ne claque point devant le roi ; cela fit qu'on entendit tout ; la pièce et l'auteur y gagnèrent. J'entendais autour de moi un chuchotement de femmes qui me semblaient belles comme des anges, et qui s'entredisaient à demi-voix : cela est charmant, cela est ravissant ; il n'y a pas un son là qui ne parle au cœur. Le plaisir de donner de l'émotion à tant d'aimables personnes m'émut moi-même jusqu'aux larmes, et je ne les pus contenir au premier duo, en remarquant que je n'étais pas seul à pleurer.
> Je suis pourtant sûr qu'en ce moment la volupté du sexe y entrait beaucoup plus que la vanité d'auteur, et sûrement s'il n'y eut eu là que des hommes, je n'aurais pas été dévoré, comme je l'étais sans cesse, du désir de recueillir de mes lèvres les délicieuses larmes que je faisais couler. J'ai vu des pièces exciter de plus vifs transports d'admiration, mais jamais une ivresse aussi pleine aussi douce aussi touchante régner dans tout un spectacle, et surtout à la cour un jour de première représentation. Ceux qui ont vu celle-là doivent s'en souvenir ; car l'effet en fut unique[103].

Voici retrouvés la fusion que réalisait la fête primitive, l'échange des regards, le transport amoureux où plaisir et désir, dans un suspens innocent, s'épanouissaient librement. Mais le plaisir n'est plus celui des premières rencontres sous les vieux chênes : Rousseau goûte une joie qu'il a savamment aménagée, celle d'être indirectement la cause d'« une ivresse aussi pleine et aussi douce ». Pour cela, il aura fallu qu'intervienne le travail de

103. *Ibid.*

l'art, et que Rousseau devienne auteur afin d'oublier — récompense suprême — sa gloire d'auteur, pour ne plus connaître
que l'immortel désir de *s'abreuver* — recueillant de ses lèvres des
larmes, étanchant la soif primitive qui attirait troupeaux, bergers, jeunes filles, à se réunir au bord des fontaines.

Il y a ainsi, à certaines conditions, une réparation possible du
mal qui n'a cessé de s'aggraver à travers l'histoire. Au « tinta-
marre » indéchiffrable de l'opéra français, qui atteste la dégénérescence d'une société adonnée à l'artifice, on peut donc
opposer une autre musique, jaillie du cœur, d'un goût plus vrai.
Dans ce haut lieu de la perversion civilisée qu'est un théâtre de
cour, cette musique sait réveiller, par des substituts appropriés,
en faisant chanter et réciter des amants villageois, la passion
vraie du commencement des temps. Et le cœur des courtisans
eux-mêmes peut en recevoir la révélation.

Rappelons-le : dans sa philosophie de la culture comme dans
sa philosophie politique, Rousseau s'est défendu de prôner le
pur et simple « retour à la nature ». Pour éduquer Émile, il faut
achever de le dénaturer. Rousseau est convaincu qu'il faut
chercher « dans l'art perfectionné la réparation des maux que
l'art commencé fit à la nature[104] ». Quand la mystérieuse
correspondante qui signe Henriette demande à Rousseau si elle
est condamnable de chercher la consolation de ses chagrins dans
la pratique des lettres, il lui répond — nous l'avons vu — que, le
mal étant fait, les lettres seront pour elles « la lance d'Achille »,
c'est-à-dire le remède dans le mal, « tel qu'il fut appliqué à
Télèphe, le héros blessé par Achille puis guéri par le fer de sa
lance[105] ».

N'y aurait-il pas, dans la pensée linguistique et musicale de
Rousseau, un mouvement analogue ? Sinon une guérison totale
du mal insinué dans la suite des générations, du moins une

---

104. *Fragments politiques*, *O.C.*, III, p. 479. La formule se trouve également dans la
première version du *Contrat social*, *O.C.*, p. 288.
105. Cf., dans la première partie de ce chapitre, les p. 191 et suivantes.

réconciliation qui rétablirait la plénitude perdue, ou sa plus vive image, sans répudier le savoir, la technique, les moyens instrumentaux développés par la raison civilisée? Sans doute ne peut-on oublier la division des arts — désormais musique et parole font deux — pas plus que ne peut s'apaiser la mémoire nostalgique de l'unité première. Mais l'on peut faire en sorte que le conflit s'adoucisse, que les règnes séparés ne s'ignorent ou ne se combattent plus. Ainsi l'éloquence, altérée par l'influence de l'écriture et par l'assourdissement de la langue évoluée, peut-elle revivre dans l'écriture elle-même ou dans le discours solidement argumenté : l'effet sur le cœur de l'auditeur est alors la garantie d'un pouvoir retrouvé, d'une communication restituée. Et l'on sait combien Rousseau s'y est employé.

Il en va de même dans le domaine de la musique. Parole et chant, mélodie et harmonie ne sont pas condamnés à s'opposer sans rémission. Preuve en soit le plaisir et l'attendrissement partagés par l'auditoire de la première représentation du *Devin*. Preuve en soit, dans une note fameuse de la *Lettre à d'Alembert*, la fête au quartier de Saint-Gervais, à Genève, où un peuple en liesse se mêle à la danse d'un régiment de soldats. Une légitimation théorique, dans l'un et l'autre cas, peut venir doubler l'image inoubliable d'un saisissement collectif : des mélodies simples, propres à toucher le cœur, à lui rappeler ses vrais *attachements*, font monter les larmes, ou entraînent le corps tout entier dans un mouvement joyeux.

On ne saurait trop insister sur les figures de la régénération qui, dans la pensée de Rousseau, ouvrent la brèche d'un espoir, et signalent la voie d'un rapatriement. Ces figures prennent un aspect d'autant plus saisissant qu'elles s'enlèvent sur le fond d'un présent désastreux, frappé par la plus radicale condamnation. A la fin de l'*Essai sur l'origine des langues*, le pire semble prévaloir, plus rien n'existe des liens dont s'était tramé le bonheur des premières sociétés ou des républiques vertueuses. Aux chapitres XIX et XX, Rousseau déplorait tour à tour la mort de la musique et celle de l'éloquence.

Voilà comment le chant devint, par degrés, un art entièrement séparé de la parole, dont il tire son origine ; comment les harmoniques des sons firent oublier les inflexions de la voix ; et comment enfin, bornée à l'effet purement physique du concours des vibrations, la musique se trouva privée des effets moraux qu'elle avait produits quand elle était doublement la voix de la nature[106].

Les sociétés ont pris leur dernière forme : on n'y change plus rien qu'avec du canon et des écus ; et comme on n'a plus rien à dire au peuple, sinon, *donnez de l'argent*, on le dit avec des placards au coin des rues, ou des soldats dans les maisons. Il ne faut assembler personne pour cela : au contraire, il faut tenir les sujets épars ; c'est la première maxime de la politique moderne[107]

Et pourtant, malgré ce qui est dépeint comme la chute définitive dans la dispersion morale et dans la servitude civile, la conviction personnelle de Rousseau maintient des exigences qui sont autant d'appels à chercher le *dédommagement*, à faire du langage et de la musique, tels qu'ils sont *devenus*, les moyens d'*assembler* à nouveau des hommes, en un autre temps, en un autre lieu, fût-ce dans l'imaginaire.

Il convient, dès lors, d'examiner de plus près quelques-unes des notions qui apparaissent dans les écrits sur la musique de Rousseau, et les développements auxquels elles donnent lieu.

Le Devin du village est un opéra. Qu'est-ce qu'un opéra ? Rousseau consacre à sa définition un important article du *Dictionnaire de musique* : « Les parties constitutives d'un opéra sont le poème, la musique, et la décoration. Par la poésie on parle à l'esprit ; par la musique, à l'oreille ; par la peinture, aux yeux : et le tout doit se *réunir* pour émouvoir le cœur, et y porter à la fois la même impression par divers organes[108]. » Émouvoir le cœur, tel avait été l'événement central des premières fêtes, au

---

106. *Essai* [...], chap. XIX, *E.M.*, p. 248.
107. *Essai* [...], chap. XX, *E.M.*, p. 249.
108. *Dictionnaire de musique*, article *Opéra*. (Il n'existe que des éditions des XVIIIe et XIXe siècles de cet ouvrage, ou des reproductions photostatiques de celles-ci. Nous omettrons les références à la pagination.)

temps de l'unité de la parole et de la musique. Ces moyens expressifs, à travers des évolutions séparées, sont devenus étrangers l'un à l'autre. Mais le but de l'opéra est précisément de les *réunir*, et de réaliser, par un chef-d'œuvre de la civilisation tardive, cet *à la fois*, cette joie unanime, qui avaient été primitivement échange de regards, élan des corps, effusion vraie de la voix amoureuse, simultanéité du plaisir et du désir... Selon Rousseau, le théâtre des Grecs, qui mettait en œuvre une « langue accentuée » (tandis que la nôtre ne l'est plus), a pu préserver quelque chose de l'unité antérieure: « Toute leur poésie était musicale et toute leur musique déclamatoire [...]. Il me paraît prouvé que la musique grecque n'était qu'un véritable récitatif[109]. » Les modernes toutefois doivent trouver d'autres moyens pour concilier musique et parole dans le poème lyrique. L'unité n'est plus spontanément donnée; elle doit être créée; elle sera le produit de l'art, de même que l'unité politique doit être un résultat de l'« art social ». L'art n'est autre chose que l'invention de substituts, de « suppléments » destinés à remplacer les privilèges des premières associations humaines, désormais perdus sans retour. Quand ces substituts sont imparfaits, ils ne font qu'aggraver le manque dont ils auraient dû apporter la compensation: « [...] Moins on sait toucher le cœur, plus il faut savoir flatter l'oreille; et nous sommes forcés de chercher dans la sensation le plaisir que le sentiment nous refuse. Voilà l'origine des airs, de la symphonie, et de cette mélodie enchanteresse dont la musique moderne s'embellit souvent aux dépens de la poésie, mais que l'homme de goût rebute au théâtre quand on le flatte sans l'émouvoir[110]. » Or de même que l'opéra doit concilier poésie, musique et peinture, la musique elle-même doit faire en sorte que les airs, les chœurs, la symphonie, la mélodie concourent dans une juste proportion pour trouver le chemin des « cœurs ». Que d'obstacles sur cette voie! Que de « mauvais suppléments »! Tandis que dans les

---

109. *Dictionnaire de musique*, article *Opéra*.
110. *Ibid.*

fêtes primitives le « geste empressé » précède et appelle la voix, l'opéra moderne surajoute les ballets. Or le geste dansé, la pantomime, sont des éléments superflus dans l'opéra. Rousseau les récuse, dans l'article *Opéra*, au nom de l'unité du langage. Les fêtes que l'on s'ingénie à introduire dans les opéras rompent presque toujours l'unité de l'action. Ce ne sont que des « sauts *sans liaison* » et des « danses sans objet ». Le geste, devenu langage séparé, devra être réservé pour des divertissements donnés par surcroît: « C'est terminer très agréablement le spectacle que de donner un ballet après l'opéra, comme une petite pièce après la tragédie. Dans ce nouveau spectacle qui ne tient point au précédent on peut aussi faire choix d'une autre langue; c'est une autre nation qui paraît sur la scène[111]. » Rousseau n'est pas plus indulgent pour le merveilleux mythologique auquel l'opéra français, de Lulli à Rameau, n'a cessé de faire appel: c'est l'un de ces palliatifs malheureux, qui vont de pair avec l'excès du décor et des machines. Car il faut des subterfuges pour exciter l'attention des spectateurs, lorsque la musique tente de « s'appliquer » à des langues qui, comme le français, n'ont pas assez d'accent ni d'inflexions.

Pour éviter la surenchère des artifices, langues et musique devraient s'accorder. Ce n'est malheureusement pas le cas du français, qui impose des contraintes insupportables: « Lorsque la langue n'a ni douceur ni flexibilité, l'âpreté de la poésie l'empêche de s'asservir au chant, la douceur même de la mélodie l'empêche de se prêter à la bonne récitation des vers, et l'on sent, dans l'union forcée de ces deux arts, une contrainte perpétuelle qui choque l'oreille, et détruit à la fois l'attrait de la mélodie et l'effet de la déclamation. » Pour aggraver sa condamnation de la musique française, Rousseau ajoute: « Ce défaut est sans remède; et vouloir à toute force appliquer la musique à une langue qui n'est pas musicale, c'est lui donner plus de rudesse qu'elle n'en aurait sans cela[112]. » Par extra-

---

111. *Ibid.*
112. *Ibid.*

ordinaire, cependant, cette situation peut changer. Ce sera le privilège du génie. Rousseau consacre au génie une entrée de son *Dictionnaire de musique* : cette fois l'opéra italien est présenté comme un modèle que le musicien français pourrait imiter, comme s'il lui était permis — le génie aidant — de transporter dans sa propre langue les vertus d'une langue plus sonore et plus propice à l'invention mélodique. C'est l'occasion pour Rousseau de résumer toute sa doctrine des effets mimétiques, expressifs et communicatifs de la musique. Si elle est conçue par le génie, la musique possède le pouvoir de représenter et de traduire tous les objets extérieurs, et celui de transmuer tous les événements intérieurs en les portant au plus haut degré d'incandescence émotive. Ainsi la musique, vouée par ses moyens mêmes à l'ordre successif du temps, parvient-elle, dans son « effet moral », à annuler le temps, à presque éterniser le sentiment momentané, — oxymore aussi surprenant que la « chaleur » conférée aux « frimas » :

> Le génie du musicien soumet l'univers entier à son art ; il peint tous les tableaux par des sons ; il fait parler le silence même ; il rend les idées par des sentiments, les sentiments par des accents, et les passions qu'il exprime, il les excite au fond des cœurs ; la volupté, par lui, prend de nouveaux charmes ; la douleur qu'il fait gémir arrache des cris ; il brûle sans cesse, et ne se consume jamais : il exprime avec chaleur les frimas et les glaces ; même en peignant les horreurs de la mort, il porte dans l'âme ce sentiment de vie qui ne l'abandonne point, et qu'il communique aux cœurs faits pour le sentir ; mais hélas ! il ne sait rien dire à ceux où son germe n'est pas, et ses prodiges sont peu sensibles à qui ne les peut imiter. Veux-tu donc savoir si quelque étincelle de ce feu dévorant t'anime ; cours, vole à Naples écouter les chefs-d'œuvre de Leo, de Durante, de Jomelli, de Pergolèse. Si tes yeux s'emplissent de larmes, si tu sens ton cœur palpiter, si des tressaillements t'agitent, si l'oppression te suffoque dans tes transports, prends le Métastase, et travaille ; son *génie* échauffera le tien, tu créeras à son exemple ; c'est là ce que fait le *génie*, et d'autres yeux te rendront bientôt les pleurs que les maîtres t'ont fait verser[113].

113. *Dictionnaire de musique*, article *Génie*.

Le privilège du génie est de réveiller le cri primitif, mais arraché cette fois au spectateur par la perfection d'un gémissement imité ; et voici à nouveau la communion dans les larmes, dont Rousseau dans les *Confessions* avait fait le point culminant, presque épiphanique, de la première représentation du *Devin*. Ici la communion est plus large encore, puisqu'elle se produit d'abord de modèle à disciple, avant de s'étendre à tout un public. Le critère du génie, bien plus que dans l'originalité absolue, réside dans l'irrésistible « transport », dans le « délire » et dans le « ravissement » qui, de Paris à Naples, de maître admiré à élève inspiré, puis de l'italien au français, franchissent toutes les frontières pour faire triompher l'union des cœurs et la société invisible de ceux qui s'élèvent au-dessus des « hommes vulgaires ».

Pareille communion n'est réalisable que grâce à l'intuition unifiante qui caractérise la production même des morceaux de génie. Pour désigner ce pouvoir, Rousseau recourt à une expression italienne, dont il fait une entrée de son *Dictionnaire* : *Prima intenzione*. J'ai utilisé à dessein la notion d'intuition, en pensant à la faculté que les néo-platoniciens, notamment Marsile Ficin, attribuent à la fine pointe de l'âme *(mens)* ; celle-ci partage avec les natures angéliques le privilège d'embrasser d'un seul regard *(uno intuitu)* la totalité des êtres et des temps *(totum simul)*. Rousseau nous en propose une version sentimentale, c'est-à-dire esthétisée et désintellectualisée :

Un air, un morceau *di prima intenzione*, est celui qui s'est formé tout d'un coup, tout entier et avec toutes ses parties, dans l'esprit du compositeur, comme Pallas sortit toute armée du cerveau de Jupiter. Les morceaux *di prima intenzione* sont de ces rares coups de génie, dont toutes les idées sont si étroitement liées qu'elles n'en font pour ainsi dire qu'une seule, et n'ont pu se présenter à l'esprit l'une sans l'autre. Dans la musique, les morceaux *di prima intenzione* sont les seuls qui puissent causer ces extases, ces ravissements, ces élans de l'âme qui transportent les auditeurs hors d'eux-mêmes : on les sent, on les devine à l'instant; les connaisseurs ne s'y trompent jamais[114].

A cet article fait écho celui que Rousseau consacre à l'*Unité de mélodie*, l'un de ses textes théoriques les plus importants. En parlant d'unité de mélodie, Rousseau ne veut pas se satisfaire d'un postulat esthétique généralement partagé par ses contemporains et qu'il définit ainsi: « Il y a dans la musique une unité successive qui se rapporte au sujet, et par laquelle toutes les parties bien liées composent un seul tout dont on aperçoit l'ensemble et tous les rapports. » Cette première unité concerne la composition globale de l'œuvre. Plus avant, la réflexion de Rousseau porte sur une autre espèce d'unité: « Une unité d'objet plus fine, plus simultanée, et d'où naît, sans qu'on y songe, l'énergie de la musique et la force de ses expressions. » Il s'agit, cette fois, des éléments constitutifs de la musique « moderne » — harmonie, mélodie — dont Rousseau a si souvent dénoncé le rapport devenu conflictuel. Il apparaît maintenant que cette opposition, où Rousseau prenait parti pour la mélodie, n'était que provisoire. Entre le plaisir, tout « de sensation » et peu durable, procuré par l'harmonie, et le plaisir « de sentiment » émanant de la mélodie qui suscite une attention toujours nouvelle, le génie sait trouver une conciliation, une heureuse fusion, qui éviteront tout ensemble le trop simple unisson (pourtant si touchant dans les airs populaires) et la surcharge polyphonique, que Rousseau n'accepte pas:

> La musique doit donc nécessairement chanter pour toucher, pour plaire, pour soutenir l'intérêt et l'attention. Mais comment, dans nos systèmes d'accords et d'harmonie, la musique s'y prendra-t-elle pour chanter? Si chaque partie a son chant propre, tous ces chants, entendus à la fois, se détruiront mutuellement, et ne feront plus de chant; si toutes les parties font le même chant, l'on n'aura plus d'harmonie, et le concert sera tout à l'unisson.
> La manière dont un instinct musical, un certain sentiment sourd

114. *Dictionnaire de musique,* article *Prima intenzione.*

du génie a levé cette difficulté sans la voir, et en a même tiré avantage, est bien remarquable : l'harmonie, qui devrait étouffer la mélodie, l'anime, la renforce, la détermine : les diverses parties, sans se confondre, concourent au même effet ; et quoique chacune d'elles paraisse avoir son chant propre, de toutes ces parties réunies on n'entend sortir qu'un seul et même chant. C'est là ce que j'appelle *unité de mélodie*[115].

Rousseau, on le voit, s'attribue un savoir supérieur, capable de discerner des mouvements qui se produisent à notre insu — et à l'insu même du génie. Des expressions telles que : « sans qu'on y songe », « sans la voir », déploient une rhétorique de la perspicacité attendrie. Ces mouvements inaperçus — mais qu'il a su, lui, déceler — sont les bons mouvements, ceux qui mènent vers un salut. Bien sûr, à cet égard l'avantage reste encore aux Italiens : « C'est dans ce principe de l'unité de mélodie, que les Italiens ont senti et suivi *sans le connaître*, mais que les Français n'ont ni suivi ni connu, c'est, dis-je, dans ce grand principe que consiste la différence essentielle des deux musiques[116]... » Seulement Rousseau, une fois de plus, se présente comme un être d'exception : le principe qui demeurait inappliqué, ou que d'autres ont suivi instinctivement, n'a pas échappé à sa réflexion : il a su le percevoir clairement. Dans la suite du même texte, Rousseau affirme qu'ayant « découvert » ce principe, il en a presque aussitôt essayé l'« application » dans *Le Devin du village* (1752), et qu'il en a formulé la théorie, peu après, dans sa *Lettre sur la musique française* (1753). Les événements, ainsi mis en série, suivent un ordre empirique : l'intuition illuminante précède ; puis vient la preuve pratique, c'est-à-dire le succès du *Devin* ; l'énoncé théorique n'est formulé qu'après coup, soutenu par une évidence qui le rend irréfutable. Dans la *Lettre sur la musique française*, Rousseau déclare que l'unité de mélodie lui paraît une « règle indispensable et non moins importante en musique que l'unité d'action dans une

---

115. *Dictionnaire de musique*, article *Unité de mélodie*.
116. *Ibid.*

tragédie, car elle est fondée sur le même principe, et dirigée vers le même objet[117] ».

Une autre invention dont Rousseau revendique la paternité, tout au moins dans le domaine français, et dont il assure avoir fait l'essai dans le *Devin*, est celle du récitatif obligé. Le récitatif, dès sa première définition, est « le moyen d'union du chant et de la parole[118] » ; c'est grâce au récitatif que l'accent, qui prévalait dans les langues primitives, peut retrouver sa place dans la musique perfectionnée. Le récitatif, s'il est obligé, c'est-à-dire intimement *lié* à une partie instrumentale, disposera d'un pouvoir plus considérable. Il saura mieux favoriser l'unité, dans ce qui deviendra un seul et même discours, mais réparti cette fois entre l'acteur, débitant le discours, et l'orchestre porteur de mélodie. Comme l'excès du sentiment empêche l'acteur de s'exprimer complètement, l'orchestre lui prête secours et se substitue à une parole imprononçable. Il devient alors possible de « tout dire » — par la voix qui s'entrecoupe et par les instruments qui la relaient :

> *Récitatif obligé.* C'est celui qui, entremêlé de ritournelles et de traits de symphonie, oblige, pour ainsi dire, le récitant et l'orchestre l'un envers l'autre, en sorte qu'ils doivent être attentifs et s'attendre mutuellement.
> Ces passages alternatifs de récitatifs et de mélodie revêtue de tout l'éclat de l'orchestre sont ce qu'il y a de plus touchant, de plus ravissant, de plus énergique dans toute la musique moderne. L'acteur, agité, transporté d'une passion qui ne lui permet pas de tout dire, s'interrompt, s'arrête, fait des réticences, durant lesquelles l'orchestre parle pour lui, et ces silences ainsi remplis affectent infiniment plus l'auditeur que si l'acteur disait lui-même tout ce que la musique fait entendre. Jusqu'ici la musique française n'a su faire aucun usage du récitatif obligé. L'on a tâché d'en donner quelque idée dans une scène du *Devin du village*.

Tandis que l'unité de mélodie, liant étroitement chant et

---

117. *E.M.*, p. 283.
118. *Dictionnaire de musique,* article *Récitatif.* On sait l'usage qu'en a fait Gluck, puis, génialement, Mozart dans *Idoménée.*

harmonie, assure l'union dans un ordre « plus simultané », le récitatif obligé, fondé sur l'obligation mutuelle de la voix récitante et de la mélodie orchestrale, assure la cohérence du discours, dans l'ordre de la succession temporelle, en comblant les silences que l'excès passionnel impose à la voix parlée. Dans les deux cas, l'art introduit un complément, une adjonction : l'harmonie « ajoute » à l'expression du chant, l'orchestre « remplit » le temps de la réticence... (Dans le « mélodrame » de *Pygmalion*, la complémentarité de la voix *parlée* et de la musique orchestrale procédera du même principe pour répondre, à nouveau, à l'exigence du complet déploiement pathétique.)

Formuler des principes, définir les liens et les « obligations » qui peuvent assurer l'unité de l'œuvre, et, par là, faire communier compositeur, exécutants et public : ce programme fait irrésistiblement penser à celui que Rousseau formulera dans ses « principes du droit politique », je veux dire dans le *Contrat social*.

Assurément, règles musicales et structures politiques, de très vieille date, ont été perçues comme homologues, et un système métaphorique s'est constitué comme le dépositaire de cette « parenté » : le bonheur, la paix intérieure d'une société peuvent être nommés symétrie, harmonie, accord, concert, etc. Rousseau fait usage de ce système métaphorique, de source pythagorico-platonicienne, sans toutefois le soumettre, dans sa souple application, à une réflexion explicitante. Plus significatif est le fait que ses convictions musicales, autant que ses idées politiques, nous sont présentées, les unes et les autres, comme le résultat d'une conversion ou d'une illumination. A en croire le récit des *Confessions*, c'est à Venise que Rousseau a eu la « première idée de [ses] *Institutions Politiques* » ; puis c'est sur la route de Vincennes, dans un « éblouissement » fameux, que tout son « triste et grand système » lui apparaîtra. Or c'est de son séjour à Venise, également, qu'il date sa conversion à la musique italienne. D'après les *Confessions*, ce changement d'opinion est survenu en peu de temps, par l'effet de quelques événements révélateurs bouleversants :

> J'avais apporté de Paris le préjugé qu'on a dans ce pays-là contre la musique italienne ; mais j'avais aussi reçu de la nature cette sensibilité de tact contre laquelle les préjugés ne tiennent pas. J'eus bientôt pour cette musique toute la passion qu'elle inspire à ceux qui sont faits pour en juger. En écoutant des barcarolles je trouvais que je n'avais pas ouï chanter jusqu'alors[119].

Dans la mise en scène fictive de *La Nouvelle Héloïse*, en revanche, la conversion est l'effet d'une seule soirée de musique. Il a suffi que Saint-Preux écoute Reggianino ; il est conquis instantanément par la vérité et il renie sur-le-champ toutes ses premières illusions :

> Dans quelle étrange erreur j'ai vécu jusqu'ici sur les productions de cet art charmant ? Je sentais leur peu d'effet, et l'attribuais à sa faiblesse. Je disais : la musique n'est qu'un vain son qui peut flatter l'oreille et n'agit qu'indirectement et légèrement sur l'âme. L'impression des accords est purement mécanique et physique ; qu'a-t-elle à faire au sentiment, et pourquoi devrais-je espérer d'être plus vivement touché d'une belle harmonie que d'un bel accord de couleurs ? Je n'apercevais pas dans les accents de la mélodie appliqués à ceux de la langue, le lien puissant et secret des passions avec les sons : je ne voyais pas que l'imitation des tons divers dont les sentimens animent la voix parlante donne à son tour à la voix chantante le pouvoir d'agiter les cœurs, et que l'énergique tableau des mouvemens de l'âme de celui qui se fait entendre, est ce qui fait le vrai charme de ceux qui l'écoutent[120].

L'expérience décisive est décrite dans la succession bouleversante de toutes ses surprises et de toutes ses découvertes :

> Je sentis bientôt aux émotions qu'elle me causait que cet art avait un pouvoir supérieur à celui que j'avais imaginé. Je ne sais quelle

---

119. *Confessions*, livre VII. *O.C.*, I, p. 313-314.
120. *La Nouvelle Héloïse*, I, lettre XLVIII, *O.C.*, II, p. 131-132.

sensation voluptueuse me gagnait insensiblement. Ce n'était plus une vaine suite de sons, comme dans nos récits. A chaque phrase quelque image entrait dans mon cerveau ou quelque sentiment dans mon cœur; le plaisir ne s'arrêtait point à l'oreille, il pénétrait jusqu'à l'âme, l'exécution coulait sans effort avec une facilité charmante; tous les concertants semblaient animés du même esprit[121].

Pour le lecteur averti, une analogie s'impose. Comment, en effet, dans le « *même esprit* » qui anime les concertants, ne pas reconnaître une variante de la *volonté générale*, clé de voûte du *Contrat social*? Certes, il s'agit d'une volonté générale de brève durée, limitée pour un seul soir à la petite société des concertants. Mais l'on ne peut s'empêcher de penser à la célèbre formule du contrat, et aux conséquences qui en découlent:

> Si donc on écarte du pacte social ce qui n'est pas de son essence, on trouvera qu'il se réduit aux termes suivants. *Chacun de nous met en commun sa personne et toute sa puissance sous la suprême direction de la volonté générale; et nous recevons en corps chaque membre comme partie indivisible du tout.*
>
> A l'instant, au lieu de la personne particulière de chaque contractant, cet acte d'association produit un corps moral et collectif composé d'autant de membres que l'assemblée a de voix, lequel reçoit de ce même acte son unité, son *moi* commun, sa vie et sa volonté[122].

Observons que le mot *voix*, qui indique en l'occurrence le suffrage individuel, est l'un de ces termes multivalents qui peuvent s'entendre au sens « propre » (linguistique, musical) comme au sens « figuré » (politique). L'emploi du mot dans le vocabulaire politique est suffisamment univoque pour que nous ne soyons pas tentés de doubler nos considérations sur la socialité de la musique par des remarques sur la musicalisation de la société. Mais l'on ne peut s'empêcher de penser que la

---

121. *Op. cit.*, p. 133.
122. *Contrat social*, I, chap. VI, *O.C.*, III, p. 361.

notion d'*unité*, que nous venons de voir apparaître à propos du corps social, établit un lien entre l'esthétique et la politique de Rousseau, l'une et l'autre, sur des plans différents, fournissant une réponse précise au problème fondamental de la communication entre les individus. En sorte que l'histoire des sociétés peut être considérée comme une histoire de la voix.

L'*Essai sur l'origine des langues* affirme que les « premières voix » eurent pour effet de « rapprocher les hommes ». Chez les peuples du Sud, c'est la passion qui, par des voix musicales et inarticulées, instaure la première *convention* humaine. Rappelons-le, la fête au bord des fontaines a constitué le « berceau des peuples ». En revanche, au Nord règne le besoin : ce sont des voix articulées (plus rudes, plus segmentées par les consonnes), qui, appelant à l'aide, prononcent la formule du contrat et manifestent la volonté du « corps » politique. La *concertation* contractuelle apporte remèdes et substitutions : elle produit la liberté civile, à la place de l'indépendance naturelle ; elle abolit la lutte de tous contre tous, qui opposait des individus devenus inégaux ; de la sorte, elle rétablit sous la forme d'un ouvrage volontaire l'unité que les premiers « hommes assemblés » avaient goûtée dans son éclosion festive et spontanée.

Un passage du *Contrat social* prend ici une valeur exemplaire :

> Plus le *concert* règne dans les assemblées, c'est-à-dire plus les avis approchent de l'unanimité, plus aussi la volonté générale est dominante ; mais les longs débats, les dissensions, le tumulte, annoncent l'ascendant des intérêts particuliers et le déclin de l'État[123].

Le péril résulte de la multiplicité des voix, qui disent chacune l'intérêt particulier à la place de l'intérêt général. L'unanimité souhaitée est compromise quand les factions se multiplient, et que l'on voit « les petites sociétés influer sur la grande ». Alors, ajoute Rousseau, « la volonté générale devient muette[124] ».

---

123. *Contrat social*, IV, chap. II, *O.C.*, III, p. 439.
124. *Contrat social*, IV, chap. I, *O.C.*, III, p. 438. Cf. note 3, p. 1491.

Il est remarquable que Rousseau définisse le mal en des termes très proches de ceux qu'il emploie pour dénoncer, en musique, les méfaits de la primauté attribuée à l'harmonie et à la polyphonie. « Toute musique où l'on distingue plusieurs chants simultanés est mauvaise, et [...] il en résulte le même effet que deux ou plusieurs discours prononcés à la fois sur le même ton. Par ce jugement, qui n'admet nulle exception, l'on voit ce que l'on doit penser de ces merveilleuses musiques où un air sert d'accompagnement à un autre air[125]. » Le péril, analogue à celui que les factions font courir à l'État, est celui même de la destruction : « Si chaque partie a son chant propre, tous ces chants, entendus à la fois, se détruiront mutuellement[126]. » Quand Rousseau entend chanter, dans les églises protestantes de son pays, « nos psaumes à quatre parties », le ravissement qu'il éprouve d'abord est bientôt suivi d'un sentiment contraire : « Le bruit m'étourdit peu à peu[127]. » Le bruit, qui est l'homologue du tumulte que Rousseau redoute dans la cité, a été le grief constant de Rousseau contre la musique française et les opéras de Rameau : cette musique ne « parle » pas au cœur ; autant dire qu'elle devient « muette », comme la volonté générale dans un État déchiré par les intérêts particuliers. Rousseau s'est dit plus attendri par l'unisson, si caractéristique du chant populaire. L'unisson, assure-t-il, n'est pas dénué d'harmonie, puisque chaque son ne manque pas d'engendrer ses harmoniques. Comment ne pas voir ce qui apparente l'unisson à l'unanimité des peuples transportés par un même élan patriotique ?

Une nouvelle observation s'ajoute aux précédentes. Inventer l'unité de mélodie, qui fait concourir harmonie et mélodie ; savoir composer *di prima intenzione* : voilà l'affaire du génie et du puissant instinct dont il est animé. La fonction du génie en musique n'est pas sans analogie, à son tour, avec celle que

---

125. *Dictionnaire de musique,* article *Unité de mélodie.*
126. *Ibid.*
127. *Ibid.*

Rousseau, dans le *Contrat*, attribue au *législateur*. Car obtenir que les individus sacrifient l'intérêt particulier à l'intérêt général, leur faire vouloir la loi, assembler les hommes en obtenant d'eux « l'union de l'entendement et de la volonté », c'est à quoi tend sans relâche « la grande âme du législateur[128] ».

Dans la situation historique où se trouve Rousseau, l'unité politique ne peut être retrouvée que par un effort de transformation, ou par une résistance aux forces qui corrompent les sociétés. Il faut un « mécanicien qui invente la machine[129] ». Et de même que le génie musical est seul capable de constituer un grand tout, il faut qu'intervienne, à l'origine d'un corps politique, un homme qui se sente « en état de changer, pour ainsi dire, la nature humaine, de transformer chaque individu, qui par lui-même est un tout parfait et solitaire, en partie d'un plus grand tout dont cet individu reçoive en quelque sorte sa vie et son être[130] ».

Nous avons vu que *Le Devin du village* constitue pour Rousseau la preuve de la fécondité de ses principes. Qu'en est-il de l'activité législatrice ? Le passage à la preuve, c'est-à-dire des principes à l'œuvre, y est moins aisé. Rousseau ne deviendra pas le législateur des Corses et des Polonais. Pour ces « peuples à instituer », il ne pourra quitter le rôle de consultant : il restera sur le seuil. La fête du commencement des temps, les sociétés régénérées demeureront des postulats de la raison spéculative, ou des appels de l'imagination.

A défaut de fonder l'unité d'un peuple, il est au pouvoir de Rousseau, par son activité musicienne, d'unir les membres d'une « petite société ». Il avait joui de ce privilège, dès les années de sa jeunesse, à Annecy, dans les soirées de Mme de Warens. Il n'est pas nécessaire, pour cela, d'aller jusqu'à composer des opéras. Pour une société intime, réduite à un groupe d'amis, il suffit d'un air, d'une chanson, pour que le

128. *Contrat social*, II, chap. VII, p. 384.
129. *Op. cit.*, p. 381.
130. *Ibid.*

cœur soit satisfait et pour que les liens se resserrent. Les journées de bonheur, dont Rousseau a su faire si admirablement la description, s'achèvent presque toutes par un chant du soir. Ainsi, la journée de l'île de Saint-Pierre, telle que la retrace la cinquième *Rêverie*:

> Après le souper quand la soirée était belle, nous allions encore *tous ensemble* faire quelque tour de promenade sur la terrasse pour y respirer l'air du lac et la fraîcheur. On se reposait dans le pavillon, on riait, on causait, on chantait quelque vieille chanson qui valait bien le tortillage moderne, et enfin l'on s'allait coucher content de sa journée et n'en désirant qu'une semblable pour le lendemain[131].

Respirer « l'air du lac »: voici reparaître l'eau, que Rousseau dit avoir toujours passionnément aimée. Il en avait fait, dans l'*Essai sur l'origine des langues*, le lieu de rencontre des premiers couples exogames, le décor des fêtes primitives. Mais c'est maintenant un moment final, presque une fin de l'histoire dont Rousseau jouit pour son compte personnel. L'apaisement s'est substitué à la chaleur amoureuse de l'« ardente jeunesse ». Le chant du soir, chargé de mémoire (il s'agit d'une « *vieille* chanson »), survient à la place de la grande aube du langage. Dans une sociabilité tranquille, la promenade a remplacé les premières danses. Cette fois encore néanmoins, la musique anime une vie en commun, un « tous ensemble »; elle atteste l'union d'une petite communauté qui souhaite perpétuer sa manière d'exister: « Après un bel air on est satisfait, l'oreille ne désire plus rien; il reste dans l'imagination, on l'emporte avec soi, on le répète à volonté [...]. Le véritable amateur ne perd jamais les beaux airs qu'il entendit en sa vie[132]. » Ainsi Rousseau nous suggère-t-il la suspension du temps: paradis retrouvé

---

131. *Rêveries*, cinquième Promenade, *O.C.*, I, p. 1045.
132. *Dictionnaire de musique*, article *Air*. Cette étude doit beaucoup aux collègues et aux étudiants de Genève qui ont participé à un séminaire consacré aux écrits de Rousseau sur la musique, durant l'hiver 1983-1984. Je remercie Samuel Baud-Bovy, Alain Grosrichard, Jean-Jacques Eigeldinger pour leurs précieuses suggestions.

de la plénitude et de la répétition qui, à la fin de l'histoire, par la puissance de l'art, fait écho au temps non mesuré qui abritait sous son ombre claire, comme les « vieux chênes vainqueurs des ans », la fusion naturelle du plaisir et du désir.

CHAPITRE VI

FABLE ET MYTHOLOGIE
AUX XVIIᵉ ET XVIIIᵉ SIÈCLES

Pour qui cherche à définir le statut des mythes antiques aux XVIIᵉ et XVIIIᵉ siècles, deux domaines, extrêmement dissemblables, s'offrent à l'observation : l'un s'établit au niveau de tous les faits de culture (poésie, théâtre, ballets, peinture, sculpture, arts décoratifs) où les *motifs* mythologiques sont repérables ; l'autre est constitué par l'ensemble des textes historiques, critiques, spéculatifs, qui tentent d'élaborer un *savoir* sur les mythes, une science des mythes. Cette distinction est, à l'époque, nettement exprimée par des termes dont la valeur marquait toute la différence que les contemporains établissaient entre la libre utilisation des motifs mythologiques, et la connaissance réfléchie des mythes : la *fable*, la *mythologie*.

La fonction de la fable dans la culture classique

La *fable* est l'ensemble des notions reçues, touchant les divinités du paganisme. Largement fondée sur Hésiode, Ovide, Apollodore, et sur les vulgarisateurs plus récents (Natale Conti), elle est un répertoire de généalogies, d'aventures, de métamorphoses, de corrélations allégoriques. Et comme les motifs fabuleux sont omniprésents — chez les Anciens que l'on lit au collège, dans les tragédies que l'on va voir au théâtre, dans les tableaux d'histoire, dans les monuments que l'on dresse sur les places, dans les décorations des demeures — la fable est une discipline obligée dans l'éducation d'un honnête homme. Ainsi s'instaure un cercle : il faut connaître la fable pour comprendre les œuvres proposées par la culture ancienne et récente ; et, parce que l'on a appris la fable, et que le modèle antique reste vivant, les œuvres nouvelles que l'on composera recourront à la fable soit pour leur emprunter leur sujet lui-même, soit pour n'en retenir que des accessoires ornementaux — figures, emblèmes, locutions.

Rollin, au livre VI (quatrième partie) de son *Traité des études* (1726) qui fit autorité pendant plus d'un siècle, mentionne la fable, et justifie de façon nuancée son étude :

> Il n'y a guère de matière dans ce qui regarde l'étude des belles-lettres qui soit ni d'un plus grand usage que celle dont je parle ici, ni plus susceptible d'une profonde érudition [...].

Sans connaissance de la fable, pas de connaissance de la littérature :

> C'est [un avantage] d'une fort grande étendue [...] que l'intelligence des auteurs, soit grecs, soit latins, soit français même, dans la lecture desquels on est arrêté tout court si l'on n'a pas quelque teinture de fable. Je ne parle pas seulement des poètes, dont on sait qu'elle est comme le langage naturel : elle est souvent employée aussi par les orateurs ; et elle fournit quelquefois, par d'heureuses applications, des traits forts vifs [...]. Il est d'autres espèces de livres exposés aux yeux de tout le monde : les tableaux, les estampes, les tapisseries, les statues. Ce sont autant d'énigmes pour ceux qui ignorent la fable, qui souvent en est l'explication et le dénoûment. Il n'est pas rare que dans les entretiens on parle de ces matières. Ce n'est point, ce me semble, une chose agréable, que de demeurer muet et de paraître stupide dans une compagnie, faute d'avoir été instruit pendant la jeunesse d'une chose qui coûte fort peu à apprendre.

La connaissance de la fable est la condition même de la lisibilité du monde culturel tout entier. Elle est, à ce titre, l'un des préalables d'une participation aux « entretiens » dans lesquels un homme éduqué est appelé à jouer son rôle. La fable, pour Rollin, est indispensable à qui veut tout ensemble comprendre le milieu esthétique, et être accepté dans une « compagnie » choisie. Elle a donc une double fonction ; elle est un langage imagé donnant accès à un certain type d'organisation du discours, et la fonction de ce langage est signe social de reconnaissance, entre individus qui savent déchiffrer de la même manière l'univers des fictions mythiques.

Jaucourt, à l'article *Fable* de l'*Encyclopédie*, abonde dans le même sens :

> [...] Voilà pourquoi la connaissance, du moins une connaissance superficielle de la fable, est si générale. Nos spectacles, nos pièces lyriques et dramatiques, et nos poésies en tout genre, y font de perpétuelles allusions ; les estampes, les peintures, les statues qui décorent nos cabinets, nos galeries, nos plafonds, nos jardins, sont presque toujours tirées de la fable : enfin elle est d'un si grand usage dans tous nos écrits, nos romans, nos brochures, et même dans nos discours ordinaires, qu'il n'est pas possible de l'ignorer à un certain point sans avoir à rougir de ce manque d'éducation.
>
> La fable est le patrimoine des arts ; c'est une source d'idées ingénieuses, d'images riantes, de sujets intéressants, d'allégories, d'emblèmes, dont l'usage plus ou moins heureux répond du goût et du génie. Tout agit, tout respire dans ce monde enchanté, où les êtres intellectuels ont des corps, où les êtres matériels sont animés, où les campagnes, les forêts, les fleuves ont leurs divinités particulières ; personnages chimériques, je le sais, mais le rôle qu'ils jouent dans les écrits des anciens poètes, et les fréquentes allusions des poètes modernes les ont presque réalisés pour nous. Nos yeux y sont familiarisés au point que nous avons peine à les regarder comme des êtres imaginaires.

L'auteur d'une *Encyclopédie élémentaire*, parue en 1775, marque de l'agacement à l'égard de la fable, mais ne la tient pas moins pour nécessaire. Et sa façon de recommander le *Dictionnaire de la fable* de Chompré (que Rollin avait déjà salué) montre bien que cet ouvrage, parce qu'il est tout ensemble une iconologie allégorique et un répertoire des héros fabuleux, a moins pour but d'approfondir la substance des mythes que de rendre déchiffrables les *attributs* utilisés par les artistes : à la limite, l'on a affaire à un code sémiologique, servant à exprimer une « intention » dans une langue consacrée :

> C'est un assemblage de contes puérils destitués de vraisemblance, et qui mériterait du mépris, si ces chimères n'étaient pas absolument nécessaires pour entendre les Auteurs anciens, sentir les beautés de la poésie, des tableaux, des allégories, et même se servir d'une infinité d'expressions reçues, comme, c'est une *Mégère*, une *Furie*, une *Muse* [...]. J'invite mes lecteurs à se munir du petit *Dictionnaire* portatif de M. Chompré. Il est d'une très grande utilité pour les jeunes gens et même pour tout le monde. Que l'on cherche, par exemple, le sujet d'une tapisserie, d'un tableau, d'un morceau allégorique, on le trouvera certainement dans cet ouvrage.
>
> S'il y a un aigle, voyez ce mot, et il vous renverra à *Jupiter*, à *Périphas*, à *Ganymède*. Si c'est une faux, vous trouverez *Saturne* ou le *Temps*. Si une figure tient une trompette, le mot trompette vous enverra à la *Renommée* [...]. Par les attributs, vous connaîtrez les sujets ; et avec un peu de jugement, vous devinerez l'intention du dessinateur[1].

Le dictionnaire, on le voit, sert à passer d'une langue dans une autre ; il est un outil de traduction, permettant aux artistes et aux poètes de trouver les « figures » appropriées, et, davantage encore, assurant aux lecteurs la possibilité de revenir de la figure à l'idée première. Le recours au dictionnaire postule une disjonction de l'apparence et du sens, aussitôt annulée par un système de corrélations fixes, système grâce auquel toute l'étrangeté possible de l'allégorie s'évanouit ; de ce fait, l'emploi des figures mythiques se réduit à un procédé de style : le lecteur, le spectateur doivent traduire l'image *trompette* par le concept *Renommée* ; et si telle image de la trompette nous retient un instant par l'élégance de sa forme ou l'éclat de son cuivre, toute

---

1. Revu, amplifié, transformé, le *Dictionnaire* de Chompré deviendra le *Dictionnaire de la fable* de F. Noël (1801), qui a été utilisé par les artistes et les poètes du XIXᵉ siècle. Le *Dictionnaire de la fable* de Noël accueille dans son répertoire les mythologies du Nord, de l'Asie, etc. : le monde gréco-romain, tout en demeurant prédominant, cesse alors d'être le seul pourvoyeur d'images.

lecture *avertie* évitera de s'attarder à cette littéralité qui n'a fonction que d'être provisoire, jouant comme indice du registre « élevé » ou « noble » de l'expression.

Réduite à ce type de lexique, la fable — tout en renvoyant à un passé fictif et localisé dans l'espace gréco-latin — prend un aspect a-historique : tout y est simultané, même les généalogies. La fable développe ses réseaux synchroniquement, comme si elle était le vocabulaire d'un seul et même état de langue. La chronologie interne de la fable ne s'inscrit pas dans la durée historique. Dès l'instant où les dieux, leurs dénominations, leurs cultes, leurs rapports avec des lieux et des peuples, etc., font l'objet d'une recherche historique, la fable devient objet d'*érudition*, et n'est plus ce système clos et autosuffisant que nous avons décrit. C'est alors l'affaire des « antiquaires » (s'ils en restent à l'inventaire des documents exhumés : statues, autels, médailles, confrontés aux sources écrites : inscriptions, textes littéraires, etc.) ou des *mythologistes* (s'ils forment des hypothèses sur l'*origine* des fables, sur les différences ou les ressemblances entre les croyances religieuses des divers peuples, etc.). Domaine difficile, dangereux, au seuil duquel Rollin conseille aux éducateurs de s'arrêter : « Il serait bon, ce me semble, d'éviter ce qui n'a rapport qu'à l'érudition, et qui rendrait l'étude de la fable plus difficile et moins agréable ; ou, du moins, de rejeter dans de courtes notes les réflexions qui seraient de ce genre. »

Jaucourt achève l'article *Fable* de l'*Encyclopédie* en dressant le programme du savoir mythologique, qui dépasse la simple familiarité avec les figures de la fable :

> [...] Mais de porter sa curiosité jusqu'à tenter de percer les divers sens ou les mystères de la fable, entendre les différents systèmes de la théologie, connaître les cultes des divinités du paganisme, c'est une science réservée pour un petit nombre de savants ; et cette science qui fait une partie très vaste des belles-lettres, et qui est absolument nécessaire pour avoir l'intelligence des monuments de l'antiquité, est ce qu'on nomme la *Mythologie*.

Il s'agit alors d'interpréter les figures de la fable selon l'exigence d'une compréhension historique, génétique, systématique. Tandis que la fable est elle-même, sous une forme vulgarisée et facile, un moyen universel de « poétiser » toutes choses, la « mythologie » l'interroge sur ses origines, sur sa portée intellectuelle, sa valeur de révélation, ses liens avec des institutions et des coutumes. Bref, l'opposition sémantique entre la *fable* et la *mythologie* peut être énoncée comme la différence entre un système interprétatif généralisé et stabilisé, et une réflexion de type rationnel qui fait de ce système interprétatif un objet à interpréter selon d'autres conditions de validité.

Disons d'ores et déjà que le renouveau du mythe viendra, à la fin du XVIIIe siècle, de cette réflexion savante, qui s'attachera à comprendre différemment l'invention mythique, tandis que le recours stéréotypé à la fable se révélera stérile et fastidieux. Toutefois, avant de passer en revue l'essor des *théories* mythologiques, il importe de préciser mieux que nous ne l'avons fait jusqu'ici la fonction de la *fable* au sein de la culture « classique » européenne et surtout française, aux XVIIe et XVIIIe siècles.

Dans une culture qui tolère la coexistence d'un domaine sacré et d'un domaine profane, la fable occupe, très évidemment, le pôle profane : elle peuple les divertissements mondains. Allons même jusqu'à dire que, par son absence avouée de valeur de vérité, la fable est l'indice même de la futilité de l'existence mondaine. La fable ne veut être que fiction, ornement ; pour le mieux : mémoire érudite. Son autorité est d'emblée déclarée nulle en regard de l'autorité religieuse. Le paganisme esthétisé, confiné dans la seule prétention du gracieux ou du beau, n'est pas un rival dangereux pour les orthodoxies chrétiennes — sauf si les âmes s'y laissent indûment retenir, et s'enflamment aux exemples impurs du panthéon païen.

Revenons à Rollin, parfait porte-parole de l'institution religieuse au début du XVIIIe siècle. En incluant la fable dans son programme d'éducation, il ne vise pas seulement à favoriser la compréhension des œuvres littéraires ou picturales. Elle doit aussi servir de mise en garde, en qualité de contre-épreuve de la vérité chrétienne :

> Cette étude, quand elle est faite avec les précautions et la sagesse que demande et qu'inspire la religion, peut être d'une grande utilité pour les jeunes gens.
>
> Premièrement, elle leur apprend ce qu'ils doivent à Jésus-Christ leur libérateur, qui les a arrachés de la puissance des ténèbres pour les faire passer à l'admirable lumière de l'Évangile. Avant lui, qu'étaient les hommes [...]? La fable nous l'apprend. C'était des adorateurs aveugles du démon, qui fléchissaient le genou devant l'or, l'argent et le marbre ; qui offraient de l'argent à des statues sourdes et muettes ; qui reconnaissaient pour dieux des animaux, des reptiles, des plantes même [...]. Chaque histoire de la fable, chaque circonstance de la vie des dieux doit nous remplir en même temps de confusion, d'admiration, de reconnaissance [...]. Un second avantage de la fable, c'est qu'en nous découvrant les cérémonies absurdes et les maximes impies du paganisme, elle doit nous inspirer un nouveau respect pour l'auguste majesté de la religion chrétienne, et pour la sainteté de sa morale.

La croyance sera donc réservée pour la seule autorité légitime — le dogme révélé — tandis que la réprobation ira frapper ces figures païennes dont pourtant le décor de la vie quotidienne nous apporte — Rollin le reconnaît — l'image sans cesse renouvelée. Du moins, malgré les séductions qu'elle accumule, l'irréalité de la fable ne laisse-t-elle pas de doute sur la vanité de l'existence selon le monde. Elle est, par sa présence, le sûr indice que le désir profane s'égare sur de « faux » objets. Et la nécessité de diriger l'amour sur son véritable objet — Dieu, le Christ — n'en devient que plus impérieuse.

Mais la démarcation entre le sacré et le profane a sa légitimité propre : elle est postulée par l'autorité religieuse elle-même. En déterminant le domaine de sa juridiction stricte, l'autorité religieuse tolère l'existence d'un domaine extérieur, qu'elle surveille, mais qu'elle n'astreint pas aux règles les plus sévères.

Pourvu que les liens ne soient pas rompus avec l'ordre sacré, la vie des hommes peut se dérouler, partiellement, dans un temps et un espace profanes. Et les figures héritées d'un sacré révolu et déchu — celui du paganisme — peuvent innocemment servir d'ornement à la part de l'existence qui n'est pas directement gouvernée par les vérités de la foi. Assurément, l'imaginaire est dangereux, les figures du désir font courir aux âmes un péril grave : mais, de la sorte, sous la forme d'un panthéon auquel aucune croyance sérieuse n'est plus tentée de s'attacher, l'orthodoxie accorde une survie *de surface* à ce que la morale chrétienne, d'autre part, réprouve et refoule. Si bien que dans un compromis à peu près équilibré, le christianisme (et plus particulièrement le catholicisme de la Contre-Réforme) laisse subsister à ses côtés, mais sur le mode de l'image gratuite et de la fiction désamorcée, tout l'univers de pulsions partielles, *polythéistes*, qu'il a historiquement supplantées et que les vrais fidèles sont invités à nier et à dépasser. Ce compromis autorise une certaine duplicité : les « mondains » (le roi lui-même) goûteront les divertissements profanes, s'entoureront de scènes païennes, deviendront même acteurs dans les ballets mythologiques, mais ils écouteront les prédicateurs et recevront les sacrements.

L'amour, l'ambition — les deux grands domaines où s'exerce la concupiscence mondaine (*libido sentiendi, libido dominandi*) — célèbrent leurs triomphes sous les travestis de la fable. Le recours au code fabuleux, dans la poésie amoureuse, fait partie d'un système d'*éloignement*, lequel, transposant le sentiment dans la fiction héroïque ou pastorale, permet de manifester le désir, tout en lui conférant une expression glorieuse, purifiée, détachée de la contingence triviale. En ce sens, la fable assure un *déplacement* de tous les éléments du discours en direction d'un registre tout ensemble *ludique* et « poli », en quoi se définit l'essence même de l'attitude « galante ». Si l'on considère que le corpus principal des mythes — les *Métamorphoses* d'Ovide — comporte déjà lui-même une forte composante ludique, il est évident que pour satisfaire le goût de la nouveauté, du « piquant », qui prévaut dans les cercles cultivés, les artistes et les poètes se sont sentis entraînés à surenchérir dans l'exercice du jeu. Cette surenchère est particulièrement sensible dans l'art du rococo européen, avec ce qu'il comporte de prolifération décorative, de souple sinuosité, de miniaturisation. Mais cet élément de jeu intellectuel, mêlé parfois à des composantes plus authentiquement éprouvées, est déjà pleinement évident dans le maniérisme et le concettisme (il suffit de nommer l'*Adone* de Marini) ; il se retrouve dans la préciosité du Grand Siècle, et n'a pas disparu dans les badinages de la fin du xviiie siècle. Benserade et ses *Métamorphoses d'Ovide mises en rondeaux* sont un exemple des excès de la préciosité : l'œuvre a paru « piquante » parce qu'elle était une paraphrase réglée, recourant à une petite forme *régulière*, abrégeant et remaniant un texte latin dont le contenu mythique avait lui-même déjà fait l'objet d'un allégement joueur. Le jeu est donc redoublé. Le rondeau est une *miniature*, par rapport au modèle imité : tout peut tourner dans le cercle étroit de douze vers, dont les quatre premières syllabes reparaîtront à deux nouvelles reprises — la dernière fois pour conclure le poème. A la fin de l'Ancien Régime, dans les *Lettres à Émilie sur la Mythologie* de C.A. Demoustier, le récit mythologique se réduit à un badinage entremêlé de vers ; les éléments versifiés sont tantôt des épisodes ou des commentaires du récit, tantôt des compliments galants à la destinataire. Cette forme héritée du xviie siècle se déleste jusqu'à l'insignifiance. Derechef la mythologie racontée de lettre en lettre subit un amenuisement, une atténuation, qui fait d'elle la substance minimale d'un récit d'aventures, et le prétexte d'une pédagogie facile, attentive à *plaire*. Un pas de plus et, dans un ouvrage patronné par Mme de Genlis, il ne restera des dieux que leur seul *nom*, calligraphié en forme d'emblème...

Mais le répertoire mythique, étant apte à transcrire les événements ou les sentiments actuels dans un registre fictif, peut aussi servir à les magnifier et à les célébrer, dans la dimension du triomphe. La miniaturisation n'est que l'une des pentes de l'imagination joueuse: c'est celle où le jeu se veut l'allié d'une conquête de la légèreté innocente. Lorsque le jeu se charge, au contraire, d'intentions glorifiantes, il amplifie sans se laisser contraindre par les servitudes du monde réel. La fiction mythologique rend possible l'hyperbole louangeuse, qui n'eût pas été prononçable dans le cadre de la règle chrétienne. Pour une bataille gagnée, la fête chrétienne culmine dans l'adoration du Dieu des armées: *Te Deum laudamus*... Mais la fête chrétienne se double d'une fête profane, donc *mythologique*, qui exalte le prince lui-même: il est comparé à Mars ou à Hercule, il est le favori de Bellone, etc. Pour une naissance princière, le baptême chrétien est doublé de cérémonies ou de poèmes d'inspiration fabuleuse, où l'on n'annoncera rien de moins que le prochain retour d'Astrée et de l'âge d'or... L'apothéose du prince peut donner lieu à une *représentation* licite dans un système de figures divines dont la validité est d'entrée de jeu posée comme révolue et de pure apparence. Cette divinisation « à blanc » permet l'essor des énergies célébrantes: celles-ci, bien que captives du modèle gréco-latin, se voient permettre toutes les outrances, puisqu'elles ne prétendent pas à autre chose qu'au simulacre. Le roi soleil peut danser dans le costume d'Apollon. Jupiter peut descendre du ciel, dans une machine d'opéra, pour annoncer aux siècles futurs une illustre lignée de souverains.

Si le système conventionnel du mythe gréco-latin favorise une transmutation purifiante ou glorifiante — il n'en reste pas moins vulnérable, puisque l'autorité dont il se réclame n'est rien de plus qu'une habitude esthétique. Rien ne le protège contre la parodie, ou contre le reflux qui abandonne les embellissements mythiques pour revenir à la réalité ordinaire du désir.

Le mouvement de la satire et de la comédie, au XVIIᵉ siècle, est d'arracher les masques, d'accomplir à rebours le trajet des entreprises purifiantes (la préciosité) ou glorifiantes (l'idéal nobiliaire), de ramener à la littéralité tout ce que le code mythologique aura précédemment transporté dans la dimension métaphorique. Face aux *tableaux* où le désir s'exalte et se divinise, la satire redescend dans le monde quotidien et nous ramène à la réalité de l'instinct à l'état brut. A cet égard, je trouve exemplaire cet épisode du *Discours sur le voyage de Saint-Germain-en-Laye* qui figure dans le *Cabinet satyrique* (1618) : le décor mythique est *lu* comme un excitant érotique :

> Mais faisons, je vous pry, pour saouler nostre veuë,
> Dans la chambre du Roy encore une reveuë.
> Voyez, en cest endroit, comme Mars et Venus
> Se tiennent embrassez, languissans et tous nuds ;
> Voyez les à ce coing, en une autre posture :
> Avez-vous jamais veu si lascive peinture ?
> Haussez un peu les yeux, et voyez les encor
> En une autre façon, dessus ce plancher d'or ;
> Voyez les icy pres, tous deux encor aux prises.
> Quoy ! tout est plain d'Amours et de flames éprises,
> Dans ceste belle chambre ! Allons, fuyons ces lieux :
> Sortons-en, je vous prie, ou bien faisons comme eux !

On peut être impunément sacrilège à l'égard d'un pseudo-sacré. Le burlesque joue librement de cette licence. Les grandes images mythiques utilisées pour ennoblir les circonstances de la vie publique et privée sont des moyens de transmutation et de travestissement. En les défigurant, en les caricaturant, on opère un retour au réel trivial : travestir ce qui était moyen de travestissement, c'est annuler la pureté et la gloire figurées, et retrouver le grain et l'odeur du monde tel qu'il est pour un témoin désabusé. L'*Ovide en belle humeur* de Dassoucy, le *Virgile travesti* de Scarron, l'*Homère travesti* du jeune Marivaux, la tardive *Vergils Aeneis travestirt* (Vienne 1782-1794) de Blumauer, n'attentent pas seulement aux modèles littéraires les plus respectés. Ils s'en prennent, à travers eux, aux *vertus* dont l'exaltation était prise en charge par la tradition épico-mythique : exploits guerriers, sacrifice de la vie pour la patrie et pour la gloire.

La moquerie, en visant les héros et les dieux de l'antiquité, vise plus généralement l'idéal héroïque. Le simple bonheur de vivre vaut mieux. Ce qui est alors dénoncé, c'est l'immortalité fictive, le marché de dupes, la fausse monnaie dont la célébration mythologique paie ceux qui versent leur sang sur le champ de bataille. Au lendemain des guerres de Louis XIV, la parodie telle que la pratique Marivaux n'atteint pas seulement les Anciens et leurs partisans, mais bien plus encore les illusions de la gloire militaire. Des vers comme ceux-ci, adressés par Andromaque à Hector, ont valeur démobilisatrice. Ils « démystifient » le lieu commun de la mémoire impérissable :

> Ah! grands dieux! lorsque j'envisage
> L'affligeant état du veuvage,
> Je sens qu'un lit est bien affreux,
> Quand, dans ce lit, on n'est plus deux!
> Jadis, le sanguinaire Achille
> Tua mon père en une ville...
> Eh bien! comment la nomme-t-on?
> Je ne me souviens plus du nom.
> Il l'enterra, dit-on, lui-même,
> D'une magnificence extrême:
> Mais quand un corps est enterré,
> A quoi lui sert d'être honoré?
> Avec quelque éclat qu'on enterre,
> On n'a de gîte que la terre.

Cette profession de foi résolument terrestre (et qui ramène la mort à la seule mise en terre), en récusant une image « païenne[2] » de l'immortalité, insinue l'incroyance quant à l'immortalité chrétienne. On peut même dire, de manière plus générale, que la parodie burlesque des récits mythiques, des fables pastorales ou guerrières, ne limite pas son effet destructeur au seul domaine de l'esthétique, ni même à la seule hiérarchie des valeurs « officielles » : c'est, par voie indirecte, à

---

2. Il ne s'agit pas, bien sûr, de la vie d'outre-tombe telle la présentent les poèmes homériques, mais plutôt de celle que promet la convention mythologique courante au XVIIe siècle.

l'*autorité* la plus haute qu'elle s'en prend. Car, bien que fictif, le monde de la fable n'en propose pas moins les images d'une souveraineté homologue à la souveraineté régnante qui a, pour ainsi dire, cours légal. Attenter à Jupiter et aux dieux de la fable, selon les insinuations qu'on y mêle, c'est attenter en *effigie*, et sans courir de risque, au roi et aux grands, ou à la sainteté de Dieu, ou à celle du pape, etc. Le monde de la fable étant, par décret du pouvoir spirituel, un monde profane, sans véritable contenu sacré, il ne peut y avoir blasphème ni lèse-majesté quand on le défigure. La critique *libertine* contre la religion ou contre la monarchie centralisatrice peut ainsi s'exercer par voie oblique, sans s'attaquer (en apparence) à d'autres puissances que celles contre qui la tradition chrétienne la moins suspecte n'a cessé de porter condamnation. Comme on le voit, la dualité du sacré (chrétien) et du profane (environné d'un décor « mythologique ») est disposée de telle manière que l'on peut jouer tantôt sur leur séparation, sur leur exclusion réciproque, tantôt sur leur parallélisme, sur leur isomorphisme. Si la souveraineté païenne et la souveraineté chrétienne sont considérées dans leur similitude formelle (même structure qui fait tout dépendre d'une divinité suprême, même présence des miracles), la polémique contre le christianisme (ou contre les aspects superstitieux du christianisme) peut se développer en toute sécurité, en ne visant à première vue que les dieux du paganisme (exemple : l'article *Jupiter* du *Dictionnaire* de Bayle). Si le christianisme et le paganisme sont envisagés dans leur incompatibilité, l'hostilité au christianisme se manifestera, plus dangereusement, par une option résolue en faveur du monde de la fable. Sous le couvert de la tradition esthétique qui a acclimaté la fiction mythologique, et qui a assuré ses titres de noblesse, la pensée rebelle va proclamer sa préférence pour la fable païenne, en regard de la doctrine imposée par l'Église, non moins fabuleuse et mensongère, et néanmoins mille fois moins plaisante. C'est le moment où le sentiment antichrétien se montre à visage découvert : on le constate à plusieurs reprises depuis la

Renaissance, mais surtout au XVIIIe siècle. Chez un Voltaire, l'option pour le paganisme — dans l'*Apologie de la fable* — atteste moins un sentiment authentiquement accordé au monde du mythe, que l'opportunisme d'une méthode de propagande qui sait faire flèche de tout bois:

> Savante antiquité, beauté toujours nouvelle,
> Monument du génie, heureuses fictions,
>   Environnez-moi des rayons
> De votre lumière immortelle:
> Vous savez animer l'air, la terre, et les mers;
>   Vous embellissez l'univers.
> Cet arbre à tête longue, aux rameaux toujours verts,
>   C'est Atys, aimé de Cybèle;
> La précoce hyacinthe est le tendre mignon
> Que sur ces prés fleuris caressait Apollon [...].

Suivent une série d'autres exemples. Et Voltaire continue:

> Tout l'Olympe est peuplé de héros amoureux.
> Admirables tableaux! séduisante magie!
> Qu'Hésiode me plaît dans sa théologie
> Quand il me peint l'Amour débrouillant le chaos,
> S'élançant dans les airs, et planant sur les flots!
> Vantez-nous maintenant, bienheureux légendaires,
> Le porc de saint Antoine, et le chien de saint Roch,
>   Vos reliques, vos scapulaires,
> Et la guimpe d'Ursule, et la crasse du froc;
> Mettez la Fleur des saints à côté d'un Homère:
> Il ment, mais en grand homme, il ment, mais il sait plaire;
>   Sottement vous avez menti:
>   Par lui l'esprit humain s'éclaire [...]

Voltaire apparaît ici moins enclin à entrer véritablement dans le monde de la fable, qu'à s'en faire un allié dans sa lutte pour les *lumières* et pour une civilisation du bonheur terrestre. Son « apologie de la fable » ne lui impose nul dépaysement: elle ne fait que confirmer le choix — énoncé dans le célèbre poème du *Mondain* — en faveur de la civilisation citadine et des plaisirs que les arts savent procurer. L'Homère de Voltaire, par qui

« l'esprit humain s'éclaire », n'a rien de « primitif ». La fable, telle que Voltaire la chante, se réduit au *divertissement profane* et moderne, dans une nette opposition à la pratique religieuse. La dichotomie du profane et du sacré, que nous avons indiquée dès le début, n'est nulle part plus sensible que dans les derniers vers du poème, qui mettent sur pied d'égalité ce qu'ils séparent :

> Si nos peuples nouveaux sont chrétiens à la messe,
>   Ils sont païens à l'Opéra.
> L'almanach est païen, nous comptons nos journées
> Par le seul nom des dieux que Rome avait connus ;
> C'est Mars et Jupiter, c'est Saturne et Vénus,
> Qui président au temps, qui font nos destinées.
> Ce mélange est impur, on a tort ; mais enfin
> Nous ressemblons assez à l'abbé Pellegrin,
> « Le matin catholique, et le soir idolâtre,
> « Déjeûnant de l'autel, et soupant du théâtre. »

Ce « mélange impur » trouvera son apothéose tardive dans *La Guerre des Dieux*, de Parny (1799), poème licencieux où les dieux de l'Olympe font subir les pires outrages aux « divinités modernes ».

Nous nous sommes bornés, jusqu'ici, à considérer le mythe sous son aspect formel le plus général, c'est-à-dire comme l'agent d'une transformation esthétique dans le registre profane, en supposant que le point de départ en était régulièrement donné par une circonstance de la vie, que l'on souhaitait célébrer, purifier ou magnifier. Mais le code mythologique, avec ses variables et ses rameaux multiples, existe aussi pour lui-même, indépendamment des embellissements auxquels il peut servir de moyen. Il offre un « canevas » très étendu, où foisonnent les rapports passionnels, les situations extrêmes, les actes monstrueux. Sur ce matériau préexistant, en opérant ses choix et ses découpages, l'imagination, le désir peuvent projeter leurs énergies les plus vraies. Certaines œuvres du xviiᵉ et du xviiiᵉ siècle peuvent être considérées comme des réinterprétations des grands thèmes mythiques — à ceci près qu'il s'agit **moins,** pour les artistes, de modifier la signification des mythes, que de trouver en eux l'occasion d'un libre essor de leurs facultés. Sans doute, le mythe, dans sa forme reçue, impose-t-il la contrainte d'un « sujet » à respecter. Mais dans une esthétique qui, contrairement à la nôtre, ne privilégiait pas une « originalité » capable de produire *ex nihilo* matière, sujet, style — c'est-à-dire l'universalité des constituants de l'œuvre — la liberté d'élocution laissée à l'artiste pour traiter à sa volonté une « fable » connue était suffisante pour libérer, en certains cas, des forces très profondes. Il n'est pas jusqu'à la gratuité apparente d'un récit ou d'une tragédie qui ne puisse se concilier avec une séduction assez intense, de l'ordre de la signification voilée. Telle que La Fontaine la raconte, l'histoire de Psyché, à travers sa forme joueuse et libre, est toute chargée de symboles, surajoutés à la donnée première, autour du thème du secret et de la connaissance par le regard. *Andromaque, Iphigénie, Phèdre* sont des pièces où l'élément mythique, psychologisé, permet l'essor des puissances noires de la passion. Ariane ou Didon abandonnées offrent au lyrisme, à la musique, l'occasion de déployer le *lamento* mélodieux, la plainte éplorée. Généralisons : sous la garantie et sous le couvert d'un mythe reçu, qui lui offre une forme d'accueil, le désir peut vivre *impersonnellement* son assouvissement imaginaire : les structures mythiques traditionnelles ne seront perçues comme des obstacles, qu'à partir du moment où prévaudra l'exigence d'expression *personnelle*... Le rôle que l'univers mythique a pu jouer comme support et récepteur de projections désirantes se double d'une fonction plus intellectuelle : autour du schéma épico-mythique, toute une construction pédagogique, politique, moralisatrice est possible. Le cadre mythique permet d'embellir, d'agrandir, de « détemporaliser » la leçon de morale destinée aux jeunes princes. Le *Télémaque* de Fénelon est à la fois poème en prose, « roman d'éducation », utopie politique. Le cadre odysséen, avec sa mer écumeuse, ses apparitions d'Amphitrite, ses nymphes sous des abris verdoyants, assure la fusion harmonieuse de ces éléments composites. Mentor, qui est Minerve, prodigue, sous les dehors de la fable profane, une leçon de sagesse où sont sauvegardés, décantés, universalisés, rendus aimables, les préceptes les plus rigoureux de la doctrine chrétienne.

Au reste, si l'on examine le choix que les écrivains et les artistes des xviie et xviiie siècles opèrent au sein du réseau mythique, l'on ne manquera pas d'observer, selon les périodes, l'insistance de certains thèmes qui attestent une commune inquiétude, souvent en relation avec les préoccupations d'un moment de la sensibilité. L'on ne se risquera pas trop en disant que le baroque, hanté par la mobilité des apparences, se plaît aux fables de métamorphose (la Daphné du Bernin peut servir de témoin, entre beaucoup). Si les *Pygmalion* abondent au xviiie siècle, c'est que non seulement ce siècle pose la question de l'animation de la matière, mais que ses artistes rêvent d'une perfection imitative dont ils seraient récompensés par une étreinte aimante, accordée par l'œuvre devenue vivante : il n'est pas indifférent que le seul écrit à sujet mythique de J.-J. Rousseau soit précisément un *Pygmalion*, où le narcissisme fondamental de l'écrivain se donne libre cours : le désir de l'artiste est payé de retour par l'être qu'il a modelé à l'image de son idéal. On remarquera la *limite* ici touchée. La fable de Pygmalion figure, dans un langage *encore* mythique, une exigence d'expression de soi-même, dont la prochaine manifestation consistera à refuser toute médiation mythique, tout recours à une fable préexistante. De même, à une époque plus tardive (autour de 1800), certains grands mythes héroïques (Prométhée, Héraclès, Ganymède) seront chargés d'exprimer l'espoir et la révolte : l'apothéose du héros humain laisse entrevoir un futur où le règne des anciens dieux se sera écroulé pour faire place à l'homme. Le langage mythique, ici encore, tend à sa propre abolition, dans la mesure où la disparition de l'autorité des dieux entraîne la déchéance du discours imagé traditionnel qui s'était organisé autour d'eux. On suivrait ainsi, jusqu'au *Crépuscule des dieux* de Wagner, le recours à un mythe total, dont le déroulement se termine par la chute de l'univers mythique, conçu comme l'expression d'une ancienne *loi* du monde maintenant tombée en déshérence.

Mais cette tendance est loin d'être la seule et, nous le verrons, elle est doublée par une tendance exactement opposée.

L'essor des théories mythologiques

La fable, stabilisée sous la forme d'un ensemble de récits et de symboles fixes, indéfiniment répétables, peut donc, dans les cas les plus favorables, être revécue ; ranimée, rendue à la présence par une imagination chaleureuse, capable de projeter son rêve sur une image préexistante. Un musicien, un peintre (plus souvent qu'un poète) sait parfois, au XVIIIᵉ siècle, insuffler à un thème de la fable une vie neuve, un frémissement passionnel, une étrangeté comme inventée.

Mais la renaissance de la matière mythique s'est accomplie d'une manière plus détournée. Et le paradoxe est qu'elle s'est accomplie par des voies qui, à première vue, semblaient conduire à la *mort* de la fable, à son expulsion définitive. C'est la Mythologie — c'est-à-dire le discours *savant* appliqué aux mythes — qui a détruit l'univers de la fable, mais en lui donnant, de façon inattendue, des raisons de prendre un nouvel essor, sous une forme élargie et rajeunie.

Il s'agit là d'un processus progressif, dont il n'est pas malaisé de retracer les étapes.

La mythologie du XVIIᵉ siècle amalgame, dans des proportions variables, le savoir des « antiquaires » (concernant les attributs des dieux, les lieux du culte, les sources écrites, les monnaies, etc.) et les conjectures des théologiens : l'hypothèse commode, qui remonte à Clément d'Alexandrie, c'est que les dieux païens sont le reflet pluralisé et dégénéré du vrai Dieu dont parle la Genèse, ou des rois de l'Écriture Sainte. La Révélation primitive s'est progressivement obscurcie pour les peuples infidèles et pécheurs. Après la dispersion de Babel, ayant oublié le premier Dieu, le seul Dieu, rien ne les a retenus de diviniser leurs princes, leurs fleuves, leurs bêtes. Mais, de même que leurs idiomes, aux yeux des étymologistes, sont les dérivés corrompus de l'hébreu, leurs divinités laissent deviner, en deçà, la religion sainte dont elles sont le reflet déformé ; l'abbé Banier résume à merveille l'opinion commune :

> Dans les premiers temps, les hommes n'adoraient qu'un seul Dieu. Noé conserva dans sa famille le culte que ses pères avaient rendu au créateur ; mais ses descendants ne prirent pas longtemps à en altérer la pureté. Les crimes auxquels ils s'abandonnèrent affai-blirent bientôt l'idée de la Divinité, et on commença à l'attacher à des objets sensibles. Ce qui parut dans la nature de plus brillant et de plus parfait enleva leurs hommages ; et par cette raison le soleil fut le premier objet de leur superstition. Du culte du soleil on passa à celui des autres astres et planètes, et toute la milice du ciel [...] s'attira un culte religieux, ainsi que les éléments, les fleuves et les montagnes : on n'en demeura pas là ; la nature elle-même fut regardée comme une divinité, et sous différents noms, elle devint l'objet du culte de différentes nations. Enfin les grands hommes parurent mériter, ou par leurs conquêtes, ou par l'invention des arts, des honneurs qui n'étaient dus qu'au Créateur de l'Univers : et voilà l'origine de tous les dieux que le paganisme adorait.

Un tel système mythologique place sur pied d'égalité les différentes théories traditionnelles de l'origine des mythes (é-vhémérisme, symbolisme astral, etc.) pour expliquer les fausses religions, tout en les accusant, et tout en maintenant intacte l'autorité d'une Révélation première, dont l'Église est restée dépositaire.

Mais cette mythologie orthodoxe, en développant une ré-flexion psychologique sur la cause des crimes et de l'impiété des nations infidèles, préparait l'éclosion d'une réflexion plus har-die, portant sur les motifs mêmes de toute croyance et de toute adoration ; les sceptiques allaient pouvoir s'en servir, pour prendre à revers l'autorité que l'orthodoxie prétendait préser-ver et renforcer. Les armes que l'Église utilisait contre la superstition pouvaient commodément être retournées contre la foi, et la ruse la plus habituelle consistait à attaquer le dogme lui-même, sous couvert de poursuivre la lutte que les défenseurs du dogme menaient contre l'idolâtrie. Dès lors, le Dieu des Hébreux allait être soumis à une interprétation *causale* analogue à celle que les théologiens réservaient aux seuls dieux du paganisme. L'explication donnée par Lucrèce — *insitus horror* (V, 1160-1239) — allait valoir pour tous les cultes sans exception. Le courant « libertin » du XVIIᵉ siècle avait largement travaillé à ce retour de la doctrine d'Épicure. Et la fable, au lieu d'être seconde et dérivée, allait apparaître comme la *première* réponse des hommes aux terreurs du rêve, aux grands événements de la nature, à tout ce qui les *étonne*...

La courte dissertation de Fontenelle sur l'*Origine des fables* rapporte les mythes et le polythéisme à des causes simples : l'ignorance, l'émerveillement, la terreur devant les pouvoirs partout pressentis dans la nature, la propension à expliquer l'inconnu par le connu. Les fables nous offrent « l'histoire des erreurs de l'esprit humain ». Dès lors il ne faut pas s'attarder à apprendre tous les aspects de la fable ; il faut pratiquer la mythologie comme le fait Fontenelle, afin de nous détromper : « Ce n'est pas une science de s'être rempli la tête de toutes les extravagances des Phéniciens et des Grecs, mais c'en est une de savoir ce qui a conduit les Phéniciens et les Grecs à ces extravagances. Tous les hommes se ressemblent si fort qu'il n'y a point de peuple dont les sottises ne nous doivent faire trembler. »

L'on voit se rencontrer le mépris pour la fable, et l'affirmation de la haute valeur épistémologique de la réflexion portant sur les commencements de notre rapport au monde et sur les erreurs que commet l'esprit livré à ses premiers mouvements. Tout a commencé, pour le sauvage comme pour l'enfant, par une fâcheuse propension aux explications fausses, jusqu'au moment où notre intelligence, lentement et progressivement détrompée, est devenue capable de rire de ses croyances enfan-

tines, et même de savoir *pourquoi* elle s'est laissé entraîner à
fabuler. L'esprit cultivé y trouve en même temps un avertissement : ces erreurs « primitives », qui sont de tous les peuples,
sont aussi de tous les temps, et rien n'est plus facile que d'y
retomber. Il faut bien être sur ses gardes pour ne pas céder à la
tentation toujours renaissante du mythe. Notre imagination y
demeure toujours sensible, quand bien notre raison s'y refuse :
« Quoique nous soyons incomparablement plus éclairés que
ceux dont l'esprit grossier inventa de bonne foi les Fables, nous
reprenons très aisément le même tour d'esprit qui rendit les
Fables si agréables pour eux ; ils s'en repaissaient parce qu'ils y
croyaient, et nous nous en repaissons avec autant de plaisir sans
y croire ; et rien ne prouve mieux que l'imagination et la raison
n'ont guère de commerce ensemble, et que les choses dont la
raison est premièrement détrompée, ne perdent rien de leurs
agréments à l'égard de l'imagination. » La dichotomie du sacré
et du profane, qui avait permis à l'histoire fabuleuse de subsister
en marge de l'histoire sacrée, est donc ici remplacée par la
dichotomie de la raison et de l'imagination. A nouveau, la fable
est considérée comme dénuée de toute vérité, de toute autorité :
c'est la raison (et non pas la révélation) qui est maîtresse. Mais
l'imaginaire, et le plaisir qui s'y attache, ne sont marqués
d'aucune réprobation morale : ils sont d'une légitimité parfaite
pour autant qu'ils n'usurpent en rien sur les prérogatives de la
raison. L'illusion a le droit de nous charmer, aussi longtemps
que nous savons que nous sommes dans le cercle de la poésie, et
non dans celui de la science : quand nous cédons aux séductions
du mythe, nous nous attardons, par jeu, dans un monde qu'en
réalité nous avons su dépasser. Les poètes de l'enfance du
monde — Homère, Hésiode — sont certes admirables : mais
leurs grandes images ne sont que l'envers de leur ignorance.
Dans la perspective d'un devenir progressif où la raison se
perfectionne de siècle en siècle, le mythe est le témoin ingénu
des premiers balbutiements de l'esprit, du temps où l'âme ne
savait parler qu'en métaphores pour exprimer ses terreurs et ses

émerveillements. Et cette théorie générale du mythe met sur
pied d'égalité toutes les croyances : elle ne fait exception de la
« vraie religion » que par précaution et par clause de style.
L'éducation intellectuelle des hommes doit les amener à se
déprendre de tous les préjugés, de toutes les erreurs, de tous les
cultes. Un tel désabusement conduit à écrire une poésie qui
pratique la fable sans y croire, de manière froide, spirituelle,
moqueuse : c'est tout un XVIIIe siècle antipoète qui trouve là sa
définition.

Tous, cependant, ne témoignent pas de la même confiance
dans les pouvoirs de la raison cultivée. Hume, qui interprète la
naissance des fables à peu près comme Fontenelle, insinue le
doute sur les constructions de la raison. Peut-être ces constructions n'ont-elles pas plus de solidité que les cosmogonies
polythéistes. Auquel cas notre « progrès » serait précaire, et le
plaisir que nous goûtons aux anciens mythes serait moins puéril
qu'il ne semble. Dans l'incertitude où nous sommes sur le vrai,
le mythe a pour lui le privilège de la beauté, sans être plus
mensonger que tout ce qui nous paraît raisonnable. La raison
détrompée d'elle-même peut se montrer indulgente pour les
premières créations de l'imagination.

La pleine réhabilitation du mythe, sur cette voie, ne tardera
pas. Mais il faudra pour cela que l'expérience première de
l'esprit, au lieu d'être affectée du signe de l'imperfection, se
voie attribuer, au contraire, le caractère de la plénitude, la
prérogative de l'unité. Dans cette réévaluation du mythe, on
discerne sans peine un retour de la pensée théologique, qui
vient se mêler à l'explication psychologique de la production
des premières idées et des premiers sentiments. La *Genèse*
reparaît derrière (ou : dans) les mouvements simples de l'esprit,
qui constituent le premier stade de la reconstruction *génétique*
des facultés intellectuelles de l'espèce humaine. L'enfant, le
sauvage, l'homme du commencement des temps, pour « stupides » qu'on les dise, vivent dans le contact immédiat avec le
monde : ils sont comme Adam au paradis. La Révélation ne leur

est pas donnée du dehors, comme un enseignement, mais elle règne au-dedans. Leur savoir n'est pas de réflexion, mais de participation: ils vivent *dans* la familiarité du monde et de ses forces. Dans cette image de l'indivision primordiale (qui tient elle-même du mythe), un rôle capital revient aux pouvoirs attribués au langage primitif: il est *à la fois* parole et chant (Strabon l'avait dit. Vossius et Vico le répètent[3]. Rousseau et Herder en développent les conséquences théoriques). Il porte en lui « l'impression presque inévitable de la passion qui cherche à se communiquer » (Rousseau); la parole et le sentiment ne sont pas dissociés; la fidélité expressive est absolue: il n'y a pas encore de place pour le mensonge et pour l'abstraction. Le cœur de l'homme et sa parole ne font pas encore deux. Quant aux dieux qu'il imagine, sous le coup de la terreur, ou dans l'esprit du jeu, ils sont la face qu'une nature vivante tourne vers lui — une nature pour qui il n'est pas un étranger. Immédiat à lui-même, immédiat à la nature, l'homme manifeste, dans le premier lyrisme, dans les premières grandes épopées, l'élan où s'inscrivent véridiquement la grandeur et les limites de sa condition mortelle. Telle est la conviction neuve qui rend aux mythes une légitimité à la fois ontologique et poétique, et qui prête une attention égale aux témoignages de toutes les littératures primitives; et comme pour répondre à cette écoute neuve, des mythologies entières se désocculent ou parfois s'inventent à demi: l'Edda, Ossian, les livres sacrés de l'Orient, les chants des Indiens d'Amérique. On y découvre l'image d'un art avant l'art, d'une poésie antérieure à toute règle de composition. Dans cette « barbarie », on se plaît à reconnaître une grandeur et une énergie que les langues civilisées ne possèdent plus.

Il n'en résulte pas seulement un élargissement du champ de la connaissance mythologique, ni un simple agrandissement du

---

3. Vico propose une fausse étymologie: *mythos* serait apparenté à *mutus* (muet), ce qui indique, selon lui, que la fable a surgi des temps silencieux, et qu'elle est la première parole qui est venue s'ajouter à un langage antérieur, formé de gestes et de signes muets.

répertoire des textes épiques ou naïfs offerts aux gens de goût, lassés des frivolités de leur siècle. Pour qui a senti la force de ces textes, l'idée d'une poésie régénérée, d'une langue rendue à sa vigueur primitive vient irrésistiblement inspirer le désir d'une nouvelle manière de vivre et de sentir, qui retrouverait la plénitude des temps primitifs. Dans la nostalgie du haut langage perdu, l'esprit se tourne vers le commencement des sociétés: il espère y puiser l'enthousiasme d'où naîtront des chants capables de rendre aux peuples, dans l'avenir imminent, l'élan chaleureux, l'âme unanime qui les a désertés. La notion renouvelée du *génie* invite à écouter la voix qui parle au tréfonds de la nature et de la conscience collective. Dans un projet de cet ordre, après avoir reconnu que tous les peuples du monde, à l'âge de leur affirmation première, se sont glorifiés dans leurs héros et leurs dieux, le poète se sentira attiré vers le passé qu'il pourra offrir à ses concitoyens, pour les unir dans le sentiment de la communauté réinventée. Ainsi, c'est à nouveau vers les modèles grecs, romains (et accessoirement celtiques ou « gaulois ») que les poètes français se tournent: et les modèles traditionnels eux-mêmes — après la révélation des antiquités nordiques et orientales — changent de visage: on découvre dans Homère, dans Eschyle, dans Pindare, dans Virgile même non plus des fautes de goût, mais une sublimité gigantesque, sauvage, et dont le contact ne saurait être que vivifiant. Marqué par une conviction idéaliste d'inspiration néo-platonicienne, le système néo-classique n'aspire pas seulement à rejoindre les formes intemporelles du *Beau*, mais, avec Winckelmann, il affirme que les archétypes de la « belle nature » n'ont pu se manifester que grâce à la floraison de la *liberté* politique dans les cités grecques. Au prix de quelques déplacements et condensations, les divinités offertes par la statuaire grecque apparaissent comme l'idéal incarné, façonné par des citoyens libres. Et certes, dans cette perspective, le monde primitif perd beaucoup de sa rudesse, de son hérissement farouche: la sérénité un peu trop suave célébrée par Winckelmann, reflet d'un ciel intelligible, n'est pas la pourvoyeuse des énergies qui doivent surgir du fond mystérieux de la nature vivante. Mais pour un André Chénier, il n'y a nulle contradiction à chercher dans le passé hellénique tout ensemble l'harmonie formelle, la chaleur du désir jeune, et, surtout, le grand souffle de la liberté : si bien que l'imitation des Anciens ne se réduira pas à une simple répétition d'images ou de noms : ce sera une reconquête du feu, une transfusion énergétique : « Allumons nos flambeaux à leurs feux poétiques... » Herder, presque au même moment, souhaitait que, sans faire l'objet d'une imitation servile, la poésie des Anciens devienne pour les Modernes la source d'une « heuristique poétique » qui permettrait l'invention d'une « toute nouvelle mythologie ». Mais il reconnaissait aussitôt la difficulté qu'il y aurait à concilier « l'esprit de réduction et l'esprit de fiction », le « démembrement du philosophe » et le « rassemblement ordonné du poète ».

L'appel s'adresse donc au poète, dont on attend qu'il réveille l'élan collectif, en exaltant les cœurs et en restituant la présence de forces divines oubliées : l'enjeu intéresse la société, la conscience renouvelée que les hommes cherchent à prendre du lien qui les unit. La figure des anciens dieux se charge d'une signification politique. Ils sont les témoins dont l'âme populaire a besoin pour se reconnaître elle-même ; ils doivent redevenir ce qu'ils étaient : les répondants, les garants que le groupe social a imaginés à sa ressemblance, et en qui il découvre sa vérité, sa nature propre. Le retour des dieux, quand les poètes l'évoquent, a pour théâtre privilégié la fête humaine (fête nationale ou fête universelle, selon que l'on en particularise ou que l'on en généralise la portée).

On voit ici se former un « mythe de la mythologie » (H. Blumenberg), qui fait coïncider l'incertaine origine des mythes avec l'origine de la nation (ou de l'humanité), et qui fait aux hommes d'un monde en crise un devoir de renouer avec leurs origines (avec la nature perdue), sous peine de perdre leur âme et de périr. Et sitôt ce nouveau mythe formulé, ce devoir énoncé, les questions s'élèvent. Les hommes d'un âge de science et de réflexion raisonnable peuvent-ils retrouver les étonnements naïfs de la jeune humanité, qui peuplait la nature de divinités muables non asservies au principe d'identité? (K. Ph. Moritz). Dans l'ode intitulée *Les Dieux de la Grèce*, Schiller évoque longuement l'antique foisonnement des dieux: seulement ils ont été bannis et ne reviendront plus; la nature est désormais *entgöttert*, dépouillée des dieux. Notre poésie ne peut vivre qu'en prenant parti de leur absence, en disant qu'ils nous manquent: « Ce qui doit vivre immortellement dans le chant doit périr dans la vie. » Inapte à retrouver la simplicité *naïve*, la poésie moderne est vouée à la nostalgie *sentimentale*... Jean-Paul le répétera à sa manière: « La belle, la riche simplicité de l'enfant n'enchante pas un second enfant, mais celui qui l'a perdue [...] Les dieux grecs ne sont pour nous que des images plates, ce sont les vêtements vides de nos sensations, et non des êtres vivants. Alors, oui, qu'à ce moment il n'y avait pas de faux dieux sur la terre — et chaque peuple pouvait être reçu en hôte dans le Temple d'un autre peuple — nous ne connaissons aujourd'hui presque rien que des faux dieux [...]. Et alors qu'autrefois la poésie était l'objet du peuple, comme le peuple était l'objet de la poésie, on ne chante plus aujourd'hui que d'un cabinet de travail à un autre cabinet de travail »...

L'impossibilité de rendre à la vie l'ancienne mythologie (non parce qu'on ne l'admire plus, mais parce qu'on l'admire trop et que le monde présent est devenu inapte à l'accueillir) ne fait qu'accentuer le périlleux désir d'instaurer une *nouvelle mythologie*. C'est l'idée qu'on trouve au terme du texte (copié en 1796 de la main de Hegel, mais dû peut-être à Schelling, et à coup sûr d'inspiration hölderlinienne) connu sous le nom de « Plus ancien programme systématique de l'idéalisme allemand »: « Il nous faut une nouvelle mythologie, mais cette mythologie doit être au service des idées, elle doit devenir une mythologie de la *raison*. Les idées qui ne se présentent pas sous une forme esthétique, c'est-à-dire mythologique, n'ont pas d'intérêt pour *le peuple*, et inversement une mythologie qui n'est pas raisonnable est pour le philosophe un objet de honte. Ainsi les gens éclairés et ceux qui ne le sont pas finiront par se donner la main, la mythologie doit devenir philosophique, afin de rendre le peuple raisonnable, et la philosophie doit devenir mythologique, afin de rendre les philosophes sensibles. Alors on verra s'instaurer parmi nous l'unité éternelle »... Et tant de textes de Hölderlin (*Le Pain et le vin, L'Archipel,* etc.) choisissent de dire l'instant intermédiaire, le temps de l'attente anxieuse, entre la disparition irrémédiable des anciens dieux, et le surgissement d'une nouvelle divinité, d'un Dionysos ou d'un Christ de la dernière heure. En 1800, Friedrich Schlegel appelle à son tour une nouvelle mythologie, qui ne surgira pas, comme l'ancienne, du contact avec l'univers sensible, mais « de la plus profonde profondeur de l'esprit », comme se déploie l'ordre harmonieux « lorsque le chaos est touché par l'amour »...

Fût-elle déçue, cette attente d'un nouvel essor du mythe (d'un mythe qui serait *à nouveau* le règne de l'imagination unifiante, mais aussi le triomphe de la raison sensible et qui n'emprunterait plus le visage des anciennes divinités) attribue au futur, à l'histoire à venir, une fonction dont l'équivalent ne se retrouve que dans les eschatologies religieuses ou gnostiques. Et alors même que le mythe semble encore manquer, le temps humain, l'histoire faite par les hommes, sont profondément mythisés par cet espoir: en guettant l'avènement d'une nouvelle mythologie comme si ce devait être une véritable parousie, cette pensée définit déjà *mythiquement* le présent comme la sourde gestation d'un nouvel Adam, comme l'interrogation nocturne du point d'où surgira l'aube universelle: temps du travail et de l'épreuve, de la marche en avant, des haltes forcées, de l'effort à recommencer. L'histoire humaine, objet de la nouvelle mythopoïèse, révèle un sens intelligible; c'est la reconquête, sous un aspect encore inconnu, de la plénitude perdue, la réintégration collective dans l'unité, le retour à la vérité la plus ancienne, au prix de l'enfantement d'un profane e sacred redistrib°

monde entièrement neuf. Ainsi conçu, le mythe, qui au début du XVIIIᵉ siècle était pur ornement *profane*, devient le *sacré* par excellence — qui impose par avance sa loi et décide des valeurs humaines en dernière instance — en tant qu'autorité ultime. Non advenu, il est cependant le juge de tout ce qui advient. Pareil changement n'est que le corollaire d'un autre changement : ce qui était le *sacré*, au début du XVIIIᵉ siècle — révélation écrite, tradition, dogme —, a été livré à la critique « démystifiante » qui l'a réduit à n'être qu'œuvre humaine, imagination fabuleuse : c'était ramener le sacré à une fonction psychologique, et c'était tout ensemble conférer à certaines facultés humaines (sentiments, conscience, imagination) ou à certains actes collectifs (volonté générale), une fonction sacrée. Dans l'histoire intellectuelle du siècle, la sacralisation du mythe est étroitement tributaire de l'humanisation du sacré. Il ne suffit pas, comme on l'a souvent fait, de discerner dans la philosophie des lumières un processus de « sécularisation », où l'homme revendique pour sa raison les prérogatives qui furent celles du *logos* divin. Un mouvement inverse est également évident, par quoi le mythe, d'abord écarté et tenu pour absurde, se voit attribuer un sens profond et plein, une valeur de vérité révélée (Schelling). A travers cette double transformation, l'opposition du profane et du sacré se redistribue. L'ancien sacré subit une mue, et l'ordre profane se charge d'un mythique espoir de progrès libérateur. Dans l'attente du mythe souverain qu'inventera l'homme futur, d'anciens mythes sont repris au titre de préfigurations — Prométhée, Héraclès, Psyché, les Titans —, pour désigner la révolte, le désir, l'espoir de l'homme qui aspire à devenir maître de son destin. Le mythe à venir, tel que le dessine à l'avance une attente diffuse, sera non seulement imaginé par l'homme (par le poète-prophète, par le peuple-poète, ou par l'humanité au travail), il aura l'homme lui-même pour héros. Le Mythe que l'on attend — et qui ne naîtra ni dans la vérité de l'histoire ni dans la vérité du poème — est non plus théogonie mais anthropogonie : il eût chanté, pour assembler les peuples, l'Homme-Dieu qui se produit lui-même par son chant, ou par l'ouvrage de ses mains. Mais de ce Mythe inaccompli, toutes les mythologies du monde moderne sont les succédanés et la menue monnaie[4].

4. Parmi les auteurs des xviie et xviiie siècles on consultera (par ordre chrologique): Vossius, G.-J., *De gentili theologia* [...], Amsterdam, 1668. Dale (Van), A., *Dissertationes de progressu idolatriae et superstitionum et de prophetia*, Amsterdam, 1696; *De oraculis veterum ethnicorum*, Amsterdam, 1700. Jurieu, P., *Histoire critique des dogmes et des cultes, depuis Adam à Jésus-Christ*, Amsterdam, 1704. King, W., *A Discourse Concerning the Inventions of Men in the Worship of God*, 5e édit., Londres, 1704. Toland, J., *Letters to Serena*, Londres, 1704. Trenchard, J., *The Natural History of Superstition*, Londres, 1709. Fontenelle, B. Le Bovier de, *De l'origine des fables*, Paris, 1724. Rollin, C., *Traité des études*, Paris, 1726, 4 vol.; *Histoire ancienne*, Paris, 1730-1738, 13 vol. Shuckford, S., *The Sacred and the Profane History of the World Connected* [...], Londres, 1728, 2 vol. Ramsay, A., *The Travels of Cyrus, to which Is Annexed a Discourse upon Mythology of the Ancients*, Londres, 1728. Blackwell, T., *An Enquiry into the Life and Writings of Homer*, Londres, 1735. Broughton, T., *Biblioteca historico-sacra, or an Historical Library of the Principal Matters Relating to Religion Ancient and Modern, Pagan, Jewish, Christian and Mohammedan*, Londres, 1737-1739, 2 vol. Banier, A., *La Mythologie et les fables expliquées par l'histoire*, Paris, 1738, 3 vol. Pluche, N., *Histoire du ciel* [...], Paris, 1739, 2 vol. Vico, G., *La Scienza nuova*, 3e éd., Naples, 1744. Lowth, R., *De sacra poesi Hebraeorum praelectiones*, Londres, 1753. Mallet, P.H., *Introduction à l'histoire de Dannemarc* [...], Copenhague, 1755; *Edda* [...], 3e éd., Genève, 1787. Hume, D., *The Natural History of Religion*, Londres, 1757. Pernety, A., *Les Fables égyptiennes et grecques dévoilées*, Paris, 1758. Chompré, P., *Dictionnaire abrégé de la fable*, Paris, 1759. De Brosses, C., *Du culte des dieux fétiches* [...] s.l. 1760. Court de Gébelin, A., *Le Monde primitif* [...], Paris, 1773-1783, 9 vol. Wood, R., *An Essay on the Original Genius and Writings of Homer*, Londres, 1775. Bryant, J., *A New System or an Analysis of Ancient Mythology*, Londres, 1775-1776. Bailly, J.-S., *Lettres sur l'origine des sciences*, Paris, 1777; *Lettres sur l'Atlantide de Platon*, Paris, 1779. Lindemann, J.G., *Geschichte der Meinungen älterer und neuerer Völker im Stande der Roheit und Kultur, von Gott, Religion und Priesterthum*, Stendal, 1784-1785, 2 t. en 1 vol. Heyne, C.G., *Opuscula academica*, Göttingen, 1785-1812. Demoustier, C.A., *Lettres à Émilie sur la mythologie*, Paris, 1786-1798. Knight, R.P., *A Discourse on the Worship of Priapus* [...], Londres, 1786. Rabaut de Saint-Étienne, J.-P., *Lettres à M. Bailly sur l'histoire primitive de la Grèce*, Paris, 1787. Reinhard, P.C., *Abriss einer Geschichte der Entstehung und Ausbildung der religiösen Ideen*, Iéna, 1794. Dupuis, C.E., *Origine de tous les cultes*, Paris, 1796, 12 vol. Jones W., *The Works*, Londres, 1799, 6 vol. Noël, F., *Dictionnaire de la fable*, Paris, 1801, 2 vol. Moritz, K.P., *Götterlehre* [...], 3e éd., Berlin, 1804. Dulaure, J.A., *Des divinités génératrices, ou des cultes du phallus chez les anciens et les modernes*, Paris, 1805. Creuzer, F., *Symbolik und Mythologie der alten Völker, besonders der Griechen*, Leipzig-Darmstadt, 1810-1812. Baur, F.C., *Symbolik und Mythologie, oder die Naturreligion des Altertums*, Stuttgart, 1824-1825, 3 vol. Herder, J.G., *Sämtliche Werke*, Berlin, 1877-1913, 33 vol. Blake W., *Complete Poetry and Prose*, Londres, 1948. Jean Paul, *Vorschule der Aesthetik*, Munich, 1963. Hölderlin, F., *Sämtliche Werke*, Stuttgart, 1943-1961, 6 vol., *Œuvres*, sous la dir. de P. Jaccottet, Paris, Pléiade, 1967. Schlegel, F., *Kritische Schriften*, Munich, 1970.

Des études modernes sur l'histoire de la mythologie (par ordre chronologique) on retiendra : Strich, F., *Die Mythologie in der deutschen Literatur von Klopstock bis Wagner*, Halle, 1910. Gruppe, Q., *Geschichte der klassischen Mythologie une Religionsgeschichte*, Leipzig, 1921 (important). Schwab, R., *La Renaissance orientale*, Paris, 1950. Rehm, W., *Götterstille und Göttertrauer*, Berlin, 1951 ; *Griechentum und Goethezeit*, Berne, 1952. Manuel, F.E., *The Eighteenth Century Confronts the Gods*, Cambridge, Mass., 1959 (important). De Vries, J., *Forschungsgeschichte der Mythologie*, Fribourg et Munich, 1961. Trousson, R., *Le Thème de Prométhée dans la littérature européenne*, Genève, 1964. Baltrusaitis, J., *La Quête d'Isis*, Paris, 1967. Giraud, Y. F.-A., *La Fable de Daphné*, Genève, 1968. Albouy, P., *Mythes et mythologies dans la littérature française*. Fuhrmann, M., éd., *Terror und Spiel. Probleme der Mythenrezeption*, Munich, 1971 (Poetik und Hermeneutik IV), (important). Feldman, B. et Richardson, R.D., *The Rise of Modern Mythology*, Bloomington-Londres, 1972. Anthologie de documents, commentaires, bibliographies (important). Kerenyi, K., *Die Eröffnung des Zugangs zum Mythos. Ein Lesebuch*, Darmstadt, 1976 (Recueil de textes sur le mythe, de Vico à W.F. Otto).

Blumenberg, H., *Arbeit am Mythos*, Francfort, 1979. Detienne, M., *L'Invention de la mythologie*, Paris, 1981.

« JE HAIS COMME LES PORTES D'HADÈS »...

Sur les raisons d'interroger les anciens

Loin de moi la conviction que la parole archaïque dit le vrai, et qu'il nous incombe d'y retourner — armés des nouveaux moyens de l'exégèse — pour découvrir les secrets permanents du « cœur humain », de la « nature humaine », de « l'être-au-monde ». Pour avoir énoncé un premier système de représentation — plus simple, plus vigoureux —, la parole archaïque n'a d'autre privilège, à mon sens, que d'avoir été première venue, et d'avoir parfois imposé aux âges consécutifs de la garder en mémoire (consciemment ou inconsciemment), pour la répéter, la transposer ou la contredire. La valeur étymologique qu'on est en droit d'attribuer à la parole archaïque n'implique qu'un rapport de dérivation: pour lui attribuer une autorité supérieure, il faudrait admettre, par principe, que tout ce qui a été énoncé au commencement a conservé la plus haute validité possible. Ce qui a été proféré, imaginé, narré dans la plus lointaine *profondeur* temporelle où nous puissions remonter ne fait pas partie pour autant des assises les plus « profondes » de l'individu. Appliquées à la durée historique, à la vie des sentiments, les métaphores spatiales ne valent que de manière *approximative*.

Pourtant l'image du passé conservé *intérieurement* est séduisante. Cette image n'a pas cessé de nous tenir sous son charme. Pour la justifier, il est commun d'emprunter à la biologie la

notion de l'héritage phylogénétique. On sait l'usage qu'en a fait
Freud, avec l'idée du « fantasme originaire », etc. Mythes et
archétypes réclament le même statut: leur antécédence, dans
l'ordre génétique, semble devoir leur assurer une position et
une fonction centrales, dans l'ordre structural. On les respecte
comme si, d'appartenir au passé de l'espèce, ils acquéraient des
titres suffisants pour constituer l'intériorité (le *dedans*) de l'individu. Quiconque, dès lors, se mettrait à l'écoute de la parole
archaïque, entreprendrait un voyage vers le dedans, s'oriente-
rait vers ce lieu nucléaire de soi-même où perdure et persiste
l'origine... Pensée séduisante, et dont la séduction est liée à un
postulat qui échappe à toute démonstration: ce postulat est
celui du caractère universel et prégnant de la parole (ou de
l'événement) archaïque. Faute de quoi on ne comprendrait pas
que son héritage ait pu s'inscrire ultérieurement en tous les
individus. (Le plus souvent, c'est d'une disposition actuelle,
présumée agissante en chacun de nos semblables, que nous
partons pour repérer ses préfigurations mythiques, garantes de
son caractère objectif et de sa pérennité. La Fable nous renvoie
notre écho. Le logicien y verrait un bel exemple de cercle.)

Que le plus lointain passé corresponde à notre plus profonde
intimité: c'est là une façon de refuser la perte et l'écart, de
récupérer, dans le plein d'une histoire sans lacunes, tous les
moments parcourus. L'image même du parcours suppose la
productivité du passé, son efficacité attestée non seulement par
l'avance acquise, mais par l'être même de l'individu portant en
lui la somme de ses expériences antécédentes. Dire que l'individu s'est construit à travers son histoire, c'est dire que celle-ci est
cumulativement présente en lui, et qu'à mesure qu'elle devenait
histoire révolue elle devenait du même coup structure *intérieure*.
Dès lors, toute connaissance de soi est nécessairement anamnèse, remémoration. Et réciproquement, toute anamnèse équivaut à la reconnaissance des couches profondes (fréquemment
comparées à des couches géologiques) de la personne actuelle.
Quand une théorie de ce type, loin de s'en tenir à l'histoire de

l'individu, réimplique l'histoire entière de l'espèce dans celle de la personne, on se trouve devant un système extraordinairement rassurant : il n'est rien du passé humain qui ne soit mien, il n'est aucune parole, dans la profondeur des temps, qui ne me concerne et ne m'éclaire. Rien n'est *dehors*, rien ne doit être tenu pour étranger (*Nihil humani...*). Tout, dans l'histoire, nous tend notre miroir...

Mais le doute survient, sitôt que l'on abandonne l'image d'une évolution qui conserve les expériences qu'elle dépasse. Le doute se renforce, de surcroît, sitôt qu'à l'image d'une histoire universelle globale et unique, se substitue celle d'une histoire plurielle, à qui rien ne permet d'assigner la figure d'un organisme en devenir.

Notre intérêt pour le passé de la culture n'aurait pourtant pas lieu d'être moindre si, au lieu de représenter une part de nous-mêmes, ce passé était ce que d'autres hommes ont accompli, selon une pensée qui n'est pas la nôtre et ne le sera jamais, dans une langue où nous ne reconnaissons rien de nous-mêmes. Sans parler des cultures qui n'ont en rien contribué à nous faire ce que nous sommes, il n'est pas certain que celles dont nous avons subi l'influence n'aient pas fait l'objet d'une série d'évictions plutôt que d'une assimilation. Selon le modèle proposé par Goldstein — modèle qui oppose à la notion psychanalytique du « refoulement-conservation inconsciente » celle de l'émergence positive de « nouvelles structurations[1] » —, il est loisible de voir dans la parole archaïque et dans le mythe un mode d'expression qui, sans avoir perdu toute possibilité de réapparition[2], a été supplanté par d'autres types de discours : son antécédence n'implique pas sa permanence cachée. Nous en sommes sortis, nous l'observons du *dehors*. La

---

1. K. Goldstein, *La Structure de l'organisme ;* trad. fr. Burckhardt et Kuntz, Gallimard, 1951, p. 266-285.
2. La réapparition d'un comportement révolu n'est pas conçue, dès lors, comme la *résurgence* d'une tendance « latente », « refoulée », mais comme le retour de l'individu à un niveau d'intégration autrement organisé.

distance

parole archaïque appartient à un moment révolu: à nous de mesurer la distance qui nous en sépare, l'écart que nous avons pris, la différence dont vit notre curiosité.

Consentons à le reconnaître: quand bien même l'histoire serait faite d'évictions successives, l'intérêt que nous portons à un objet extérieur, lointain et différent, a pour effet de l'inclure dans notre discours présent, de le faire nôtre, de l'*intérioriser* en quelque manière. Et quand bien même l'exploration de la mémoire se porterait sur une réalité qui nous est étrangère, convenons que toute anamnèse, toute « archéologie », en créant, hors de nous, une dimension de passé, marquent cet au-delà de nous-mêmes sans lequel nous serions dénués d'intériorité. Car si la notion d'intériorité a un sens, ce n'est pas comme réceptacle de trésors, de monstres ou de traces mystérieuses qu'il faut la concevoir, mais comme ce que fait de nous notre rapport toujours muable avec l'autre — notre relation avec le *dehors*, avec ce que nous n'avons jamais été, avec ce que nous avons cessé d'être, ou avec les paroles qui ont circulé avant nous.

Il ne s'agit ici que de considérer quelques textes archaïques: homériques, bibliques. Je ne prétends donc pas qu'ils énoncent, sous des figures, une vérité toujours présente: il est pourtant possible, on le verra, d'y percevoir un certain nombre de choses fort actuelles, moyennant quelque effort de lecture attentive. Je préfère les tenir, au premier abord, pour les témoignages d'une pensée lointaine, qui s'appuie sur un système d'images assez simples et assez évidentes, dont il nous appartient de dégager les implications. Je voudrais que ces textes préservent toute leur étrangeté, toute leur extériorité.

Pourquoi ces précautions? Ces textes concernent l'opposition des paroles et des pensées, des lèvres et du cœur, du dehors et du dedans. Nous les entendrons mieux si nous gardons vive l'opposition entre eux et nous.

Une image homérique

Achille, qui décline les offres d'Agamemnon communiquées par Ulysse, s'exclame : « Il m'est odieux comme les portes d'Hadès, celui qui cache une chose dans ses entrailles et en dit une autre » (*Iliade*, IX, 312-313)[3]. C'est l'un des premiers documents poétiques où la dénonciation de la duplicité s'exprime de façon complète et forte. Tels sont les premiers mots de la pensée accusatrice : mots d'une netteté sans pareille. Rien ne frappe davantage que l'opposition entre la chose *dite* et celle que l'on *cache* au fond de soi (le grec dit ici, d'un terme difficilement traduisible : ἐνὰ φρεσάν). L'évocation « poétique » des portes du royaume d'Hadès — fût-elle simple clause de style pour désigner hyperboliquement la chose la plus détestable — ajoute au propos une singulière dimension analogique.

Le reproche d'Achille vise le dédoublement, la scission, qui font qu'*une chose* est cachée, tandis qu'*une autre* est dite. La disjonction ἕτερον-ἄλλο, où s'inscrit l'altérité, gouverne la construction de l'énoncé. L'altérité ne se spécifie pas simplement comme différence du dit et du non-dit. Elle prend figure spatiale : ce qui n'est pas dit est activement *caché* dans le cœur. L'espace du dedans — l'intérieur du corps — est le lieu où l'homme rusé dissimule (κεύθη) ce qu'il ne dit pas. Image simple, qui attribue un *lieu* actuel, invisible, interdit, à l'*autre* qui n'est pas dit. Pensées ? Paroles ? Le neutre (ἄλλο-ἕτερον) met sur pied d'égalité substantielle chose dite et chose cachée : pour être opposées de la sorte, elles sont de même essence. Leur différence résulte de l'écart entre le dire manifeste et l'acte de cacher.

Le sens est ici produit non par les adjectifs substantivés, qui restent enveloppés dans la généralité du neutre (ailleurs, chez Homère les substantifs se précisent : ἔπεα, les paroles ; νόος, l'intention, la pensée, etc.), mais par l'opposition des verbes :

3. ἐχθρὸς γάρ μοι κεῖνος ὁμῶς Ἀΐδαο πύλῃσιν
   ὅς χ' ἕτερον μὲν κεύθῃ ἐνὶ ρεσάν, ἄλλο δὲ εἴπῃ.

dire-cacher. Cacher est rendu possible par la présence d'un espace de recul, et par la possibilité d'une interposition. Au sens physique, l'intérieur du corps constitue cet espace : c'est ce que désigne φρένες dans la valeur organique, charnelle (diaphragme, *praecordia*)[4]. Mais l'acte de cacher une pensée, un dessein, un discours, en constituant la dimension du non-dit, constitue du même coup une « intériorité », une abstraite région mentale, qui se surajoute à l'image du dedans charnel : ainsi φρένες vient-il à signifier de surcroît l'esprit, l'intelligence, le « fond du cœur ». C'est parce qu'il y a, au préalable, un *dedans* organique que l'image de cacher peut se développer ; c'est, réciproquement, parce que l'acte de cacher disjoint le dit et le non-dit, puis enfouit le non-dit dans l'espace du corps, que vient à se creuser le lieu secret de l'intention, de la pensée inavouée — l'intimité du dessein dissimulé. L'intériorité est le résultat d'une *action* séparatrice.

Achille cherche dans le passé les justifications de sa défiance. Derrière les généreuses promesses d'aujourd'hui se dissimulent l'appétit de posséder et de garder, l'insatiable intérêt dont le chef suprême, Agamemnon, n'a cessé de faire preuve à son égard : « Lui, resté à l'arrière, de ce qu'il recevait distribuait peu et gardait beaucoup » (*Il.*, IX, 332-333)[5]. Le secret, caché et retenu dans le « cœur », n'est autre que la rétention même : le refus de donner, la cupidité obstinée. Aucun des biens qu'Agamemnon promet par l'entremise d'Ulysse n'a jamais été donné. Agamemnon ne changera pas : Achille en est persuadé, et désormais il ne consent plus à le croire : « Il m'a trompé ; il m'a fait tort. Il ne saurait plus me duper par ses paroles » (*Il.*, IX, 375-376). L'amertume d'Achille, son obstination têtue sont d'un homme averti, qui sait par avance qu'il ne recevra jamais rien. Le grief s'éternise, parce qu'au dire d'Achille rien ne peut

---

4. Sur cette valeur première, voir R.B. Onians, *The Origins of European Thought about the Body, the Mind, the Soul, the World Time and Fate*, Cambridge Univ. P., 1954, surtout p. 13-44.

5. Nous avons recouru à la traduction de E. Lasserre (Garnier, Paris).

changer dans la conduite du « conducteur des peuples ». Seuls les discours, trompeusement, se modifient. Nous voyons ainsi s'expliciter l'opposition entre « cacher une chose dans son cœur » et « en dire une autre » : elle concerne la substantialité du *don*. Les paroles ne font qu'énumérer des richesses et des privilèges éclatants : mais rien n'a été donné, rien ne sera jamais donné. Les paroles resteront le simulacre d'une offre : amère dérision, pour qui s'est vu arracher la gracieuse personne de Briséis.

Ainsi, sous le regard de la défiance, le diseur de promesses éloquentes cache un *dedans*, une « profondeur », qui n'est pas seulement *ce qui se dérobe*, le refus de dire ouvertement, mais l'acte même de frustrer, la puissance intéressée à dérober, à ne pas accorder à chacun sa juste part.

L'être qui se dissimule dans le cœur d'autrui, derrière les apparences flatteuses, est donc défini par l'entêtement avare. Telle est la décision de la pensée accusatrice : l'intériorité d'en face me dérobe ce qui, de droit, me revient. Elle menace mes possessions ; elle les accapare. Quand l'autre n'est plus cru sur parole, la rhétorique du soupçon développe une double figure du mal, scinde l'adversaire présumé en deux « régions » distinctes : au-dehors, vaines paroles ; au-dedans, cœur méchant. Ce schème sous-tend, dans notre culture, toute la tradition des images du mal. La dénonciation moderne des « idéologies » n'est rien d'autre : elle s'en prend aux discours trompeurs derrière lesquels se masquent les intérêts, l'appétit particulier, le refus, une fois encore, de *partager*.

La comparaison avec « les portes d'Hadès » est d'une admirable efficacité poétique : elle réitère et elle amplifie ; elle inscrit le caché dans un espace cosmique. Car les portes d'Hadès, objet odieux par excellence, marquent non seulement un au-delà, un espace interdit, mais définissent une puissance avare, qui garde à tout jamais ce qu'elle a pris : c'est la puissance rétentrice par excellence. L'homme qui dissimule son désir secret, l'homme dont le secret est la passion de garder, en barrant aux autres l'accès de son cœur, devient une image de l'autre monde: sous le regard du soupçon, le dedans caché est une figure du règne des morts.

Je viens de dire: le dedans caché. Le terme est-il exact? Ne s'agit-il pas d'une extériorité redoublée? Les portes d'Hadès marquent les limites de l'extrême dehors: elles enclosent un espace ultérieur inaccessible à celui qui les craint et les maudit. Le *dedans* qu'elles barrent, pour Achille, prend son sens de sa propre vulnérabilité, de son humiliation possible, de l'absence définitive de ceux qu'il a confiés à la terre. Ce dedans contient tout ce qu'il a perdu, tout ce qu'il peut perdre. Les portes d'Hadès retiennent ce qui n'est plus, ce qui n'a plus droit à la lumière du soleil; elles marquent aussi la limite que les vivants n'ont pas le pouvoir d'enfreindre. De même, ce que cache en son cœur l'homme dissimulé: c'est le lieu qui se refuse au regard désireux de maîtriser ses alentours, c'est un second dehors qui ne peut être forcé, et dont l'essence, telle que la redoute et l'imagine le soupçon, est constituée par la volonté de ne rien céder — de m'appauvrir, de m'annuler. Osons généraliser: le *dedans* que dénonce la pensée accusatrice d'Achille est l'espace qui se construit de ses échecs possibles, de sa dépossession toujours menaçante, de sa mortalité: l'ennemi qui règne dans cet outre-monde ne vise qu'à exploiter sa force, à la faire se dépenser en pure perte, sans la moindre contrepartie de richesses et de jouissances palpables. Ce que l'adversaire cache en son dedans, c'est la ruine de mon propre dedans.

Une image biblique

L'auteur des *Proverbes* met en garde le jeune homme:

> Car les lèvres de l'étrangère distillent le miel,
> Et son palais est plus doux que l'huile;
> Mais à la fin elle est amère comme l'absinthe,
> Aiguë comme un glaive à deux tranchants.

> Ses pieds descendent vers la mort,
> Ses pas atteignent le séjour des morts.

> (*Prov.* 5, 3-5)[6]

Prov. 7 donne de ce précepte une longue illustration quasi romancée :

> [...]
> Elle le séduisit à force de paroles,
> Elle l'entraîna par ses lèvres doucereuses. (7, 21)
> [...]
> Ils sont nombreux, tous ceux qu'elle a tués.
> Sa maison, c'est le chemin du séjour des morts ;
> Il descend vers les demeures de la mort. (7, 26-27)

La pensée accusatrice, ici encore, est à l'ouvrage : elle dénonce un écart. Au-dehors, et dans un premier temps, la douceur tout *extérieure* des lèvres et des paroles. Ensuite, selon le mouvement des pieds, et dans l'*intérieur* de la maison, le chemin vers la mort. L'écart est celui même que nous a fait constater le document homérique. Nous en avons ici la version ouvertement sexualisée. Les lèvres de l'étrangère promettent le plaisir :

> J'ai orné mon lit de couvertures,
> De tapis de fil d'Égypte ;
> J'ai parfumé ma couche
> De myrrhe, d'aloès et de cinnamome.
> Viens environs-nous d'amour jusqu'au matin,
> Livrons-nous joyeusement à la volupté.

C'est la description à la fois véridique et trompeuse d'un intérieur où tous les désirs seraient satisfaits, où toutes les joies seraient données : ainsi se développe, dans l'appel lancé à celui qui passe dans la rue, l'image d'un lieu inattendu, latéral par rapport au « droit chemin », soudain ouvert pour l'accueil du corps et pour la joie des sens, mais qui se refermera sur la mort.

6. Cf. *Prov.* 2, 16-19.

La chambre d'amour devient « demeure de la mort ». La pensée accusatrice voit la séduction charnelle se renverser en meurtre (7, 23), les pas vers le lit aboutir au monde souterrain. Descendante du serpent, la femme destructrice (« ils sont nombreux, tous ceux qu'elle a tués », 7, 26) promet l'ivresse et livre sa victime à la « flèche » qui « lui perce le foie » (7, 23). Dans l'avertissement que le père donne ainsi au fils (« Mon fils, retiens mes paroles... », 7, 1), tout vient accuser l'extériorité, l'altérité, le dehors : un *autre* monde, d'*autres* dieux menacent le jeune homme sitôt qu'il écoute dans la *nuit* les paroles de l'*étrangère*. L'intérieur séduisant vers lequel il précipite sa marche est en réalité ce dehors redoutable d'où l'on ne revient plus. De la rue, ce premier dehors, le jeune fou s'est élancé hors de la vie : tel est le salaire de celui qui se « détourne » (7, 25), qui « s'égare » *(ibid.)*, qui oublie les mises en garde de la pensée accusatrice. Certes, il n'en ira pas de même pour celui qui aura « écrit » les enseignements du père « sur la table de [son] cœur » *(Prov.* 7, 3) et qui aura lui-même su *retenir*, en son propre dedans, la loi paternelle qui le protégera !

La barrière des dents, la surveillance des lèvres

Le danger une fois dénoncé, que faire ? Comment lui répondre ? Ne pas écouter la voix trompeuse, se défendre contre la séduction mensongère, et veiller à conserver sa propre vie...

La réponse d'Achille est un rejet des offres qu'il tient pour fallacieuses, un refus de dépenser sa propre force, d'exposer sa propre vie. Menacé, il se referme sur ce qu'il ne veut pas perdre. Ainsi, pour faire pièce à la cupidité du chef suprême, Achille songe à retenir ce qui lui est plus précieux que tout : sa vie. « On ravit des bœufs et des moutons robustes, on achète des trépieds, des chevaux à la tête fauve ; mais la vie de l'homme, pour la ramener, on ne la ravit ni ne la saisit une fois qu'elle a franchi la barrière des dents » *(Il.,* IX, 406-409). Le projet d'une rétention prudente de la vie (ou de l'âme : ψυχή) s'énonce en réplique à la voix trompeuse qui offre les cadeaux brillants et qui dissimule l'avarice obstinée : le franc refus repousse l'invitation sournoise. Retenir son souffle, l'empêcher de fuir à tout jamais la barrière des dents : forme élémentaire — mais capitale — du contrôle exercé aux limites où se départagent un dedans et un dehors personnels. Mis en danger par le projet caché qu'il soupçonne en face de lui, l'individu veille à protéger ses propres frontières, il veille à la clôture des barrières dont il est le maître, et à l'intérieur desquelles sa vie peut demeurer sauve.

Mais, résolu à ne pas sortir de sa tente, à ne plus s'exposer dans la bataille, décidé (pour l'instant) à retenir sa vie à l'intérieur de la barrière des dents, Achille, pour dire sa volonté, ne sait pas *contenir* sa colère, ni refréner son emportement. Ulysse n'a pas manqué de lui rappeler la recommandation paternelle :

> Mon bon ami, ton père Pélée te recommandait ceci, le jour où de Phthie, il t'envoya vers Agamemnon : « La force, mon enfant, Athéné et Héra te la donneront, si elles veulent ; mais la superbe de ton cœur, contiens-la, toi, dans ta poitrine, car la bienveillance vaut mieux » (*Il.*, IX, 252-256).

La sagesse — de source *paternelle*, insistons-y — préconise un contrôle qui ne s'exerce pas seulement sur la précieuse substance de la vie (ψυχή), mais sur l'emportement orgueilleux (μεγαλήτορα θυμὸν). Le retenir (ἴσχειν) dans la poitrine (ἐν στήθεσσι) peut apparaître comme l'image-archétype de la « répression », du refoulement. « Retenir dans la poitrine », comme tout à l'heure « cacher dans le cœur », est rendu possible par la réalité d'un *dedans* viscéral, dont l'individu peut faire le réceptacle du « souffle » qu'il refuse activement d'extérioriser : en empêchant que la « superbe » trouve une issue extérieure, l'acte qui lui barre le passage requiert l'intérieur organique (la poitrine et ses viscères) pour en faire l'espace du discours réprimé : ainsi, dans l'économie volontaire qui règle, évalue, restreint la quantité de passion qui peut se manifester au-dehors, naît une sagesse, et s'instaure une dimension intérieure, une subjectivité. Cette maîtrise, telle que Pélée l'a recommandée à Achille, n'est ni simulatrice ni mensongère : elle invite simplement à taire la passion, à la refréner, non à tenir à sa place un *autre* discours : c'est la vertu que le français nomme « retenue », et qui consiste à ménager les autres, différant sans fin le geste ou la parole qui les blesserait. Les conseils des *Proverbes* bibliques vont dans le même sens :

Celui qui parle beaucoup ne manque pas de pécher,
Mais celui qui retient ses lèvres est un homme prudent.

(Prov. 10, 19).

L'insensé laisse voir à l'instant sa colère,
Mais celui qui cache un outrage est un homme prudent.

(Prov. 12, 16).

Celui qui veille sur sa bouche et sur sa langue
Préserve son âme des angoisses.

(Prov. 21, 23).

Nous retrouvons partout la même leçon : la maîtrise exercée aux portes, la surveillance exercée sur les lèvres, la suppression volontaire, qui prouve (qui crée) la vertu de prudence, et qui protège l'« âme ». Fallait-il remonter à des textes si vénérables ? La sagesse des nations, qui inclut celle du « milieu », prodigue les mêmes recommandations : la fermer, la boucler... *Loqui ignorabit, qui tacere nesciet* (Ausone). « Qui garde bouche, si garde s'âme... » « En close bouche n'entre mouche... »

Parenthèse mytho-biologique

Des philosophes l'ont dit, des biologistes l'ont répété : un dehors commence au point où s'arrête l'expansion d'une force structurante. On dira aussi bien : un dedans se constitue à partir du moment où une forme s'affirme en délimitant ses propres frontières. Un vivant n'existe qu'au prix de la démarcation (dictée par l'espèce, par le code génétique) par laquelle, en s'individualisant, il se détermine, se définit et s'oppose : limite, finitude, individualité, lutte avec le dehors sont corrélatives. Ainsi aucun dedans n'est concevable sans la complicité d'un dehors, sur lequel il prend appui. Complicité mêlée d'antagonisme : le dehors inamical oblige la membrane à se déployer pour contenir et protéger, contre les irrégularités de l'*Umwelt*, la constance du « milieu intérieur ». Aucun dehors n'est concevable sans un dedans qui le refoule, qui lui résiste, qui « réagit ».

Entre le dehors et le dedans, la surface de contact — membrane, pellicule, peau, etc. — est le lieu des échanges, des ajustements, des signaux sensibles, mais aussi celui des conflits et des blessures. Les appuis réciproques sont aussi des transitions : ma peau, déjà, appartient au dehors, mais l'horizon que je domine du regard, l'espace où je me meus sont miens en quelque manière. Le dehors m'enserre, mais je m'approprie mes alentours. L'air et les aliments me pénètrent, mais le corps en retient ce qui lui importe...

Évoquant la membrane, cette frontière sensible, je ne fais que reprendre le mythe biologique évoqué par Freud dans *Au-delà du principe de plaisir* : comment ne pas être séduit par ce point de départ idéal — la *boule* de protoplasme vivant ? On a l'impression que Freud a voulu dédoubler la formule célèbre (et par trop simple) de Bichat : « La vie est l'ensemble des fonctions qui résistent à la mort » et la remplacer par : « La vie est l'ensemble des forces qui tendent vers la mort de l'individu et qui s'opposent à la destruction de l'espèce. » Mais la sphère protoplasmique et sa membrane continue sont un modèle schématisé ; bon pour exprimer la métapsychologie en termes de biologie générale. Freud sait aussi bien que l'être pluricellulaire, au cours de son ontogenèse, cesse rapidement d'être enveloppé d'une membrane homogène : la morula devient gastrula, la sphère se creuse, forme des tubes et des orifices, etc. Si bien que les échanges avec le dehors ne sont plus assignés uniformément à la surface entière : des organes spécialisés prennent en charge les différents types d'échange avec le dehors : absorption, excrétion, perception, émission de signaux. Un autre mythe, antérieur à Freud, mais décelable dans son œuvre, se profile ici : l'hominisation se produit non seulement selon le procès d'une spécialisation fonctionnelle toujours plus différenciée, mais surtout d'une aptitude à la régulation volontaire toujours plus poussée. Cette régulation opère par l'intervention de mécanismes inhibiteurs, interrupteurs. L'aptitude inhibitrice, dépendante des centres supérieurs, rend possible l'opposition de l'accomplissement et du non-accomplissement, du oui et du non. Seul l'animal doué du pouvoir d'auto-inhibition peut créer des codes et des langages, différer le geste naturel pour produire l'outil, puis le symbole instrumental. Or les lieux primordiaux de l'auto-inhibition sont les organes orificiels ; c'est dans la modulation de l'échange avec le dehors que la « liberté » et le « pouvoir créateur » font leur apprentissage. L'attention portée par Freud à l'oralité et aux contrôles sphinctériens est l'un de ses coups de génie. Elle peut s'étendre à toutes les activités par lesquelles l'individu façonne ou modifie le rapport « physiologique » entre le dedans et le dehors : articulations glottiques, linguales, labiales branchées sur le mécanisme d'inspiration et d'expiration ; interdits alimentaires ; rites de purification ; singulier usage des fards aux lieux de prédilection que sont les lèvres et les paupières, en bordure d'orifices mobiles et gouvernables ; extension des peintures et des tatouages à la surface entière du corps. Tout cela, à des titres divers, définit l'humanité de l'homme ; son absence de toison, de « protection » naturelle fait de lui l'être en qui la relation avec le dehors s'est fragilisée, s'est sensibilisée, et appelle en complément une opération de maîtrise. L'effort de contrôle ne s'appliquera pas seulement à tout ce qui s'incorpore et s'élimine, mais à toutes les parties du corps exposées aux agressions des agents extérieurs : agents physiques, regard des morts et des vivants. Il faut, dès lors, se couvrir et se protéger : peintures, masques, vêtements occultent la surface naturelle sous une surface surajoutée, renforcent la défense du visage et du corps, primitivement livrés au contact immédiat du dehors.

Rappelons une définition classique : l'homme (animal perfectible, animal malade) est le seul être naturel qui, dans une large mesure, soit aussi hors de l'ordre naturel. Il est le seul qui doive travailler pour survivre : contre l'hostilité du dehors, il doit interposer sa propre activité, ses techniques. La proposition aussitôt se renverse : parce que l'homme est entré en possession des techniques, il peut affronter les milieux les plus incléments, habiter le dehors. Ainsi, d'avoir eu à soutenir la condition de l'*expulsé*, l'homme a-t-il conquis les pouvoirs qui font de lui l'*envahisseur* par excellence.

Le langage du mythe le dit aussi bien. Le Paradis, c'est le lieu où, entre le corps de l'homme et la nature extérieure, l'accord était spontané. Enfreindre l'interdit et consommer le fruit défendu a pour conséquence une sensibilisation de la surface corporelle (« ils connurent qu'ils étaient nus »). Dès cet instant, par la conscience qu'ils prennent de la surface de leur corps, Adam et Ève sont déjà hors du Paradis. La culpabilisation de l'acte originel de manger se répand sur toute l'existence humaine. Dorénavant la jouissance de toute nourriture — manger — sera inséparable de la peine (« c'est à la sueur de ton visage que tu mangeras du pain »). L'acte orificiel d'accoucher est voué, lui aussi, à la douleur (« tu enfanteras avec douleur »). L'homme n'est pas seulement expulsé du Jardin ; il apprend que sa vie se déroule *hors* de la terre d'où son corps a été tiré, et *dans* laquelle il est destiné à retourner (*Gen.* 3, 19). Bref, la chute n'est pas seulement un passage du dedans au dehors. C'est le moment à partir duquel l'existence humaine est vouée à percevoir, sans relâche, dans la douleur et la conscience, les points de contact ou de transition entre le dedans corporel et le dehors périlleux. La maîtrise (parfois obsessionnelle) exercée sur ces points de transition est le principal apaisement que l'homme puisse apporter à sa condition d'expulsé. Mis dehors, il doit surveiller ses rapports avec ce milieu nouveau auquel il ne peut plus se fier : les mots à dire et à ne pas dire, les interdits alimentaires, la circoncision, les rites de pureté, le texte de la loi fixé au seuil de la demeure, l'interruption du travail (c'est-à-dire de la lutte active avec le dehors) révèlent, dans le judaïsme, l'insistance extrême à marquer d'une inhibition sélective tout ce qui passe du dedans au dehors, du dehors au dedans...

Plus généralement, il suffit de penser aux images de l'accomplissement humain, dont toutes les cultures nous proposent les variantes : toutes ces images héroïques comportent la vertu de retenue, qui substitue la parole raisonnable à l'acte violent, qui préfère le silence opportun à la parole imprudente, parfois la fabulation rusée à la vérité dangereuse : savoir parler, ou se taire, ou inventer. La pleine humanité appartient à celui qui sait user opportunément de tous les moyens : frapper, dire, faire silence. La sagesse, chaque fois, consiste à retenir l'impulsion déraisonnable, à ne pas laisser *sortir* la parole ou le geste qui produiraient le désastre, en donnant l'avantage à l'ennemi extérieur[7]. La civilisation se bâtit de cet artifice.

La preuve par l'olivier

> Ce qui est donné à l'intérieur l'est aussi à l'extérieur, et vice versa ; le phénomène ne révèle rien qui ne soit dans l'essence, et il n'y a rien dans l'essence qui ne soit manifesté.
>
> (Hegel, *Encyclopédie*, § 139)

Patrocle mort, Achille ne peut plus se contenir. Il sort

---

7. De cette *retenue*, l'hystérie et la névrose sont la parodie. Elles substituent à la souple maîtrise de l'échange la *rétention* avare de l'affect. Le refoulement, qui décide d'un dedans et d'un dehors, devient pathologique, sitôt que l'individu choisit d'esquiver l'affrontement avec le dehors, ou n'en a plus le pouvoir. Chez Freud et Breuer, le concept d'*hystérie par rétention* est formulé dès l'ouvrage « classique » de 1895.

impétueusement, il se livre à la fureur guerrière : il sait qu'il se voue lui-même à la mort (selon la prophétie qu'il a gardée en mémoire) et que sa gloire lui survivra. La dépense illimitée n'a pour avenir que sa propre fin : Achille ne connaîtra pas le bonheur du retour.

La complète maîtrise de soi, la parfaite modulation du rapport avec les ennemis et les amis, c'est Ulysse qui la possède. Habile aux discours, habile aux combats, fertile en ruses, il veille sur la barrière des dents, il sauvegarde son âme et refrène ses paroles. A l'occasion, il sait déguiser de cautèle ses intentions violentes ; mais il sait surtout réprimer ses colères, différer le moment de l'action. Aussi a-t-il prise sur beaucoup de moyens d'action : πολυμήχανος (traduit approximativement par « artificieux » « aux mille ressources ») est l'une de ses épithètes. S'il apparaît, dans la tradition d'une lecture moralisante, comme le héros rationnel par excellence, c'est parce qu'il sait toujours choisir, parmi les ressources que lui assure sa maîtrise du dire, du non-dire et du fabuler, celle qui convient à la circonstance : simulation, dissimulation, francs aveux, supplication. La virtuosité avec laquelle il gouverne sa parole, tantôt pour cacher sa pensée, tantôt pour contenir sa passion, le qualifie pour affronter le pire dehors. Le poète peut multiplier à l'envi les aventures et les voyages : la multiplicité des pouvoirs d'Ulysse répond à la multiplicité de ses épreuves. Or ses pouvoirs, si l'on y regarde de près, consistent presque tous dans l'art de départager, à chaque moment, ce qu'il faut garder par-devers soi (dedans, dans le secret du cœur, dans la poitrine) et ce qu'il est opportun de livrer au dehors : occultation ou plein aveu de son désir du retour à Ithaque, identité fictive ou nom véridique, passé inventé ou narration fidèle. La maîtrise d'Ulysse consiste à apprécier, dans un monde presque universellement hostile, la part variable de ce qui peut être extériorisé : le danger est partout si pressant qu'il vaut mieux se nommer Personne. Et pour mettre à l'épreuve les intentions des autres, il est préférable de les aborder sous une figure d'emprunt. A cette stratégie de la prudence, Athéna prête la main et change les apparences de son protégé quitte à se voir, une fois au moins, payée de retour quand Ulysse, ne la reconnaissant pas, lui raconte une histoire inventée de toutes pièces et lui parle « à contresens de la vérité » (*Od.*, XIII, 250-331). C'est donc le péril, omniprésent en terre étrangère, qui provoque le clivage volontaire entre *dehors* et *dedans*, entre ce qui *peut* être dit et ce qui *doit* être gardé secret. En certaines occasions, la prudence recommande de ne pas absorber ce qui provient du dehors : les breuvages de Circé, le chant des Sirènes. Dans l'épisode des Sirènes, le héros, s'exposant davantage (il est seul à ne pas emplir ses oreilles de cire), s'impose une plus vigoureuse retenue : il se fait lier pour ne pas être séduit par le dehors dévorant. Ulysse boit le breuvage de Circé, mais après l'avoir rendu inoffensif par l'« herbe de vie ». Le héros est capable, plus que les autres, de laisser pénétrer en lui les substances périlleuses, parce qu'il sait prendre les contre-mesures protectrices ou parce qu'un dieu les lui révèle. Ici encore, nous voyons s'exercer une maîtrise accrue, dans le contrôle de ce qui, vers le dedans du corps, franchit la « barrière des dents », ou de ce qui pénètre l'oreille. Notre intérêt s'attache davantage au héros, quand le récit le montre plus complètement livré au dehors, plus *ouvert*, en apparence, au danger extérieur, mais aussi plus ingénieux et plus prompt à la riposte.

Ulysse, chez Eumée, prononce la parole qui fut celle d'Achille : « Je hais comme les portes d'Hadès », et cette haine, ici encore, est vouée aux diseurs de mensonge :

> ... Celui-là m'est plus odieux que les portes d'Hadès qui, cédant
> à sa pauvreté, débite des histoires (*Od.*, XIV, 156-157)[8].

Les paroles de la franchise courroucée sont ici reprises, presque parodiquement, par celui qui se plaît à donner le

---

8. Ce sont les deux seules occurrences homériques de ce vers, que l'on eût pu soupçonner d'être une formule à tous usages, maintes fois répétée.

change. Demi-mensonge, propos ambigus, car tout en dissi-
mulant son identité sous la peau et la défroque du mendiant,
Ulysse annonce comme certaine la prochaine arrivée d'Ulysse.
Il ment, et il dit vrai. Il ment pour faire éclater la vérité des
cœurs, pour savoir si on lui est resté fidèle: exemple insigne de
ce que les moralistes du XVIIᵉ siècle, en Italie, appelleront la
« dissimulation honnête ». (Dans le redoutable labyrinthe des
intrigues de cour, il faut rester couvert, jusqu'à ce que l'on
sache avec certitude si l'on est servi ou trahi ; tout secret livré est
une prise que l'on donne sur soi.)

Rien ne sert mieux le faux dehors que les protestations de
haine contre les faux dehors. Ulysse est pour nous le premier
exemple de la facilité infinie de la parole: l'on peut tout dire,
l'on peut tout inventer, l'on peut tout faire croire. La profusion
fictive lui est permise ; elle ne fait que couvrir ce qui, dans le
cœur, demeure immuable: le désir du retour, le désir de
retrouver ce qui est sien: la demeure, l'épouse, les enfants. La
constance du *dedans*, le projet inflexible de reprendre possession
des lieux centraux — le palais, le trône, le lit — excusent toutes
les fabulations extérieures — simples ruses pour tromper les
ennemis, en attendant que le véritable Ulysse retrouve sa
demeure de toujours. Les fictions ont le champ libre tant que le
héros reste retenu au-dehors, à l'écart. Le retour signifie la fin
des mensonges d'Ulysse, et, partant, la fin du récit qui retrace
la quête des possessions perdues, avant l'ultime départ annon-
cé.

Celui qui, pour protéger son projet permanent, a prodigué
les fictions momentanées, se trouve à la fin devant la tâche
difficile de prouver aux autres son vrai nom, ses véritables
droits. D'avoir été cru lorsqu'il mentait, d'avoir réussi à accréditer son déguisement, l'oblige, pour être reconnu dans sa
vérité, à fournir les preuves les plus fortes. Face aux soupçons
de Pénélope (« Dans le fond de mon cœur, veillait toujours la
crainte qu'un homme ne me vînt abuser par ses contes », *Od.*,

XXIII, 215-217)[9], la pure conviction intime, la seule certitude subjective de l'identité préservée suffit-elle? Comment révéler l'être vrai que les mensonges cachaient et protégeaient? Ici, la simple parole n'est plus efficace; la certitude « intérieure » ne peut se manifester immédiatement dans la déclaration du « je suis ».

La fin de l'*Odyssée* porte cette leçon considérable: c'est au dehors, c'est par le truchement de l'extériorité que la part cachée, l'identité dissimulée accèdent à la manifestation. Certes, Athéna aidant, chez Eumée, le mendiant devient soudain semblable à un dieu, et, au fils qui veut l'accueillir comme un dieu, Ulysse se contente de dire: « Je suis ton père » (*Od.*, XVI, 188). Au palais, toutefois, il faut que s'ajoutent des *signes* décisifs. Signes actuels: la vigueur à tendre l'arc. Mais ce signe n'est que l'indice d'une force: il ne dit pas si cette force est celle même d'Ulysse, il ne comporte pas la garantie du *même*, l'assurance de l'identité, c'est-à-dire le lien avec le passé. La reconnaissance instinctive du vieux chien Argos reste ensevelie dans l'émoi de l'animal et s'efface aussitôt dans la mort. Les preuves irréfutables seront produites par les traces durables des actes passés: traces inscrites sur le corps, traces imprimées dans les lieux et les objets.

La « grande cicatrice » d'abord: c'est d'une ancienne rencontre avec la violence animale, avec le boutoir du sanglier, que résulte ce « signe véridique » (σῆμα ἀριφραδὲς, *Od.*, XXI, 217). L'identité, que la conviction intime ne suffit plus à manifester après vingt ans d'absence, est scellée par une marque extérieure, vestige d'une blessure infligée par le coup de défense qui a « emporté beaucoup de chair » (*Od.*, XIX, 450). Ensuite, pour Pénélope, Ulysse n'achève de prouver ses titres qu'au moment où il raconte la manière dont il a construit lui-même le lit conjugal. Pour mettre à l'épreuve celui qu'elle ne consent pas encore à reconnaître, Pénélope donne l'ordre de dresser le lit *hors* de la chambre:

9. Nous suivons ici la traduction de Ph. Jaccottet, Paris, Maspero, 1982, p. 231.

« Mais allons! Euryclée, dresse le lit solide
qu'il avait fait lui-même, *hors de la forte chambre!*
Quand vous l'aurez porté dehors, garnissez-le
de toisons, de manteaux et de draps chatoyants. »
Elle parlait ainsi pour l'éprouver. Ulysse alors,
en gémissant, dit à sa fidèle compagne:
« Femme, ce mot que tu as dit m'a meurtri l'âme.
Qui donc a déplacé mon lit? Ç'eût été malaisé
même au plus habile homme, à moins qu'un dieu vînt à son aide,
qui l'eût facilement transporté en un autre lieu..,
Mais des mortels, aucun, et fût-il vigoureux,
n'eût pu le déplacer. Car il est un secret
dans la structure de ce lit: je l'ai bâti tout seul.
Dans la cour s'élevait un rejet d'olivier feuillu
dru, verdoyant, aussi épais qu'une colonne.
Je bâtis notre chambre autour de lui,
de pierres denses, je la couvris d'un bon toit,
la fermai d'une porte aux vantaux bien rejoints.
Ensuite, je coupai la couronne de l'olivier
et, en taillant le tronc à la racine, avec le glaive
je le planai savamment et l'équarris au cordeau
pour faire un pied de lit; je le perçai à la tarière.
Après cela, pour l'achever, je polis le reste du lit
en l'incrustant d'argent, d'ivoire et d'or;
je tendis les sangles de cuir teintes de pourpre.
Voilà le secret dont je te parlais; mais je ne sais
si mon lit est encore en place, ô femme, ou si déjà
un autre, pour le déplacer, a coupé la racine. »
A ces mots, ses genoux et son cœur défaillirent,
elle reconnaissait les signes décrits par Ulysse[10].

Le mot σῆμα reparaît, dans cet épisode, à quatre reprises (XXIII, 188; 202; 206; 225): « un grand signe se trouve bâti (τέτυκται) dans ce lit ouvragé (ἐν λεχει ἀσκητῷ) »: telle devrait être la traduction littérale des vers 188-189. Ce signe, proprement symbolique, les deux époux sont seuls à le connaître (exception faite d'une chambrière fidèle). Il est signe dans un « code » privé; ses utilisateurs se limitent au couple dont il assure la reconnaissance. C'est donc la permanence de la posses-

10. L'*Odyssée*, XXIII, 177-206, trad. Ph. Jaccottet, Paris, 1982, p.372-373.

sion du « code » qui assure la permanence de l'identité
d'Ulysse. Mais de quel signifiant s'agit-il ici? D'un ouvrage
accompli, autrefois, des seules mains d'Ulysse. Les paroles
d'Ulysse, décrivant la construction d'un lieu et d'un objet, ont
pour garant l'objet durable — le lit — qui, dans la qualité de
« référent » immuable que lui attribue le poète, porte en lui
l'évidence dont n'est pas capable l'énoncé de la certitude intime.
Le « j'ai fait », et l'objet résultant de cet acte, sont plus probants
que ne l'eût été le « je suis ». C'est au dehors, dans la chambre
et le lit bâtis par lui, qu'est la preuve de l'être personnel
d'Ulysse, la *confirmation* de son essence véridique.

Erich Auerbach, parlant de l'épopée homérique, a insisté sur
la belle et plane extériorité du déroulement narratif. « L'essence
même du style homérique [...] est de présentifier les phénomènes sous une forme complètement extériorisée, de les rendre
visibles et tangibles dans toutes leurs parties, de les déterminer
exactement dans leurs relations temporelles et spatiales[11]. »
Pour le passage que nous lisons, il ne faut qu'ajouter ceci: la
narration de l'activité extérieure *tient lieu* (au plein sens du
terme: développe dans l'espace, s'établit dans l'espace) d'expression de l'identité personnelle. Cette narration en apporte
l'équivalent suffisant, puisqu'elle suffit à lever les derniers
doutes de Pénélope. Lorsque l'individu est capable de produire
au dehors des marques aussi fortes, son *être* s'y trouve effective-
ment réalisé et n'a pas à se chercher ailleurs.

Nul besoin d'allégoriser; il suffit de lire, en donnant à chaque
terme sa pleine valeur. L'interprétation ne va pas, en l'occurrence, à la recherche d'un caché: elle a en face d'elle le récit *à
découvert* où s'abolit, pour Pénélope, la dernière ombre de
l'incognito d'Ulysse. Pour l'auditeur du poème, qui n'a jamais
douté de l'identité du héros, ce n'est, comme l'histoire de la
blessure et de la cicatrice, qu'un morceau encore inconnu du
passé qui revient au premier plan: tout est en pleine lumière. Ce

---

11. Erich Auerbach, *Mimésis*, trad. fr. C. Heim, Gallimard, 1968, p. 14.

que doit dire Ulysse (et cela est sa dernière épreuve), c'est la façon singulière dont il a bâti la chambre nuptiale. Ainsi se parachève le Retour, la fin recouvre le commencement ; plus précisément, la fin, la possession retrouvée de l'épouse et du lit nuptial, sont atteints au prix de la répétition narrative de l'acte qui a créé la chambre nuptiale. Les titres de légitime propriété, en l'absence d'actes écrits (que la littérature homérique ignore), résident dans le secret partagé du travail initial par lequel la chambre et le lit ont commencé d'exister. Ainsi l'identité « intime » se révèle par le moyen de l'extériorisation par excellence qu'est l'acte laborieux ; le récit de l'acte fabricateur annule tous les soupçons de *fiction*, et assure la reconquête par le héros du plein exercice de ses droits jamais perdus. Ce n'est pas Hegel qui nous le dit : ce sont les paroles et les images, telles qu'elles se succèdent dans la claire évidence de l'épos homérique.

Or, si les preuves d'identité se transportent dans le récit d'un acte extérieur, constatons que cet acte extérieur a pour objet la construction d'un *intérieur* matériel : portes bien ajustées, toiture assurant la parfaite clôture de la chambre nuptiale, « blocs étroitement serrés ». Ulysse construit une enceinte à l'intérieur de l'enceinte : l'image tracée est celle d'une structure concentrique, d'un lieu clos, d'un *dedans* protégé.

Le centre du lieu est marqué par l'olivier — vertical, d'abord vivant, puis devenu matériau travaillé. Il a surgi (ἔφυ) en majesté, bien avant que la chambre ne fût bâtie ; c'est sa présence qui a incité Ulysse à entreprendre la construction. L'arbre commande l'espace que le travail organise autour de lui. Il est un donné naturel, traversé par la force qui donne au feuillage son abondance, au tronc son volume et sa puissance. Une fois taillé et travaillé, il continue à plonger ses racines en terre : l'énergie végétale qu'il portait en lui se communique, par une sorte de continuité substantielle, à l'ensemble du lit qui prend appui en son bois. Le travail « culturel » de la décoration et du luxe est implanté, chevillé, dans la massive présence naturelle. Ce meuble si richement fini a été construit pour demeurer inamovible.

Fixé en terre par ses racines, le bois d'olivier n'est-il pas, dans le *thalamos*, le représentant de la nature « extérieure » ? Ne nous apparaît-il pas comme le pur *dehors*, que l'acte « culturel » de bâtir a su capturer au centre de son artifice ? Mais on peut inverser les termes et dire, aussi bien, que la terre où plongent les racines est un *dedans* vivant qui nourrit et soutient la poussée de l'arbre ; le lien inébranlable avec le sol établit une continuité qui laisse subsister, dans l'œuvre de culture, la primitive puissance végétale : la *physis*. N'ayant pas fait couper le tronc de l'olivier, l'épouse fidèle a préservé le signe naturel du centre, le fût jaillissant retaillé qui, resté le même, rend possible le retour de l'époux et la répétition du bonheur passé.

Notre lecture voit donc, à tout moment, changer la position relative du dedans et du dehors. Quand Ulysse ébranche l'olivier, l'équarrit, le taraude, c'est du dehors, assurément, que le travail violente la belle présence naturelle de l'arbre. Mais la violence, ici, est l'application d'un savoir (Ulysse travaille « bien et avec science ») où l'aptitude intérieure de l'homme se développe en maîtrise exercée sur l'objet — sur le matériau extérieur. Et ce travail, raconté au passé, évoqué comme un dehors lointain, devient le cœur même du présent de la reconnaissance. Maintenant qu'une sorte de vertige efface la distinction du dehors et du dedans, le moment de l'étreinte peut venir : Pénélope entoure de ses bras le cou d'Ulysse.

NOTE BIBLIOGRAPHIQUE

« Le mot civilisation ». *Le temps de la réflexion*, n° 4. Paris, Gallimard, 1983.

« Sur la flatterie ». *Nouvelle Revue de Psychanalyse*, n° 4, *Effets et formes de l'illusion*. Paris, Gallimard, 1971.

« Exil, satire, tyrannie ». Préface aux *Lettres Persanes* de Montesquieu. Paris, Gallimard, coll. Folio, 1973.

« Le fusil à deux coups de Voltaire ». En italien: *Strumenti Critici*, Anno I, fascicolo I. Turin, Einaudi, 1966. Ultérieurement en français: *Revue de Métaphysique et de Morale*. Paris, juin-septembre 1966. Dans le présent volume, cette étude correspond à: « L'Ingénu sur la plage ».
« Sur le style philosophique de *Candide* ». Postface pour *Candide*. Turin, Fogola, 1975.

« Le remède dans le mal ». *Nouvelle Revue de Psychanalyse*, n° 17. *L'Idée de guérison*. Paris, Gallimard, 1978. Puis, en version augmentée: *Rousseau selon Jean-Jacques,* colloque tenu à Rome. Genève-Rome, Université de Genève, Istituto della Enciclopedia Italiana, 1979. Ce texte est repris dans le présent volume sous le titre: « La lance d'Achille ».
« Rousseau et la socialité de la musique »: communication lors d'un colloque sur la musique, Fondazione Cini, Venise, 1986.

« Fable et mythologie aux XVIIe et XVIIIe siècles ». *Critique,* n° 366. Paris, Minuit, novembre 1977. Complété et repris dans *Dictionnaire des Mythologies*, édité par Yves Bonnefoy. Paris, Flammarion, 1981.

« Je hais comme les portes d'Hadès... » *Nouvelle Revue de Psychanalyse,* n° 9, *Le Dehors et le dedans*. Paris, Gallimard, 1974.

Tous ces textes ont été revus et modifiés pour la présente édition.

NOTE BIBLIOGRAPHIQUE

 Gallimard, coll. «Folio», 1978.

DU MÊME AUTEUR

Aux Éditions Gallimard

L'ŒIL VIVANT, *essai*.

L'ŒIL VIVANT, II : LA RELATION CRITIQUE, *essai*.

J.-J. ROUSSEAU. LA TRANSPARENCE ET L'OBSTACLE *suivi de* SEPT ESSAIS SUR ROUSSEAU.

LES MOTS SOUS LES MOTS (Les Anagrammes de Ferdinand de Saussure), *essai*.

TROIS FUREURS, *essais*.

MONTAIGNE EN MOUVEMENT.

Chez d'autres éditeurs

MONTESQUIEU PAR LUI-MÊME, Seuil.

L'INVENTION DE LA LIBERTÉ, Skira.

PORTRAIT DE L'ARTISTE EN SALTIMBANQUE, Skira (et Flammarion, coll. « Champs »).

1789 : LES EMBLÈMES DE LA RAISON, Flammarion.

CLAUDE GARACHE, Flammarion.

Composé par Eurocomposition et reproduit
par procédé photomécanique.
Impression S.E.P.C.
à Saint-Amand (Cher), le 6 février 1989.
Dépôt légal : février 1989.
Numéro d'imprimeur : 249.
ISBN 2-07-071514-0. / Imprimé en France.